本教材的编写得到黑河学院
"2019年地方高校改革发展资金—翻译专业学位硕士点建设项目"经费资助

俄罗斯文学作品阅读鉴赏

甘海泉
孟繁红 主编

图书在版编目（CIP）数据

俄罗斯文学作品阅读鉴赏 / 甘海泉，孟繁红主编. -- 北京：北京大学出版社，2025.1. -- (21世纪大学俄语系列教材). -- ISBN 978-7-301-35793-4

Ⅰ. H359.39；I512.06

中国国家版本馆CIP数据核字第2025LW0894号

书　　　名	俄罗斯文学作品阅读鉴赏 ELUOSI WENXUE ZUOPING YUEDU JIANSHANG
著作责任者	甘海泉　孟繁红　主编
责任编辑	李　哲
标准书号	ISBN 978-7-301-35793-4
出版发行	北京大学出版社
地　　　址	北京市海淀区成府路205号　100871
网　　　址	http://www.pup.cn　新浪微博：@北京大学出版社
电子邮箱	编辑部 pupwaiwen@pup.cn　总编室 zpup@pup.cn
电　　　话	邮购部 010-62752015　发行部 010-62750672 编辑部 010-62759634
印刷者	山东百润本色印刷有限公司
经销者	新华书店
	787毫米×1092毫米　16开本　22.75印张　480千字 2025年1月第1版　2025年1月第1次印刷
定　　　价	85.00元

未经许可，不得以任何方式复制或抄袭本书之部分或全部内容。
版权所有，侵权必究
举报电话：010-62752024　电子邮箱：fd@pup.cn
图书如有印装质量问题，请与出版部联系，电话：010-62756370

总 序

　　近年来，中俄在各个领域交流合作不断扩大与深入，我国对俄语人才的需求随之不断提高，既要求学生具备扎实的俄语语言国情文化等方面的基础知识，还要求其拥有高尚品格，拥有坚定理想与信念。俄语教学中，俄罗斯文学课作为人类文化的重要资源，蕴含巨大的精神价值，是培育人文素养、提高审美、塑造人生价值观与崇高理想信念的多维度课程。俄罗斯文学历史发展曲折，具有厚重深刻的思想，蕴含着俄罗斯民族固有的文化思维。可以认为，俄罗斯文学课既是文学理论知识课，也是文学审美鉴赏课。通过课程学习，学生能够熟知俄罗斯文化历史发展进程，了解各历史阶段的社会、政治、宗教、伦理、生态等综合的人文知识，提升文化赏析、评鉴、表达的能力。此外，俄罗斯文学课教学还要考虑许多跨文化交际与传播的问题，例如在接受异国文学的文化内涵、价值审美和表现形式的时候，怎样梳理外国与中国文学文化的关系，并且将它们进行有机融合，从而对俄国文学文化做到中式的阐释与运用，这已经不仅是关于俄罗斯文学一门课程知识的学习，还要通过中西文学文化的对比，结合对文学与其他相关学科的认知，融合对大学生价值观的塑造与引领，启迪心智、滋润心灵、树立人格。这也是历练品性、培养价值观的思想课。教育是传播人类文明的基本途径，它不仅能够传授知识和生存技能，还可以通过价值观教育培养人的品性。利用俄罗斯文学课对学生进行正确价值观引领，是俄罗斯文学课的一个重要教学内容。

　　俄罗斯人民崇尚文学，喜爱阅读文学著作。各个时期的文学作品以不同的方式展现文学价值观念。因为历史的发展、社会政治制度与意识形态的不断变化，俄罗斯文学的发展曲折而艰难。19世纪的俄罗斯文学极其注重以人为本，以追寻生命意义、生存价值为文学创作使命之一，指引读者进入深邃的精神境界，深层次地寻找人在世界上的意义，思考个人生命与整体人世的共同价值。但20世纪的俄罗斯，文学的文化诉求发生了极大转变，传统文学与新诞生的大众文学互相影响；苏联时期国内一系列政治运动使得"苏维埃文学""俄罗斯侨民文学""被禁文学""别样文学"等同时发展。而随着苏联解体，文学又开始发生变革，呈现出各种文化思潮争相发展的多元局面。

　　在教授俄罗斯文学史课程时，应运用历史的、辩证的和比较的方法，客观看待它的发展进程，根据课程性质与学时，对教学内容有选择性地取舍，节选经典作家作品，辨析俄罗斯文学发展史的经验与教训，对发展过程中所包含的历史苦难、特殊的文学现象、深厚的人道主义思想以及根植于心的宗教情结等进行甄别，进而对作品中所蕴含的关于自由与政权、民主与法治、公正与人性、文明与野蛮、罪与罚、爱国主义与人道主义、真善美与假丑恶等一系列个人与社会、国家关系问题进行深刻思考，培养学生正确的理想、信念和价值导向。这门课程很适合价值观培养乃至核心价值观教育。俄罗斯文学课程对学生的价值观的培养与教育具有重要作用，在俄罗斯文学课教学中，通过对文学作品有价值思想的挖掘，可以让学生深刻理解与吸纳优质文化。在传播俄罗斯文学知识的同时，让学生近距离地感受俄罗斯文化，对比中俄文化差异，感悟不同的价值观念，这些可以引导学生客观地取其精良、去其粗劣，从而使我们自己的价值观不断丰富和完善。

在具体教学中，教师应启发学生思考探析自古以来尤其是18世纪至20世纪间俄罗斯国家形象形成和发展的起源，了解俄罗斯历史不同发展阶段、不同历史文化背景下，俄罗斯文学作品所展现的复杂价值观，包括各种各样的文学人物形象，尤其是青年人的自我、公民和社会责任意识，作品中蕴含的宗教思想、道德风尚、地域特点、性格命运等。例如，在赏析涅克拉索夫诗歌《诗人与公民》时，要引导学生了解他在作品中始终蕴含的"公民激情"，通过诗作名句"你可以不做一个诗人，但你必须做一个公民"，分析诗歌中蕴含的爱国主义思想，针对艺术与社会现实生活的关系引导学生深入思考，对艺术观与公民观的理解进行融合，进而对我国社会主义核心价值观中关于个人、社会、国家各层面之间相互关系进行深入理解与感悟。在学习20世纪社会主义现实主义的经典作家高尔基的创作时，不应一味从阶级政治立场评价其作品，更应从社会心理、人文主义等方面理解和阐释作品中厚重的人本主义观念，重新审视他对公正、善良和幸福等全人类共同价值的评价。

阅读赏析俄罗斯文学作品可以激发学生情感，并让他们的情感得以释放。在文学中他们可以领略俄罗斯都市与乡村的生活，欣赏俄罗斯大自然的壮美与神秘，感悟他们还没有经历的人生故事，认识俄罗斯国家民族形态特征。通过对中俄两国不同的文学特色的对比，可使学生认识不同的文化产生的生活习惯、思维模式、信仰，避免产生民族狭隘心理，增强民族自豪感，可使学生在日常生活中更好把握自己的言行举止，学习为人处世的态度，培养豁达乐观心态。学习和阅读中施行的价值观教育不是灌输而是使学生主动接受，更容易为被教育者所接受，会取得事半功倍的效果。

在国家倡导的"新文科"建设背景之下，高校的俄罗斯文学史课程必须紧跟时代步伐，勇于创新，在先进的教学理念的指引下，不断改革教学模式、教学内容。在课堂教学中更好传授俄罗斯文学中蕴含的积极人文精神，这是当今俄罗斯文学课教师教学工作中认真探索并努力实践的方向。教学中激发学生学习俄罗斯文学的兴趣，引导他们阅读适合的经典作品，既能让学生知道别国作家对世界的理解，还可以促使他们自主辨别中俄文化及价值观的差异。这有助于构建大学生开阔的国际视野，使其不局限于对现存世界的关注，更具有对人类终极精神的关怀。探索挖掘俄罗斯文学的思政元素，培养学生建立正确价值观，毋庸置疑具有巨大的现实意义。鉴于以上原因，我们精心编制本教材，以推动俄罗斯文学课程思政教育教学的改革。

甘海泉
2023 年 5 月

前　言

《俄罗斯文学作品阅读鉴赏》是针对俄语专业本科生编制的文学课教材，重点选取俄罗斯18—20世纪经典作家的作品。同当前国内俄罗斯文学作品选读教材相比，本教材在教学理念、选材内容和编排设计上都有所创新。首先本教材贯穿"课程思政"教学理念，充分发挥俄罗斯文学课立德树人的作用。其次我们结合课程性质、教学时数、学生俄语零起点专业特点，重点选取诗歌、短篇小说、小说或戏剧片段。涉及18世纪作家1位（冯维辛），19世纪作家12位（普希金、格里鲍耶陀夫、克雷洛夫、莱蒙托夫、果戈理、涅克拉索夫、屠格涅夫、费特、奥斯特洛夫斯基、陀思妥耶夫斯基、托尔斯泰、契诃夫），20世纪作家11位（库普林、高尔基、布宁、勃洛克、阿赫玛托娃、叶赛宁、西蒙诺夫、茨维塔耶娃、布尔加科夫、肖洛霍夫、阿斯塔菲耶夫）。

本教材具体特色如下：

1. 充分体现课程思政教育教学理念，将所选作品按照主题进行编排，分别是祖国与公民主题、自由与政权主题、爱情与亲情主题、多余人主题、小人物主题、其他主题。充分挖掘作品中蕴含的符合社会主义核心价值观的思想内容，如民主与法治、公正与人性、爱国主义与人道主义、爱情友谊、自然生态、战争与和平、真善美与假丑恶等，借教材中设置的思考讨论题对这一系列个人与社会、国家关系问题进行深刻讨论，通过甄别异质文化的良莠为学生树立正确理想、信念和价值导向，培养正确人生态度。

2. 充分注重培养学生俄语语言实践能力，因为文学学习的基础是语言，而语言的基础是要掌握规范的语法、词汇、修辞知识，从而实现口语交际。由此本教材根据作品选读资料，设置了很多的词汇、修辞知识练习题以及阅读理解训练等。为此，每个所选作家与作品的编排结构大致为：

（1）作家或诗人的生平简介、作品创作的历史文化背景；

（2）根据生平资料回答问题；

（3）作品文本（诗歌、小说、戏剧、短篇小说片段）；

（4）词汇注释；

（5）词汇与修辞训练；

（6）作品理解训练（按文本内容回答问题、选择题、作品人物性格分析、哲理性问题思考等）；

（7）阅读基本的文艺理论知识（教材后附学生阅读作品时需要掌握的文学理论术语）。

本教材 1—3 章由甘海泉负责编撰，4—6 章由孟繁红负责编撰。该教材为黑龙江省教育科学规划办重点项目"俄罗斯文学教学与大学生价值观培养路径研究"（项目编号 GJB1421620）、黑龙江省新文科研究与改革实践项目"新文科背景下俄语+区域学拔尖创新人才培养模式研究与实践"（项目编号 2021HLJXWP0101）、2023 年度黑龙江省经济社会发展重点研究课题"1991—2021 年中国当代文学在俄罗斯的传播与接受研究"（课题编号 23359）的研究成果。

孟繁红

2023 年 5 月

ИСКУССТВО СЛОВА

Литература – это исповедь,
Под видом исповеди – проповедь,
Для тех, кто ненавистен, – отповедь,
Для тех, кого ты любишь, – заповедь.

Л. Ошанин

Так можно сказать о русской литературе. Душевный и жизненный опыт писателей – материал, из которого создаются художественные произведения. В них – душа художника, его личность, которую он выражает в своём творчестве. Мы сказали «творчество». У этого слова есть «родственники»:

творческий

творить

творец

Запомните эти слова и вдумайтесь в их значения. Они вам подскажут, что писатели – художники, как и живописцы, но художники, которые создают картины словом, поэтому литература – *искусство слова*. Произведения, которые написаны мастерами слова, называют художественными произведениями. А. С. Пушкин, М. Ю. Лермонтов, Н. В. Гоголь, И. С. Тургенев, Л. Н. Толстой, А. П. Чехов, С А. Есенин, М. А. Шолохов написали произведения, ставшие классикой русской литературы. С их творчеством вы познакомитесь. Пусть это будут ваши открытия.

Лексико–стилистическая работа:

1. Слово *литература* произошло от слова *литера* – «буква». От этого слова образуются другие слова:

литературный

литератор.

Переведите эти слова. Составьте с ними словосочетания.

2. Переведите слово *живописец*. Выпишите из русско-китайского словаря однокоренные слова. Запишите синонимы к этим словам.

3. Слово *классический* имеет значение «образцовый» и «лучший». Выпишите однокоренные слова.

Вопросы и задания:

1. Прочитайте текст. Переведите.

2. Переведите слова: *исповедь, проповедь, отповедь, заповедь*. Можно ли сказать, что литература – это «учебник жизни»?

3. Почему литературу называют искусством слова? Назовите однокоренные слова к слову *художник*.

4. Назовите русских писателей, которых знают у вас.

Роды и виды литературы

Задание: *переведите основные (главные) литературные термины. Запомните их значения.*

Произведения художественной литературы объединяются в три группы, которые называются литературными **родами**: *эпос, лирика, драма*.

Эпос (слово древнегреческое: epos – «слово, речь») – повествование (рассказ) о событиях в жизни людей и их поступках.

Драма (слово древнегреческое: drama – «действие, сценическое произведение») – род литературных произведений, которые написаны в форме диалога без авторской речи и предназначенных для исполнения на сцене.

Лирика (слово древнегреческое: lyricos – «поющий под звуки музыки, чувственный»)– один из родов художественной литературы, в котором переданы внутренний мир поэта, мысли и чувства.

Литературные жанры (слово французское: genre – «род, вид») – это виды произведений. Литературные жанры можно представить так:

Рассказ – небольшое художественное повествовательное произведение в прозе.

Роман (франц. *roman* – большое повествовательное произведение, обычно со сложным и развитым сюжетом.

Повесть – художественное повествовательное произведение с сюжетом менее сложным, чем в романе, и обычно меньше романа.

Поэма (от греческого poiema) – большое стихотворное лиро–эпическое произведение.

Лирическая поэма. Эпическая поэма.

Сказка — повествовательное произведение устного народного творчества о вымышленных событиях, иногда с участием волшебных, фантастических сил.

Былина (от слова *быль* – то, что было) – русская народная эпическая песня о богатырях.

Легенда (от латинского *legenda* – то, что должно быть прочитанным) – основанное на устных преданиях, опоэтизированное сказание об историческом или вымышленном лице, событии и т. д.

Предание – устный рассказ, который передаётся из поколения в поколение.

Ода (греч. ode) – стихотворение в торжественном, приподнятом тоне в честь какого–либо знательного события или лица.

Элегия (греч. elegia) – лирическое философское стихотворение, проникнутое грустью.

Комедия (греч. komodia) – вид драматического произведения с смешным, забавным или сатирическим сюжетом.

Трагедия (греч. tragodia) – вид драматического произведения, в основе которого лежит непримиримый жизненный конфликт, острое столкновение характеров и страстей, которое оканчивается чаще всего гибелью героев.

Лексико–стилистический комментарий:

1. *Произведение* – то, что сделано кем–то; создание, творение.
2. *Вымышленный* – придуманный, нереальный, фантастический (то, чего нет).
3. *Богатырь* – герой русских сказок, который имеет необычайную силу, ум, мужество.
4. *Поколение* – 1. Люди одного возраста, которые живут в одно время. Например: поколение 90–х годов.

    2. Родственники одной ступени родства по отношению к одному предку. Например: дедушка, его сын с женой, его внуки – три поколения.
5. *Философия* – отвлечённые, общие рассуждения.
6. *Конфликт* – противоречие, столкновение, спор, разногласие.
7. *Гибель* – смерть.

8. *Страсть* – сильное чувство.

Что такое сюжет?

Сюжет (слово французское sujet – «предмет, тема») – событие или несколько событий, которые связаны между собой и последовательно развиваются и составляют содержание художественного произведения (краткая история событий).

Стихи и проза

Задание: *прочитайте два текста. Переведите.*

1. Синие горы Кавказа, приветствую вас! Вы взлелеяли детство мое. Вы носили меня на своих одичалых хребтах, облаками меня одевали. Вы к небу меня приучили, и я с той поры все мечтаю о вас да о небе. (М. Ю. Лермонтов)

2. Она пришла с мороза,

   Раскрасневшаяся,

   Наполнила комнату

   Ароматом воздуха и духов,

   Звонким голосом

   И совсем неуважительной к занятиям Болтовней...

   (А. А. Блок)

Вопросы и задания:

1. Найдите значения слов «проза», «стихотворение». Определите, какой из текстов будет прозаическим, какой – стихотворным. Почему?
2. Найдите значение слова *ритм*. Составьте словосочетания с ним.
3. Найдите значение слов *строка* и *строфа*. Прочитайте стихотворение и переведите.
4. Сколько в нем строк? Строф? Какая мысль заключена б первой строфе? Второй?

   Серое небо надо мной

   И лес раскрытый, обнаженный,

   Внизу, вдоль просеки лесной,

   Чернеет грязь в листве лимонной.

   Вверху идет холодный шум,

   Внизу молчанье увяданья...

Вся молодость моя – скитанья.

Да радость одиноких дум!

(И. А. Бунин)

Таким образом, **стихи** (слово древнегреческое stichos – ряд) – это такие ряды слов, на которые речь делится *ритмическими* паузами. Каждый ряд пишется отдельной строкой.

Художественная речь

Когда мы читаем литературное произведение, мы плачем, смеемся, радуемся, переживаем. Писатели воздействуют на наши чувства с помощью различных оттенков значения слов. Авторская речь *эмоциональная, экспрессивная, образная*. Создается она с помощью выразительных средств языка. Что это такое? Познакомимся с некоторыми из них.

Эпитет – образное определение.

Тихо струится река *серебристая*.

(С. А. Есенин)

Прозрачно–бледный, как весной,

Слезится снег недавней стужи.

(И. А. Бунин)

Сравнение – выражение, фраза, в которой один предмет сравнивается с другим.

Синие, серые, карие глазки

Смешались, *как в поле цветы*.

(Н. А. Некрасов)

Лед неокрепший на речке студеной,

Словно как тающий сахар, лежит.

(Н. А. Некрасов)

Метафора – перенос свойств с одного предмета на другой по сходству.

Сыплет черемуха *снегом*.

Зелень в снегу и росе.

Еще и холоден и сыр

Февральский воздух, но над садом

Уж *смотрит небо ясным взглядом*.

И молодеет Божий Мир.

(И.А. Бунин)

Олицетворение – отождествление явлений природы, растительного и животного мира с жизнью людей.

Я снова здесь, в семье родной.

Мой край, задумчивый и нежный!

Кудрявый сумрак за горой

Рукою машет белоснежной.

(С. А. Есенин)

Перифраза – описательный оборот.

Певец весенних дней пернатый. (Соловей)

(Г. Р. Державин)

Ирония – употребление слова в значении, обратном прямому для обозначения насмешливого отношения к жизни.

... хозяин *прихотливый*.

Владелец *нищих* мужиков.

(А.С. Пушкин)

Задание: выучите значение слов: *эпитет, метафора, сравнение, олицетворение, перифраза, ирония.*

Утес

Прочитайте стихотворение. Переведите. Определите его тему и основную мысль. Какие выразительные средства языка использовал поэт?

Ночевала тучка золотая

На груди утеса – великана;

Утром в путь она умчалась рано,

По лазури весело играя;

Но остался влажный след в морщине Старого утеса. Одиноко

Он стоит, задумался глубоко,

И тихонько плачет он в пустыне.

(М. Ю. Лермонтов)

Лексико–стилистическая работа:

1. *Струиться* – течь струями
2. *Струя* – узкий поток текущей воды

3. В русском языке существствуют сложные прилагательные: *прозрачно – бледный* (прозрачный и бледный); *бледно – зеленый* (бледный и зеленый); *розово – белый* (розовый и белый).
4. Образуйте сложные прилагательные:

    нежный и мудрый (поэт) – _____

    бледный и зеленый (лист) – _____

    зеленые и серые (глаза) – _____
5. *Слезится снег* (метафора) похож на слезы
6. *Стужа* – холод; студеный – холодный.
7. *Лазурный* – светло–синий; лазурь – голубизна.
8. *Утес* – отвесная скала.

目 录

一、祖国与公民主题

1. Михаил Юрьевич Лермонтов ·· 3
   米·尤·莱蒙托夫 (1814—1841)

2. Марина Ивановна Цветаева ·· 6
   玛·伊·茨维塔耶娃 (1892—1941)

3. Николай Алексеевич Некрасов ·· 9
   尼·阿·涅克拉索夫 (1821—1877)

4. Николай Васильевич Гоголь ··· 16
   尼·瓦·果戈理 (1809—1852)

5. Михаил Александрович Шолохов ·· 29
   米·亚·肖洛霍夫 (1905—1984)

6. Виктор Петрович Астафьев ·· 48
   维·彼·阿斯塔菲耶夫 (1924—2001)

二、自由与政权主题

1. Александр Сергеевич Пушкин ··· 61
   亚·谢·普希金 (1799—1837)

2. Михаил Юрьевич Лермонтов ·· 64
   米·尤·莱蒙托夫 (1814—1841)

3. Александр Николаевич Островский ······································ 66
   亚·尼·奥斯特洛夫斯基 (1823—1886)

4. Иван Сергеевич Тургенев ··· 75
   伊·谢·屠格涅夫 (1818—1883)

5. Фёдор Михайлович Достоевский ··· 80
   费·米·陀思妥耶夫斯基 (1821—1881)

6. Михаил Афанасьевич Булгаков ······ 87
 米·阿·布尔加科夫 (1891—1940)

三、爱情与亲情主题

1. Александр Сергеевич Пушкин ······ 97
 亚·谢·普希金 (1799—1837)

2. Афанасий Афанасиевич Фет ······ 101
 阿·阿·费特 (1820—1892)

3. Анна Андреевна Ахматова ······ 104
 安·安·阿赫玛托娃 (1889—1966)

4. Константин Михаилович Симонов ······ 108
 康·米·西蒙诺夫 (1915—1979)

5. Сергей Александрович Есенин ······ 111
 谢·亚·叶赛宁 (1895—1925)

6. Александр Иванович Куприн ······ 115
 亚·伊·库普林 (1870—1938)

7. Алексей Максимович Горький ······ 126
 阿·马·高尔基 (1868—1936)

8. Иван Алексеевич Бунин ······ 133
 伊·阿·布宁 (1870—1953)

四、多余人主题

1. Александр Сергеевич Пушкин ······ 145
 亚·谢·普希金 (1799—1837)

2. Михаил Юрьевич Лермонтов ······ 155
 米·尤·莱蒙托夫 (1814—1841)

五、小人物主题

1. Александр Сергеевич Пушкин ······ 163
 亚·谢·普希金 (1799—1837)

2. Николай Васильевич Гоголь ······ 176
 尼·瓦·果戈理 (1809—1852)

3. Иван Сергеевич Тургенев ·· 206
   伊·谢·屠格涅夫 (1818—1883)

4. Антон Павлович Чехов ·· 233
   安·巴·契诃夫 (1860—1904)

六、其他主题

1. Денис Иванович Фонвизин ······································ 243
   杰·伊·冯维辛 (1744—1792)

2. Алесадр Сергеевич Грибоедов ································· 249
   亚·谢·格里鲍耶陀夫 (1795—1829)

3. Александр Сергеевич Пушкин ································· 256
   亚·谢·普希金 (1799—1837)

4. Иван Андреевич Крылов ·· 257
   伊·安·克雷洛夫 (1769—1844)

5. Лев Николаевич Толстой ·· 262
   列·尼·托尔斯泰 (1828—1910)

6. Антон Павлович Чехов ·· 299
   安·巴·契诃夫 (1860—1904)

7. Александр Александрович Блок ······························ 319
   亚·亚·勃洛克 (1880—1921)

8. Алексей Максимович Горький ································· 326
   阿·马·高尔基 (1868—1936)

СЛОВАРЬ ЛИТЕРАТУРНЫХ ТЕРМИНОВ ····························· 335
文学术语单词表

一

祖国与公民主题

1. **Михаил Юрьевич Лермонтов** 米·尤·莱蒙托夫
    «РОДИНА» 《祖国》
2. **Марина Ивановна Цветаева** 玛·伊·茨维塔耶娃
    «РОДИНА» 《祖国》
3. **Николай Алексеевич Некрасов** 尼·阿·涅克拉索夫
    «ПОЭТ И ГРАЖДАНИН» (отрывки) 《诗人与公民》（节选）
4. **Николай Васильевич Гоголь** 尼·瓦·果戈理
    «МЁРТВЫЕ ДУШИ» (фрагмент) 《死魂灵》（节选）
5. **Михаил Александрович Шолохов** 米·亚·肖洛霍夫
    «СУДЬБА ЧЕЛОВЕКА» (фрагмент) 《人的命运》（节选）
6. **Виктор Петрович Астафьев** 维·彼·阿斯塔菲耶夫
    «ЗВЕЗДОПАД» (фрагмент) 《陨星雨》（节选）

1. Михаил Юрьевич Лермонтов
米·尤·莱蒙托夫 (1814—1841)

Через всю жизнь проносим мы
в душе образ этого человека...
И. Андроников

М. Ю. Лермонтов родился в Москве. Когда ему было два года, умерла его мать. Бабушка, женщина властная и богатая, поставила отцу условие: не видеться с сыном. Его воспитанием и образованием она займётся сама.

Бабушка дала своему внуку прекрасное домашнее образование. Он знал немецкий, французский, английский языки, хорошо рисовал, играл на скрипке, на фортепиано, пел, сочинял музыку на собственные стихи – одним словом, был одарённым человеком.

М. Ю. Лермонтов стал военным, но всегда увлекался литературой. Очень любил А.С. Пушкина. Хотел с ним познакомиться, показать собственные стихи. Встреча не произошла, потому что поэт был убит. М. Ю. Лермонтов пишет стихотворение «На смерть Поэта», за что его отправляют в ссылку на Кавказ, где идёт война. Многие говорили о смелости М. Ю. Лермонтова, не боявшегося смерти, может быть, смерть искавшего.

Десять лет он писал стихи, драмы, поэмы, прозу, прежде чем решил стать литератором. Он решил издать небольшой сборник. Книга имела успех. М. Ю. Лермонтов решил уйти в отставку, чтобы продолжать писать, но царь отставку не дал, снова отправил поэта на Кавказ. По дороге в армию М. Ю. Лермонтов заехал в

Пятигорск для лечения. Там произошла его ссора с офицером Мартыновым, которая закончилась дуэлью. На дуэли Лермонтов был убит. Он написал немного, но всё смело можно назвать шедеврами.

Лексико–стилистическая работа:

1. *Одаренный человек* – тот, кто имеет дар, талант.
2. Составьте предложения, поставьте прилагательное и существительное в нужном падеже по образцу.

   Он был (каким?) умным человеком.

   Он был (талантливый человек). _____

   Он был (способный человек). _____

3. Составьте предложения:

   Он был (кем?)…

   Он увлекался (чем?)…

Вопросы и задания:

1. Когда и где родился М. Ю. Лермонтов?
2. Какое образование получил поэт?
3. Кем он был?
4. За что его отправили в ссылку?
5. Как погиб М. Ю. Лермонтов?
6. Перескажите текст.

РОДИНА

Люблю отчизну я, но странною любовью!

Не победит ее рассудок мой.

Ни слава, купленная кровью,

Ни полный гордого доверия покой,

Ни темной старины заветные преданья

Не шевелят во мне отрадного мечтанья.

Но я люблю – за что, не знаю сам – Ее степи холодное молчанье,

Ее лесов безбрежных колыханье, Разливы

祖 国

我爱祖国，却是一种奇异的爱！

连我的理智也无法把它战胜。

无论是那用鲜血换来的光荣，

无论是那满怀虔信后的宁静，

无论是那远古的珍贵传说，

都唤不起我心中欢快的憧憬。

但是我爱（自己也不知为什么）：

她那冷漠不语的茫茫草原，

她那迎风摇曳的无边森林，

рек ее, подобные морям; Проселочным путем люблю скакать в телеге

И, взором медленным пронзая ночи тень,
Встречать по сторонам, вздыхая о ночлеге,
Дрожащие огни печальных деревень;
Люблю дымок спаленной жнивы,
В степи ночующий обоз,
И на холме средь желтой нивы
Чету белеющих берез.
С отрадой, многим незнакомой,
Я вижу полное гумно,
Избу, покрытую соломой,
С резными ставнями окно;
И в праздник, вечером росистым, Смотреть до полночи готов
На пляску с топаньем и свистом Под говор пьяных мужичков.

(1841)

她那宛如大海的春潮漫江。
我爱驾着马车沿乡间小道飞奔,
用迟疑不决的目光把夜幕刺穿,
见路旁凄凉村落中明灭的灯火,
不禁要为宿夜的地方频频嗟叹;
我爱那谷茬焚烧后的袅袅烟,
我爱那草原上过夜的车队串,
我爱那两棵泛着银光的白桦,
在苍黄田野间的小丘上呈现。
我怀着许多人陌生的欢欣,
望见那禾堆如山的打谷场,
望见盖着谷草的田家茅屋,
望见镶着雕花护板的小窗;
我愿在节日露重的夜晚,
伴着醉醺醺的农夫的闲谈,
把那踩脚又吹哨的欢舞,
尽情地饱看到更深夜半。

(顾蕴璞译)

Вопросы и задания:

Почему М.Ю.Лермонтов свою любовь к родине называет «странной» («Родина»)? В чем странность этой любви поэта, что для него особенно дорого в родине, отчизне?

2. Марина Ивановна Цветаева
玛·伊·茨维塔耶娃 (1892—1941)

> *Я родилась крылатой...*
> *М. Цветаева*

Марина Ивановна Цветаева родилась в Москве. Ее отец – профессор–искусствовед И. В. Цветаев, основатель московского Музея изобразительных искусств им. А. С. Пушкина, мать – М. А. Мейн – пианистка. Цветаева в 1908 году окончила гимназию. Слушала лекции по истории французской литературы в Сорбонне (Франция). С шестнадцати лет начала писать свои стихи. Ее первые сборники стихотворений – «Вечерний альбом», «Волшебный фонарь». Уже в ранних стихах проявляется поэтическая индивидуальность Цветаевой, формируются важнейшие темы ее творчества: Россия, любовь, поэзия.

Февральскую и Октябрьскую революции она не приняла.

В 1922 году Цветаева с семьей эмигрировала. Жила сначала в Берлине, затем в Праге и Париже.

За рубежом М. Цветаева терпела острую материальную нужду, тосковала по Родине. За границей писала не только стихи, но и прозу.

В 1939 году возвратилась на Родину. Занималась поэтическими переводами, готовила к изданию свои книги. В начале войны оказалась в эвакуации в городе Елабуге, где 31 августа 1941 года она покончила с собой.

Лексико–стилистический комментарий:

1. *Искусствовед* – специалист по искусствоведению.
2. *Искусствоведение* – наука об искусствах.
3. *Индивидуальность* – неповторимость.
4. *Эмигрировать* – вынужденно или добровольно переселиться из своего отечества в другую страну по экономическим, политическим или религиозным причинам.
5. *Нужда* – отсутствие средств на самое необходимое.
6. *Эвакуация* – организованный вывоз людей, предприятий, оборудования из одной местности в другую для предохранения от опасности во время войны, стихийных бедствий.

РОДИНА	**祖 国**
О, неподатливый язык!	啊，艰深难解的语言！
Чего бы попросту – мужик,	通俗点该多好——想想看， 庄稼汉
Пойми, певал и до меня:	在我之前就唱过：
«Россия, родина моя!»	"俄罗斯，我的祖国！"
Но и с калужского холма	而且打从卡卢加丘陵起，
Мне открывалась она –	她一直在我眼前展拓
Даль, тридевятая земля!	远方，千里迢迢的地方！
Чужбина, родина моя!	我的异邦，我的祖国！
Даль, прирожденная, как боль, Настолько родина и столь –	那个天生就痛苦的远方， 是贴心的祖国和缠身的命运，
Рок, что повсюду, через всю	穿越远方而来的任何地方，
Даль – всю ее с собой несу!	我总要把她携带在心。
Даль, отдалившая мне близь,	那个变咫尺为天涯的远方，
Даль, говорящая: «Вернись Домой!» Со всех —	那个说着"归来吧！"的远方，
до горних звезд –	那个到处，直到高天的星星，
Меня снимающая мест!	都在拍摄我身影的远方！
	我就是为此而在孩子的额上，
Недаром, голубей воды,	泼洒比水更蔚蓝的远方！
Я далью обдавали лбы.	你啊，我纵然断去这只手——
Ты! Сей руки своей лишусь,– Хоть двух! Губами	哪怕一双，定要用唇做手，
подпишусь На плахе: распрь моих земля –	写在断头台：那风风雨雨之地——

Гордыня, родина моя! 是我的骄傲，我的祖国！
(1932) （顾蕴璞译）

Вопросы и задания :

1. Какие факты биографии Марины Цветаевой лучше помогают понять место Родины в ее восприятии жизни, в ее душе и творчестве?
2. Какие стилистические и семантические функции выполняет опорный словесный образ «даль» в стихотворении Цветаевой «Родина»?

3.Николай Алексеевич Некрасов
尼·阿·涅克拉索夫 (1821—1877)

Я лиру посвятил народу своему.

Н. А. Некрасов

В историю русской литературы Н. А. Некрасов вошёл как великий поэт, весь свой огромный талант отдавший служению народу. В конце своей жизни он мог сказать: «Я лиру посвятил народу своему».

Он родился на Украине, но детство его прошло в селе Грешнево, недалеко от Ярославля.

Отец поэта был обедневшим дворянином. В молодости он служил в армии, а после отставки жил в Грешневе и занимался хозяйством. Человек своенравный и деспотичный, со всеми обращался жестоко. Мать Некрасова была удивительно мягкая, добрая, прекрасно образованная. Она научила Некрасова и его сестру жить во имя «идеалов добра и красоты».

Хотя Н. А. Некрасов много читал, учился плохо, поэтому гимназию не окончил. Отец хотел, чтобы сын поступил в Дворянский полк, но будущий поэт стал готовиться к экзаменам в университет. Его не приняли: слишком мало оказалось знаний. Правда, он стал вольнослушателем. «Учиться и зарабатывать на хлеб было трудно, и я бросил», – писал позднее Некрасов. Дело в том, что отец, узнав о нежелании сына служить в Дворянском полку, отказал ему в денежной помощи. Начались трудные для поэта дни: это была борьба за выживание в большом городе Петербурге. Первые его стихотворения были неудачными. Но вот однажды Некрасов прочитал друзьям «В дороге», н критик Белинский сказал:

–Да знаете ли вы, что вы поэт – и поэт истинный?

Тема народа, русской женщины стала основной в его поэзии.

Успех окрылил его, и он решил издавать свой журнал «Наш современник». Лучшие писатели того времени печатали в нём свои произведения: И, С. Тургенев, А, Н. Островский, Л. Н. Толстой и другие. Но царь Николай I боялся слишком смелых мыслей, и журнал был запрещён.

В 1861 году было отменено крепостное право. Крестьянам дали свободу. Некрасов, узнав об этом, сказал: «Да разве это настоящая воля? Нет, это чистый обман». Оказывается, надо было выкупить землю у помещика, только тогда крестьянин считался свободным. А пока он считался временнообязанным.

С 1868 года Н. А. Некрасов выпускает новый журнал «Отечественные записки», который быстро стал лучшим журналом.

В середине 70–х годов Некрасов заболел, врачи определили болезнь – рак. Он, чувствуя приближение смерти, писал стихи, которые назвал «Последние песни», дописывал поэмы.

Некрасов умер 8 января 1877 года. Он оставил несколько сборников стихотворений, поэмы «Русские женщины», «Мороз, Красный Нос», «Кому на Руси жить хорошо» и другие.

Вопросы:

1. Где и когда родился Н. А. Некрасов?

2. Каким был его отец?

3. Кто оказал влияние на характер мальчика?

4. Почему Н. А. Некрасов не поступил в университет?

5. Как называлось его первое стихотворение?

6. Как назывались журналы, которые издавал Н. А. Некрасов?

7. Как он оценил отмену крепостного права?

8. Когда и почему умер Н. А. Некрасов?

ПОЭТ И ГРАЖДАНИН

(отрывки)

Гражданин (входит)
Опять один, опять суров,
Лежит – и ничего не пишет

Поэт
Прибавь: хандрит и еле дышит –
И будет мой портрет готов.

Гражданин
Хорош портрет! Ни благородства,
Ни красоты в нем нет, поверь,
А просто пошлое юродство.
Лежать умеет дикий зверь...

Гражданин
Послушай: стыдно!
Пора вставать! Ты знаешь сам,
Какое время наступило;
В ком чувство долга не остыло,
Кто сердцем неподкупно прям,
В ком дарованье, сила, меткость,
Тому теперь не должно спать...

Поэт
А! знаю: "Вишь, куда метнул!
Но я обстрелянная птица.
Жаль, нет охоты говорить. (Берет книгу.)
Спаситель Пушкин!– Вот страница:
Прочти и перестань корить!

Гражданин (читает)
«Не для житейского волненья,
Не для корысти, не для битв,
Мы рождены для вдохновенья,
Для звуков сладких и молитв.»

诗人与公民

（节选）

公民（进到屋里）
又是一个人，又是一脸阴沉，
躺在那里，什么都不写。

诗人
再加一句，苦闷忧郁，气息奄奄，
我的画像便大功告捷。

公民
绝妙的画像！既不高贵，
相信我的话，也不优美，
完全是无耻的愚蠢行为，
倒头昏睡连野兽都会。

公民
听着，真是可耻！
该起来了！你自己很清楚，
这是一个什么样的时代；
谁的内心中责任感尚在，
谁心地正直，坚定执著，
谁有才华、力量、目光敏锐，
他现在就不应该长睡不醒……

诗人
哈！我就知道你说到哪儿去了！
我可是一只饱经世故的老鸟。
很遗憾，我不想说什么。（拿起一本书）
救星普希金啊！——你往这页瞧：
读完它，别再来责备我！

公民（读）
"不是为了平庸生活的激动，
不是为了战斗，为了私心，
我们是为灵感所生，
为了祈祷和甜美的声音。

Гражданин

Нет, ты не Пушкин. Но покуда,
Не видно солнца ниоткуда,
С твоим талантом стыдно спать;
Еще стыдней в годину горя
Красу долин, небес и моря
И ласку милой воспевать...
Пускай ты верен назначенью,
Но легче ль родине твоей,
Где каждый предан поклоненью
Единой личности своей?
Наперечет сердца благие,
Которым родина свята.
Бог помочь им!., а остальные?
Их цель мелка, их жизнь пуста.
Одни – стяжатели и воры,
Другие – сладкие певцы,
А третьи... третьи – мудрецы:
Их назначенье – разговоры.
Свою особу оградя,
Они бездействуют, твердя:
"Неисправимо наше племя,
Мы даром гибнуть не хотим,
Мы ждем: авось поможет время,
И горды тем, что не вредим!"
Хитро скрывает ум надменный
Себялюбивые мечты,
Но... брат мой! кто бы ни был ты,
Не верь сей логике презренной!
Страшись их участь разделить,
Богатых словом, делом бедных,
И не иди во стан безвредных,
Когда полезным можешь быть!

公民

不，你不是普希金。但是当
任何地方都看不到太阳，
以你的才华怎能安然入梦；
更不能在这痛苦的年代，
去讴歌美丽山谷、天空和大海，
去赞美爱人的一缕温情……
即使你忠诚于自己的使命，
可难道你的祖国会更轻松？
那里每一个人都在推崇
他自己独一无二的个性。
有几人有美好的内心，
祖国对他们来说崇高而神圣。
上帝祝福他们！……其他人？
目标卑微，生活空洞。
一些人贪赃枉法，一群小偷，
另一些是甜蜜蜜的歌手，
还有一些……一些聪明人：
他们的使命便是高谈阔论。
他们包裹起自己的身形，
无所事事，一再声称：
"我们的种族已无药可治，
我们不想白白地去送死，
我们期待：也许时间会管事，
我们自豪自己没造成损失！"
傲慢的智慧狡猾地掩饰
他们自私自利的理想，
但是……兄弟！无论你人怎样，
不要相信这卑鄙的逻辑！
不要去分享他们的命运，
多于言谈，寡于行动，
不要走进无害人的队伍中，
当你能成为一个有用的人！

一　祖国与公民主题

Не может сын глядеть спокойно	做儿子的无法心平气和
На горе матери родной,	对待亲生母亲的痛苦之情
Не будет гражданин достойный	一个人对祖国心灵冷漠
К отчизне холоден душой,	成为不了当之无愧的公民,
Ему нет горше укоризны...	对于他没有责难比这更痛苦……
Иди в огон за честь отчизны,	去赴汤蹈火吧,为祖国的荣誉,
За убежденье, за любовь...	为了爱,为了信念……
Иди, и гибни безупречно.	去吧,并且无可指责去赴死。
Умрешь не даром, дело прочно,	你不会白死,事业牢固无比,
Когда под ним струится кровь...	只要它脚下涌流着鲜血……
А ты, поэт! избранник неба,	而你,诗人!天之骄子,
Глашатай истин вековых,	永恒之真理的宣告人,
Не верь, что не имущий хлеба	别去相信一个没面包者
Не стоит вещих струн твоих!	配不上你未卜先知的弦音!
Не верь, чтоб вовсе пали люди;	别相信所有人都已死去;
Не умер бог в душе людей,	人的心灵里还有上帝,
И вопль из верующей груди	它时刻都能听出
Всегда доступен будет ей!	敬神的胸膛发出的悲泣!
Будь гражданин! служа искусству,	做一个公民!为艺术献身,
Для блага ближнего живи,	为了周围人的幸福平安,
Свой гений подчиняя чувству	让自己才能服从于情感,
Всеобнимающей Любви;	那拥抱一切爱的情感;
И если ты богат дарами,	如果你有过人的禀赋,
Их выставлять не хлопочи:	不要忙于在人前展现,
В твоем труде заблещут сами	你的劳作中它会发射出
Их животворные лучи.	自己震撼人心的光线。
Взгляни: в осколки твердый камень	看啊,顽石会化作碎片,
Убогий труженик дробит,	被贫苦的劳动者所击碎,
А из-под молота летит	而在铁锤下自然就会
И брызжет сам собою пламень!	有星星火焰四处飞溅!

Гражданин

Не очень лестный приговор.
Но твой ли он? тобой ли сказан?
Ты мог бы правильней судить:
Поэтом можешь ты не быть,
Но гражданином быть обязан.
А что такое гражданин?
Отечества достойный сын.
Ах! будет с нас купцов, кадетов,
Мещан, чиновников, дворян,
Довольно даже нам поэтов,
Но нужно, нужно нам граждан!
Но где ж они? Кто не сенатор,
Не сочинитель, не герой,
Не предводитель,
Кто гражданин страны родной?
Где ты? откликнись? Нет ответа.
И даже чужд душе поэта
Его могучий идеал!

Поэт

Ах! песнею моей прощальной
Та песня первая была!
Склонила Муза лик печальный
И, тихо зарыдав, ушла.
С тех пор не часты были встречи:
Украдкой, бледная, придет
И шепчет пламенные речи,
И песни гордые поет.
Зовет то в города, то в степи,
Заветным умыслом полна,
Но загремят внезапно цепи –
И мигом скроется она.
Не вовсе я ее чуждался,
Но как боялся! как боялся!

公民

这个判决不怎么令人满意。
但是是你的吗？是出自你心？
你应该做出正确判断：
你可以不做一个诗人，
但你必须做一个公民。
而什么才是公民所为？
做一个当之无愧的祖国之子。
啊！我们有太多的士官生、商人、
贵族、各色官员、小市民，
甚至我们有足够多的诗人，
但是需要的，需要的是公民
可他们在哪里？不是参政员
不是作家，不是英雄，
不是首席贵族
谁是亲爱祖国的公民？
你在哪儿？回答？没有回声。
甚至就连诗人的心灵
都对其强劲的理想陌生

诗人

啊！我那唱出的第一支歌
竟然成为临别之曲！
缪斯低下忧郁的头，
轻声哭罢，离我而去。
从此之后便很少相见：
面色苍白，总是悄然而至，
低声说出火焰般的语言，
唱出那些骄傲的歌曲。
召唤我去城市，去草原，
宝贵的思想藏在心间，
可是一旦有锁链声喧，
一瞬间她便消失不见。
我并非完全在躲避她，
可我多害怕！多么害怕！

Когда мой ближний утопал	当我身边的亲人沉入
В волнах существенного горя –	现实痛苦的波涛之中——
То гром небес, то ярость моря	我却在好心好意地歌颂
Я добродушно воспевал.	天空的雷电，大海的狂怒。
Бичуя маленьких воришек	当我把微不足道的小偷鞭笞，
Для удовольствия больших,	为了大人们的心满意足，
Дивил я дерзостью мальчишек	我表现出男孩子似的粗鲁无礼，
И похвалой гордился их.	并且自豪于他们的赞誉。
Под игом лет душа погнулась,	心灵在岁月重压下弯曲，
Остыла ко всему она,	它对一切热情冷却，
И Муза вовсе отвернулась,	于是缪斯完全转身而去，
Презренья горького полна.	心中充满痛苦的轻蔑。
Теперь напрасно к ней взываю –	如今我白白向她呼唤
Увы! Сокрылась навсегда.	唉！她已悄然永久消逝。
Как свет, я сам ее не знаю	我对她本不了解，如同人间，
И не узнаю никогда.	今后也永远无从得知。
О Муза, гостьею случайной	缪斯，你在我的心中
Являлась ты моей душе?	只是偶然路过的客人？
Иль песен дар необычайный	抑或命运早已注定
Судьба предназначала ей?	她有非凡的歌唱才能？
Увы! кто знает? рок суровый	唉！有谁知晓？严酷命运
Всё скрыл в глубокой темноте.	把一切隐藏进无尽暗晦。
Но шел один венок терновый	但唯有荆冠只身一人
К твоей угрюмой красоте...	曾走向你忧伤之美……

(1856)　　　　　　　　　　　　　　　　（陈松岩译）

Вопросы и задания :

1. Каковы особенности любовной лирики Н.А. Некрасова?
2. В чем видит Н.А. Некрасов обязанности поэта как гражданина?

4. Николай Васильевич Гоголь
尼·瓦·果戈理 (1809—1852)

Давно уже не было в мире писателя, который был бы так важен для своего народа, как Гоголь для России.

Н. Г. Чернышевский

Н. В. Гоголь родился в небогатой дворянской семье на Украине. Его детство прошло в селе Васильевка в обстановке безбедного быта и родительского баловства. Мать Гоголя, женщина очень красивая и добрая, вспоминала: «Жизнь моя была самая спокойная, характер у меня и у мужа был весёлый. Мы окружены были добрыми соседями». Отец Гоголя умел рассказывать интересные истории, сочинял комедии, которые ставились в домашнем театре.

Когда Гоголь подрос, его отдали учиться в гимназию в городе Нежине. В гимназии он увлёкся рисованием, театром, много читал. Все деньги тратил на книги.

После окончания гимназии Гоголь едет в Петербург. Впереди – свобода, служба. Службу найти не удалось, он хотел играть в театре, но его не приняли. Написал поэму, но книгу никто не покупал. Он скупил все свои книги и сжёг.

Позднее Гоголь познакомился с Пушкиным и другими писателями. Ему снова захотелось начать писать. В 1831 году выходит первая книга Н. В. Гоголя «Вечера на хуторе близ Диканьки». Она понравилась. А.С.Пушкин писал: «Поздравляю публику с истинно веселою книгой». Успех дал Гоголю новые силы. Он пишет много других повестей, комедии. *Самая* знаменитая – «Ревизор». Но книгой всей его жизни стала поэма «Мёртвые души».

В 1847 году наступил творческий кризис. Гоголь больше не мог писать. Он переехал в Москву, где и прожил последние годы. В 1852 году он умер.

Задание:

Расскажите о жизни Н.В. Гоголя.

МЁРТВЫЕ ДУШИ

(фрагмент)

Задание: прочитайте текст, переведите.

«Мёртвые души» – главная книга Н.В. Гоголя. Её сюжет был подсказан А.С. Пушкиным. Н. В. Гоголю он понравился, он сказал: «Вся Русь отзовётся в нём». Ему хотелось рассказать всю правду о России, хотя и с «одного боку», то есть с критической стороны.

Развитию России в XIX веке мешало крепостное право: право владения крестьянами – крепостными душами. Помещики считались тем больше богатыми, чем больше было у них крепостных («имей тысячи две душ – тот и жених»). С крестьянами помещик мог сделать всё: наказать, выменять на что–нибудь, продать. За них платили

П. И. Чичиков.
Рис. П. Боклевского

налоги. Для этого составлялись списки – «Ревизские Сказки», которые проверялись раз в несколько лет. Только тогда можно было вычеркнуть фамилии умерших крестьян, а до этого они считались «мёртвыми душами».

Главный герой Павел Иванович Чичиков хотел, чтобы его считали богатым, поэтому он задумал купить у помещиков мёртвые души, потому что они стоили бы дешевле, а на бумаге были бы записаны как души живые. Помещикам это было выгодно, потому что они не платили бы налоги за умерших, но записанных на бумаге крестьян.

У писателя появилась возможность показать широкую картину жизни России, потому что Чичиков ездит в гости к помещикам с предложением хоть и выгодным, но новым. Читатель имеет возможность увидеть их характеры. Эти люди смешные, неинтересные – настоящие «мёртвые души». Читая произведение, мы задаём себе вопрос: что значит иметь мертвую душу?

Когда А. С. Пушкин прочитал первые главы книги, он воскликнул: «Боже, как грустна наша Россия!»

А другой писатель, Александр Иванович Герцен, написал: «... Мёртвые души Гоголя – удивительная книга, горький упрёк современной Руси, но не безнадёжный».

Вопросы:

1. Что значит *крепостное право!* Ответ найдите в тексте.
2. Ревизские сказки – что это такое?
3. Что значит *мертвые души*?
4. Почему Чичиков покупал мертвые души?
5. В прямом или переносном значении употребляется выражение *мертвые души* для характеристики человека?

Чичиков в гостях у Манилова
(отрывок)

Манилов

Дом Манилова стоял на возвышении, открытом всем ветрам, каким только вздумается подуть. Подъезжая ко двору, Чичиков заметил на крыльце самого хозяина, который стоял, поставив руку ко лбу в виде зонтика над глазами, чтобы рассмотреть получше подъезжавший экипаж. По мере того как бричка близилась к крыльцу, глаза его делались веселее и улыбка раздвигалась более и более.

Один Бог разве мог сказать, какой был характер у Манилова. Есть люди, известные под именем: люди так себе, ни то ни сё, ни в городе Богдан ни в селе Селифан; по словам пословицы. К ним следует отнести и Манилова.

На взгляд он был человек видный; черты лица его были не лишены приятности, но в эту приятность, казалось, было чересчур передано сахару; в приемах и оборотах его было что–то располагающее к знакомству. Он улыбался заманчиво, был белокур, с голубыми глазами. В первую минуту разговора с ним не можешь не сказать: «Какой приятный и добрый человек!» В следующую затем минуту ничего не скажешь, а в третью скажешь: «Чёрт знает что такое!» – и отойдёшь подальше; если не отойдёшь, почувствуешь скуку смертельную. От него не дождёшься никакого живого слова, какое можешь услышать почти от всякого. У всякого есть свой задор: у одного задор обратился на собак, другому кажется, что он сильный любитель музыки; третий мастер хорошо пообедать; четвёртый играет роль хоть чуть–чуть повыше той, что ему назначена... – словом, у каждого есть свой задор, но у Манилова ничего не было. Дома он говорил мало. Хозяйством не занимался, оно шло как–то само собою. Иногда, глядя с крыльца на пруд и на двор, говорил он о том, как бы хорошо было, если бы вдруг от дома провести подземный ход или через пруд выстроить каменный мост, на котором бы были по обеим сторонам лавки, и чтобы в них сидели купцы и продавали разные мелкие товары, нужные для крестьян. При этом глаза его делались чрезвычайно сладкими и лицо принимало самое довольное выражение: впрочем, все эти проекты так и оканчивались только одними словами. В его кабинете всегда лежала какая–то книжка, заложенная закладкой на четырнадцатой странице, которую он постоянно читал уже два года. В доме его вечно чего–нибудь недоставало: в гостиной стояла прекрасная мебель, обтянутая дорогой шёлковой материей, которая стоила недёшево; но на два кресла её не хватило. Хозяин в продолжение нескольких лет каждый раз предупреждал своего гостя словами: «Не садитесь на эти кресла, они ещё не готовы». В иной комнате совсем не было мебели, хотя в первые дни после женитьбы было сказано: «Душенька, нужно будет завтра позаботиться, чтобы в эту комнату хоть на время поставить мебель». Жена его... впрочем, они были совершенно довольны друг другом. Несмотря на то что прошло более восьми лет после свадьбы, все ещё каждый приносил другому или кусочек яблочка, или конфетку, или орешек и говорил трогательно–нежным голосом, выражавшим совершенную любовь: «Разинь, душенька, свой ротик, я тебе положу этот кусочек». Разумеется, что ротик раскрывался при этом случае очень широко.

Лексико–стилистический комментарий:
1. *Бричка* – легкая повозка. Иногда с открытым верхом.

2. *Люди так себе, ни то ни сё, ни в городе Богдан, ни в селе Селифан* – так говорят о людях, когда нет определенного отношения к ним.

3. *Он был человек видный* – привлекающий внимание: рослый, статный, представительный.

4. *Задор* – интерес, увлечение.

Лексико–стилистическая работа:

В русском языке выражение *не мог не сказать* (то есть сказал), не мог не выучить (то есть выучил), *не мог не думать* (то есть думал) имеют положительный смысл. Запишите предложения, используя выражения *не мог не ...*

Вопросы и задания:

1. Используя слова текста, опишите внешность Манилова. Рассмотрите иллюстрацию. Сумел ли художник передать внешность героя?

2. Расскажите о характере этого помещика по плану:

   а) что говорит о нем автор?

   б) Манилов – фамилия говорящая, образованная от глагола «манить». О чем он мечтает? Можно ли сказать, что его мечты реальные?

   в) опишите дом Манилова. Что он может сказать о хозяине?

   г) почему автор говорит, что Манилова можно узнать за три минуты?

3. Живая это или мертвая душа?

Чичиков в гостях у Коробочки

(отрывок)

Н. П. Коробочка
Рис. П. Боклевского

Чичиков бросил вскользь два взгляда: комната была обвешана старенькими полосатыми обоями, картины с какими–то птицами; между окон старинные маленькие зеркала с тёмными рамками в виде свернувшихся листьев; за всяким зеркалом были или письмо, или старая колода карт, или чулок; стенные часы с нарисованными цветами на циферблате... Минуту спустя вошла хозяйка, женщина пожилых лет, одна из тех небольших помещиц, которые плачутся на неурожаи, убытки и держат голову несколько набок, а между тем набирают все потихоньку денег и раскладывают по мешочкам. Чичиков извинился, что побеспокоил неожиданным приездом, потому что заблудился. Он сказал, что ему ничего не нужно, чтобы она не беспокоилась ни о чем, что, кроме постели, он ничего не требует, и спросил, в какие места заехал он и далеко ли до города. Отказавшись от угощения, попросил постель.

Погасив свечу, он накрылся ситцевым одеялом и заснул в ту же минуту. Проснулся на другой день он уже довольно поздно утром. Окинувши взглядом комнату, он теперь заметил, что на картинах не всё были птицы: между ними висел портрет Кутузова и писанный масляными красками какой–то старик. Часы пробили десять; в дверь выглянуло женское лицо и в ту же минуту спряталось, ибо Чичиков, желая получше заснуть, скинул с себя совершенно всё.

Он заглянул в щёлочку двери и увидел хозяйку, сидящую за чайным столиком, вошёл к ней с весёлым и ласковым видом,

—Здравствуйте, батюшка, каково почивали? – сказала хозяйка, поднимаясь с места.

—Хорошо, хорошо, – говорил Чичиков, садясь в кресло. – Вы как, матушка?... А позвольте узнать фамилию вашу.

—Коробочка.

—Благодарю. А имя и отчество?

—Настасья Петровна.,. А ваше имя как? – спросила помещица. – Вы покупщик? Как же жаль, что продала мёд купцам так дёшево, а вот ты бы, отец мой, у меня, наверно, его купил.

—А вот мёду и не купил бы.

—Что ж другое?

— Скажите, матушка, у вас умирали крестьяне?

—Ох, батюшка, восемнадцать человек! – сказала старуха, вздохнувши, – И умер такой всё славный народ, всё работники, а налоги просят уплачивать с души. Народ мёртвый, а плати, как за живого.

—Уступите–ка их мне, Настасья Петровна.

—Кого, батюшка?

—Да вот этих–то всех, что умерли.

—Да как же уступить их?

—Да так просто. Или, пожалуй, продайте. Я вам за них дам деньги.

—Да как же? Неужели хочешь ты их откапывать из земли?

Чичиков в немногих словах объяснил ей, что перевод или покупка будет только на бумаге и души будут записаны как живые.

–Да на что ж они тебе? –сказала старуха, выпучив на него глаза.

–Это уж моё дело.

–Да ведь они ж мёртвые.

–Да кто ж говорит, что они живые? Потому–то и в убыток вам, что мёртвые; вы за них платите, а теперь я вас избавлю от хлопот и платежа. Понимаете? Да не только избавлю, да ещё сверх того дам вам пятнадцать рублей. Ну, теперь ясно?

– Не знаю, – произнесла хозяйка с расстановкой. – Ведь я мёртвых никогда ещё не продавала. Меня только то и затрудняет, что они уже мёртвые.

Старуха задумалась. Она видела, что дело как будто выгодное, да только уж слишком новое н небывалое, а потому начала сильно бояться, чтобы как–нибудь не обманул её этот покупщик.

–Так что ж, матушка, по рукам, что ли? – говорил Чичиков.

–Отец мой, никогда ещё не приходилось продавать мне покойников. Живых–то я продала, вот три дня назад двух девок, по сто рублей каждая.

–Ну, да не о живых дело; Бог с ними. Я спрашиваю мёртвых.

–Я боюсь на первых–то порах, чтобы как–нибудь не понести убытку. Может быть, ты, отец мой, меня обманываешь, а они того…они больше как–нибудь стоят.

–Послушайте, матушка, что ж они могут стоить? Рассмотрите, ведь это прах. Понимаете ли? это просто прах. Вы возьмите всякую негодную тряпку, и в тряпке есть цена: её хоть по крайней мере купят на бумажную фабрику, а ведь это ни на что не нужно. Ну, скажите сами, на что оно нужно?

–А может, в хозяйстве как–нибудь под случай понадобятся…–возразила старуха, да и не кончила речи, открыла рот и смотрела на него почти со страхом, желая знать, что он на это скажет.

–Мёртвые в хозяйстве! Воробьёв разве пугать по ночам в вашем огороде，что ли?

–С нами крестная сила! Какие ты страсти говорить! – проговорила старуха, крестясь.

–Куда ж ещё вы их хотели пристроить? Да, впрочем, ведь кости и могилы – всё вам остаётся, покупка только на бумаге. Ну, так что же? Как же? Отвечайте по крайней мере.

Старуха задумалась вновь.

–Ей–богу, товар такой странный, совсем небывалый!

Здесь Чичиков вышел совершенно из границ всякого терпения, стукнул стулом об пол и послал её к чёрту. Чёрта помещица испугалась необыкновенно.

–Да чего ж ты рассердился так горячо?

–Есть на что рассердиться! Дело яйца выеденного не стоит, а я стану из–за него сердиться!

–Ну, я готова отдать за пятнадцать рублей.

«Дубинноголовая какая!» – подумал Чичиков.

Лекстко–стилистический комментарий:

1. *Плакаться* – жаловаться.
2. *Кутузов* – военачальник, герой войны 1812 года.
3. *Почивать* (устаревшее) – спать.
4. *Покупщик* (устаревшее) – покупатель.
5. *Уступить* – отдать.
6. *С нами крестная сила* – с нами нечистая сила.
7. *Дело яйца выеденного не стоит* (фразеологизм) – дело не имеет значения, не заслуживает внимания.

Вопросы и задания:

1. Используя слова и выражения из текста, опишите внешность Коробочки.
2. Что рассказывает о Коробочке ее дом?
3. Найдите в словаре значение слова *коробочка*. Можно ли сказать, что фамилия помещицы говорящая?
4. Прочитайте диалог Коробочки и Чичикова по ролям. Какие слова и выражения говорят об ограниченном уме Коробочки?
5. Что значит слово *дубинноголовая*? Согласны ли вы с Чичиковым?
6. Живая или мертвая душа Коробочки?

Чичиков у Плюшкина
(отрывок)

Сделав один или два поворота, герой наш очутился наконец перед самый домом, который показался теперь ещё печальнее. У одного из строений Чичиков скоро заметил какую–то фигуру, которая начала ругаться с мужиком, въехавшим на телеге. Долго он не мог распознать, какого пола фигура: баба или мужик. Платье на ней было совершенно неопределённое, на голове был колпак, какой носят деревенские бабы, только один голос показался ему несколько хриплым для женщины.

«Ой, баба! – подумал он про себя и тут же добавил: – Ой, нет!» – «Конечно, баба!» – наконец сказал он, рассмотрев лучше. Фигура, с своей стороны, глядела на него тоже. По висевшим у неё за поясом ключам и по тому, как она ругала мужика, Чичиков решил, что это, верно, ключница.

–Послушай, матушка, – сказал он, – что барин?..

–Нет дома, – прервала ключница, не дожидаясь окончания вопроса, и потом, спустя минуту, прибавила.

– А что вам нужно?

Плюшкин
Рис. П. Боклевского

– Есть дело!

– Идите в комнаты! – сказала ключница, отвернувшись и показав ему спину, запачканную мукою, с большой прорехой пониже.

Он вошел в темные широкие сени, от которых пахнуло холодом, как из погреба. Из сеней он попал комнату, тоже тёмную, чуть–чуть озарённую светом, выходившим из-под широкой щели, находившейся внизу двери. Огрыв эту дверь, он наконец очутился в свету и был поражён беспорядком. Казалось, как будто в доме происходило мытьё полов и сюда на время нагромоздили мебель. На одном столе стоял даже сломанный стул, и рядом с ним часы с остановившимся маятником, к которому паук приделал паутину. Туг же стоял шкаф с старинным серебром, графинчиками и китайским фарфором. На бюро лежало множество всякой всячины: куча исписанных мелко бумажек, какая–то старинная книга в кожаном переплёте с красным обрезом, лимон, весь засохший, ростом не более лесного ореха, отломленная ручка кресел, рюмка с какой–то жидкостью и тремя мухам, накрытая письмом, кусочек сургучика, кусочек где–то поднятой тряпки, два пера, запачканные чернилами, высохшие, как в чахотке, зубочистка, совершенно пожелтевшая.

По стенам было навешано весьма тесно и бестолково несколько картин: в ряд с ними занимала полстены огромная почерневшая картина, писанная масляными красками, изображавшая цветы, фрукты, разрезанный арбуз, кабанью морду и висевшую головой вниз утку. В углу комнаты была навалена на полу куча. Что именно находилось в куче, решить было трудно, ибо пыли на ней было в таком изобилии, что руки всякого касавшегося становились похожими на перчатки; заметнее прочего высовывался оттуда отломленный кусочек деревянной лопаты и старая подошва сапога. Пока он рассматривал всё странное убранство, открылась боковая дверь и вошла та же самая ключница, которую он встретил во дворе. Но тут он увидел, что это был скорее ключник, чем ключница: ключница не бреет бороды, а этот брил, и, казалось, довольно редко, потому что весь подбородок с нижней частью щеки был похож на скребницу из железной проволоки, какою чистят та конюшне лошадей. Чичиков ждал с нетерпением, что хочет сказать ему ключник. Ключник тоже ждал, что хочет сказать ему Чичиков. Наконец последний, удивлённый таким странным недоумением, решился спросить:

–Что ж барин? у себя, что ли?

–Здесь хозяин, – сказал ключник.

–Где же? – повторил Чичиков.

–Что, батюшка, слепы, что ли? – спросил ключник. – Эх–ва! А ведь хозяин–то я!

Здесь Чичиков отступил назад и посмотрел на него пристально. Лицо его не представляло ничего особенного; оно было почти такое же, как у многих худощавых стариков, один подбородок только выступал очень далеко вперёд, так что он должен был каждый раз закрывать его платком, чтобы не заплевать; маленькие глазки его бегали, как мыши. Гораздо замечательнее был наряд его: никакими средствами и стараниями нельзя было узнать, из чего состряпан был его халат: рукава и верхние полы засалились и залоснились, на шее у него тоже было повязано что–то такое, которого нельзя было разобрать; чулок ли, подвязка ли, только никак не галстук. Словом, если бы Чичиков встретил его, так принаряженного, где–нибудь у церковных дверей, то, вероятно, дал бы ему медный грош. Но перед ним стоял не нищий, перед ним стоял помещик. У этого помещика была тысяча душ с лишним. У него было столько добра, что хватило бы на два имения, но ему и этого было мало.

Чичиков и Плюшкин.
Рис. А. Агина

А ведь было время, когда он был только бережливым хозяином! Был и женат и семьянин, и сосед заезжал к нему пообедать, слушать и учиться мудрой скупости. Всё текло живо и совершалось ровным ходом, во всё входил зоркий глаз хозяина, как трудолюбивый паук, бегал по всем концам своей хозяйственной паутины.

Слишком сильные чувства не отражались в чертах его лица, но в глазах был виден ум; опытностью и познанием света была проникнута речь его, и гостю было приятно его слушать; приветливая и говорливая хозяйка славилась хлебосольством; навстречу выходили две миловидные дочки, обе белокурые и свежие, как розы; выбегал сын и целовался со всеми, мало обращая внимания на то, рад ли или не рад был этому гость. В доме были открыты все окна. Но добрая хозяйка умерла; часть ключей, а с ними мелких забот, перешла к нему. Плюшкин стал беспокойнее и, как все вдовцы, подозрительнее и скупее. На старшую дочь он не мог положиться да и был прав, потому что Александра Степановна скоро убежала с офицером и обвенчалась с ним где–то наскоро в деревенской церкви, зная, что отец не любит офицеров по странному предубеждению, будто все военные картежники и мотишки. В доме стало ещё пустее. Во владельце стала заметнее обнаруживаться скупость, сверкнувшая в жёстких волосах его седина, верная подруга её, помогла ей ещё больше развиться. Сын, будучи отправлен в город, с тем чтобы узнать службу существенную, определился вместо того в полк и написал к отцу, прося денег на обмундирование; весьма естественно, что он получил на это то, что называется шиш. Наконец, последняя дочь, остававшаяся с ним в доме, умерла, и старик очутился один сторожем, хранителем и владельцем своих богатств. Одинокая жизнь дала сытную пищу скупости, которая, как известно, имеет волчий голод и чем более пожирает, тем становится ненасытнее; человеческие чувства, которые и без того не были в нём глубоки, мелели ежеминутно, и каждый день что-нибудь утрачивалось в этой изношенной развалине. Сын его проигрался в карты; он послал ему от души своё отцовское проклятие и никогда уже не интересовался знать, существует ли он на свете или нет.

С каждым годом прикрывались окна в его доме, наконец остались только два, из которых одно было заклеено бумагою; с каждым годом уходили из вида более и более главные части хозяйства, и мелкий взгляд его обращался к бумажкам и перышкам, которые он собирал в своей комнате; неуступчивее становился он к покупщикам; покупщики торговалась–торговалась и наконец бросили его совсем, сказавши, что это бес, а не человек; сено и хлеб гнили, мука в подвалах превратилась в камень, и нужно было её рубить, к материям страшно было притронуться: они обращались в пыль. Он уже забывал сам, сколько у него чего. А между тем и хозяйство и доход собирался по-прежнему; всё это сваливалось в кладовке и всё становилось гниль и прореха, и сам он превратился в кадую-то прореху на человечестве.

Лексико-стилистический комментарий

1. *Распознать* – определить, узнать
2. *Колпак* – головной убор остроконечной, овальной формы
3. *Ключница* (устаревшее) – женщина в помещичьем доме, которая следила за продовольственными продуктами и носила ключи от мест их хранения.
4. *Прореха* – дыра
5. *Озаренный* (причастие) – освещенный
6. *Нагромоздить* – сложить, свалить кучей, грудой
7. *Бюро* – род письменного стола с выдвижной крышкой и ящиками для хранения бумаг.
8. *Всякая всячина* – все, что угодно, самое различное
9. *Скребница* – железная щетка для чистки лошадей
10. *Состряпать* (разговорное) – здесь: сделать, смастерить
11. *Хлебосольство* – гостеприимство *Хлебосольный хозяин* – гостеприимный хозяин
12. *На старшую дочь он не мог положиться* – не мог твердо надеяться.
13. *Мот* – тот, кто неразумно тратит деньги, имущество, расточитель – Матишка – пренебрежительное отношение к такому человеку.
14. *Послать проклятие* – проклясть – сказать бранное слово, ругательство.
15. *Шиш* – ничего. То же, что кукиш
16. *Пожирать* (грубое разговорное) – поедать, есть
17. *Прореха на человечестве* (метафора) – пустое место

Вопросы и задания:

1. Используя слова из текста, опишите внешность Плюшкина.
2. Что рассказал о хозяине его дом?

    Сравните слова:

    порядок–беспорядок, вкус – безвкусица.

    Какие из них вы выберете для характеристики Плюшкина, а какое – для описания картины?

3. Расскажите историю семьи Плюшкина.

4. Сравните слова: *бережливость, жадность, скупость*. Одинаковы ли они по значению? Что значит словосочетание *мудрая скупость?* Покажите с помощью этих слов, как Плюшкин стал «прорехой на человечестве».

5. Сравните Плюшкина с Маниловым, Коробочкой:

а) почему Н.В. Гоголь описывает дом каждого помещика?

б) почему обращает внимание на картины в их доме?

в) почему рассказывает историю жизни только Плюшкина?

г) как вы думаете, почему душа становится мертвой?

5. Михаил Александрович Шолохов
米·亚·肖洛霍夫 (1905—1984)

Замечательное явление нашей литературы – Михаил Шолохов
А. Толстой.

Михаил Александрович Шолохов родился в 1905 году на хуторе Кружилинском Вёшенской станицы Ростовской области в семье разночинца. Отец часто менял профессии. Мать – полуказачка, полукрестьянка. В семье любили книги. Родители стремились дать сыну хорошее образование. Сначала Шолохов учится в начальном училище, затем – в Москве в частной гимназии. Началась революция, а затем Гражданская война, и гимназию окончить не удалось. Во время Гражданской войны воевал на стороне Красной армии. С 1920 г. пошел работать учителем по ликвидации неграмотности, а потом сменил много профессий: работал учителем начальной школы (младшие классы), грузчиком, каменщиком, счетоводом (бухгалтером), канцелярским работником, журналистом. Впечатлений было так много, что захотелось рассказать об увиденном.

В 1925 году вышел сборник «Донские рассказы». Осенью 1926 г. Шолохов навсегда поселился в станице Вёшенской, где начал писать роман «Тихий Дон», работа над которым продолжалась десять лет. В нем революция изображена в героических и трагических ситуациях народной борьбы.

В 1932 году вышла первая книга «Поднятая целина». В ней рассказано о сложном периоде преобразований, происходивших в деревне.

Во время Великой Отечественной войны Шолохов был военным корреспондентом. В 1943 году опубликовал роман «Они сражались за Родину».

Война не оставляла его мысли, и в 1956 г. вышел его небольшой рассказ «Судьба человека», в котором писатель рассказал о жизни простого советского человека, труженика – солдата.

М.А. Шолохов – дважды Герой Социалистического Труда, в 1965 году писателю была присуждена Нобелевская премия, ряд европейских университетов присвоил ему почётное докторское звание. Его книги переведены на многие языки мира.

Лексический комментарий:

1. *Хутор* – обособленный земельный участок с усадьбой владельца.
2. *Станица* – селение на реке Дон, на юге России.
3. *Казак* – человек, который обязан нести военную службу за льготное пользование землей.

СУДЬБА ЧЕЛОВЕКА

(фрагмент)

«Судьба человека» – это рассказ о том, что такое война, какие бедствия она несет людям, рассказ о советском человеке, ненавидящем войну, о мирном труженике, который, однако, с беспримерной стойкостью выносит тяготы войны.

Ю. Лукин

Кадр из фильма

Первая послевоенная весна была на Верхнем Дону на редкость дружная и напористая.

В эту недобрую пору бездорожья мне пришлось ехать в станицу Букановскую. И расстояние небольшое – всего лишь около шестидесяти километров, – но одолеть их оказалось не так-то просто. Мы с товарищем выехали до восхода солнца. Пара сытых лошадей еле тащила тяжелую бричку.

Там, где было особенно трудно лошадям, мы слезали с брички, шли пешком. Под сапогами хлюпал размокший снег, идти было тяжело, но по обочинам дороги все еще держался хрустально поблескивающий на солнце ледок, и там пробираться было еще труднее. Только часов через шесть подъехали к переправе через речку Еланку.

Небольшая, местами пересыхающая летом речушка разлилась на целый километр. Переправляться надо было на утлой плоскодонке, поднимавшей не больше трех человек. Мы отпустили лошадей. На той стороне в колхозном сарае нас ожидал старенький, видавший виды «виллис», оставленный там еще зимою. Вдвоем с шофером мы не без опасения сели в ветхую лодчонку. Товарищ с вещами остался на берегу.

Хутор раскинулся далеко в сторону, и возле причала стояла такая тишина, какая бывает в безлюдных местах только глухою осенью и в самом начале весны.

Неподалеку, на прибрежном песке, лежал поваленный плетень. Я присел на него, хотел закурить, но к великому огорчению, пачка «Беломора» совершенно размокла. Я бережно извлёк из кармана раскисшую пачку, присел на корточки и стал по одной раскладывать на плетне влажные, побуревшие папиросы. Был полдень. Солнце светило горячо, как в мае. Я надеялся, что папиросы скоро высохнут. Солнце светило так горячо, что я уже пожалел о том, что надел в дорогу солдатские ватные штаны и стеганку. Это был первый после зимы по-настоящему теплый день. Хорошо было сидеть на плетне вот так, одному, целиком покорясь тишине и одиночеству.

Вскоре я увидел, как из-за крайних дворов хутора вышел на дорогу мужчина. Он вел за руку маленького мальчика, судя по росту – лет пяти-шести, не больше. Они устало брели по направлению к переправе, но, поравнявшись с машиной, повернули ко мне. Высокий сутуловатый мужчина, подойдя вплотную, сказал приглушенным баском:

– Здорово, браток!

– Здравствуй, – я пожал протянутую мне большую черствую руку.

Мужчина наклонился к мальчику, сказал:

– Поздоровайся с дядей, сынок. Он, видать, такой же шофер, как и твой папанька. Только мы с тобой на грузовой ездили, а он вот эту маленькую машину гоняет.

Глядя мне прямо в глаза светлыми, как небушко, глазами, чуть-чуть улыбаясь, мальчик смело протянул мне розовую холодную ручонку. Я легонько потряс ее, спросил:

– Что же это у тебя, старик, рука такая холодная? На дворе теплынь, а ты замерзаешь?

С трогательной детской доверчивостью малыш прижался к моим коленям, удивленно приподнял белесые бровки.

—Какой же я старик, дядя? Я вовсе мальчик, и я вовсе не замерзаю, а руки холодные – снежки катал потому что.

Сняв со спины тощий вещевой мешок, устало присаживаясь рядом со мною, отец сказал:

—Беда мне с этим пассажиром! Там, где мне надо раз шагнуть, – я три раза шагаю, так и идем с ним, как конь с черепахой. А тут ведь за ним глаз да глаз нужен. Чуть отвернешься, а он уже по лужине бредет или льдинку отломит и сосет вместо конфеты. Нет, не мущинское это дело с такими пассажирами путешествовать, да еще походным порядком.

Он помолчал немного, потом спросил:

—А ты что же, браток, свое начальство ждешь?

Мне было неудобно разуверять его, что я не шофер, и я ответил:

—Приходится ждать.

—С той стороны подъедут?

—Да.

—Не знаешь, скоро ли подойдет лодка?

—Часа через два.

—Порядком. Ну что ж, пока отдохнем, спешить мне некуда. А я иду мимо, гляжу: свой брат шофер загорает. Дай, думаю, зайду, перекурим вместе. Одному–то и курить и помирать тошно. А ты богато живешь, папироски куришь. Подмочил их, стало быть? Ну, брат, табак моченый, что конь леченый, никуда не годится. Давай–ка лучше моего крепачка закурим.

Он достал из кармана защитных летних штанов свернутый в трубку малиновый шелковый кисет, развернул его, и я успел прочитать вышитую на уголке надпись: «Дорогому бойцу от ученицы 6–го класса Лебедянской средней школы».

Мы закурили крепчайшего самосада и долго молчали. Я хотел было спросить, куда он идет с ребенком, но он опередил меня вопросом:

—Ты что же, всю войну за баранкой?

—Почти всю.

—На фронте?

—Да.

—Ну, и мне там пришлось, браток, хлебнуть горюшка по ноздри и выше.

Он положил на колени большие темные руки, сгорбился. Я сбоку взглянул на него, и мне стало что–то не по себе... Видали вы когда–нибудь глаза, словно присыпанные пеплом, наполненные такой неизбывной смертной тоской, что в них трудно смотреть? Вот такие глаза были у моего случайного собеседника. Выломав из плетня сухую искривленную хворостинку, он с минуту молча водил ею по песку, вычерчивал какие–то замысловатые фигуры, а потом заговорил:

–Иной раз не спишь ночью, глядишь в темноту пустыми глазами и думаешь: «За что же ты, жизнь, меня так наказала? Нету мне ответа». – И вдруг спохватился: ласково подталкивая сынишку, сказал: – Пойди, милок, поиграй возле воды. Только гляди ноги не промочи.

Еще когда мы в молчании курили, я, украдкой рассматривая отца и сынишку, с удивлением отметил про себя одно странное, на мой взгляд, обстоятельство. Мальчик был одет просто, но добротно: и в том, как сидел на нем длиннополый пиджачок, и в том, что крохотные сапожки были сшиты с расчетом надевать их на шерстяной носок, и очень искусный шов на разорванном когда–то рукаве пиджачка – все выдавало женскую заботу, умелые материнские руки. А отец выглядел иначе: прожженный в нескольких местах ватник был небрежно и грубо заштопан, латка на выношенных защитных штанах не пришита как следует, а, скорее, наживлена широкими, мужскими стежками; на нем были почти новые солдатские ботинки, но плотные шерстяные носки изъедены молью, их не коснулась женская рука... Еще тогда я подумал: «Или вдовец, или живет не в ладах с женой».

Но вот он, проводив глазами сынишку, глухо покашлял, снова заговорил, и я весь превратился в слух:

–Поначалу жизнь моя была обыкновенная. В гражданскую войну был в Красной Армии. В голодный двадцать второй год подался на Кубань, потому и уцелел. А отец с матерью и сестренкой дома померли от голода. Остался один. Родни – хоть шаром покати – нигде, никого, ни одной души. Ну, через год вернулся с Кубани, хатенку продал, поехал в Воронеж. Поначалу работал в плотницкой артели, потом пошел на завод, выучился на слесаря. Вскорости женился. Жена воспитывалась в детском доме. Сиротка. Хорошая попалась мне девка! Смирная, веселая, угодливая и умница, не мне чета. Она с детства узнала, почем фунт лиха стоит, – может, это и сказалось на ее характере. Со стороны глядеть –не так уж она была из себя видная, но ведь я–то не со стороны на нее глядел, а в упор. И не было для меня красивей и желанней ее, не было на свете и не будет!

Придешь с работы усталый, а иной раз и злой, как черт. Нет, на грубое слово она тебе не нагрубит в ответ. Ласковая, тихая. Смотришь на нее и отходишь сердцем, а спустя немного обнимешь ее, скажешь: «Прости, милая Иринка, нахамил я тебе. Понимаешь, с работой у меня нынче не заладилось». И опять у нас мир, и у меня покой на душе.

Вскорости дети у нас пошли. Сначала сынишка родился, через года – еще две девочки...

В двадцать девятом году завлекли меня машины. Изучил автодело, сел за баранку на грузовой. Потом втянулся и уже не захотел возвращаться на завод. За рулем показалось мне веселее, так и прожил десять лет и не заметил, как они прошли. Прошли, как будто во сне. Работал я эти десять лет и день и ночь. Зарабатывал хорошо, и жили мы не хуже людей. И дети радовали. За десять лет скопили мы немножко деньжонок и перед войной поставили себе домишко. Иришка купила двух коз. Чего еще больше надо?

А тут она, война.

Ну, про войну тебе нечего рассказать, сам видел и знаешь, как оно было поначалу. От своих письма получал часто, а сам посылал редко. А что можно было писать?

Только не пришлось мне и года повоевать... Два раза за это время был ранен, но оба раза по легкости: один раз – в мякоть руки, другой – в ногу; первый раз – пулей с самолета, другой – осколком снаряда. Дырявил немец мне машину и сверху и с боков, но мне, браток, везло на первых порах. Везло–везло, да и довезло до самой ручки...

Попал я в плен в мае сорок второго при таком неловком случае: немец тогда здорово наступал, и оказалась одна наша батарея почти без снарядов; нагрузили мою машину снарядами и сам я на погрузке работал так, что гимнастерка к лопаткам прилипала. Надо было сильно спешить, потому что бой приближался к нам. Командир нашей авторотроты спрашивает: «Проскочишь, Соколов?» А тут и спрашивать нечего было. «Какой разговор!– отвечаю ему. – Я должен проскочить, и баста!» – «Ну, – говорит, – дуй! Жми на всю железку!»

Я и подул. В жизни так не ездил, как на этот раз!

А добраться мне до своих, браток, не пришлось... Ранили. Попал в плен.

... Видишь, какое дело, браток, еще с первого дня задумал я уходить к своим. В Познанском лагере вроде такой случай нашелся: в конце мая послали нас в лесок возле лагеря рыть могилы для наших же умерших военнопленных; рою я, а сам посматриваю кругом и вот приметил, что двое наших охранников сели закусывать, а третий придремал на солнышке. Бросил я лопату и тихо пошел за куст... А потом – бегом, держу прямо на восход солнца..

Только ничего у меня не вышло из моего мечтания: на четвертые, сутки, когда я был уже далеко от проклятого лагеря, поймали меня. Собаки сыскные шли по моему следу, они меня и нашли в некошеном овсе.

На двух мотоциклах подъехали немцы. Сначала сами били, а потом натравили на меня собак, и с меня только кожа с мясом полетели клочьями. Голого, всего в крови и привезли в лагерь. Месяц отсидел в карцере за побег, но все–таки живой... живой я остался!

Тяжело мне, браток, вспоминать, а еще тяжелее рассказывать о том, что довелось пережить в плену. Как вспомнишь не людские муки, какие пришлось вынести там, в Германии, как вспомнишь всех друзей–товарищей, какие полегли там, в лагерях, – сердце уже не в груди, а в глотке бьется, и трудно становится дышать.

Куда меня только не гоняли за два года плена! Половину Германии объехал за это время. Природа везде там, браток, разная, но стреляли и били нашего брата везде одинаково. А били так, как у нас сроду животину не бьют.

Били за то, что ты – русский, за то, что на белый свет еще смотришь, за то, что на них, сволочей, работаешь. Били и за то, что не так взглянешь, не так ступнешь, не так повернешься...

И кормили везде одинаково: полтораста грамм хлеба пополам с опилками и жидкая баланда из брюквы. Кипяток – где давали, а где нет. Да что там говорить: до войны весил я восемьдесят шесть килограмм, а к осени тянул уже не больше пятидесяти.

В начале сентября из лагеря под городом Кюстрином перебросили нас, сто сорок два человека советских военнопленных, в лагерь Б–14, неподалеку от Дрездена. К тому времени в этом лагере было около двух тысяч наших. Все работали на каменном карьере, вручную долбили, резали, крошили немецкий камень. Норма – четыре кубометра в день на душу – заметь, на такую душу, какая и без этого чуть–чуть, на одной ниточке, в теле держалась. Тут своих не успеваешь хоронить, а тут слух по лагерю идет, будто немцы уже Сталинград взяли и прут дальше, на Сибирь. А лагерная охрана каждый день пьет – песни горланят, радуются, ликуют.

И вот как–то вечером вернулись мы в барак с работы. Целый день дождь шел, лохмотья на нас хоть выжми; все мы на холодном ветру продрогли, как собаки, зуб на зуб не попадает. А обсушиться негде, согреться – то же самое, и к тому же голодные не то что до смерти, а даже еще хуже. Но вечером нам еды не полагалось.

Снял я с себя мокрое рванье, кинул на нары и говорю: «Им по четыре кубометра выработки надо, а на могилу каждому из нас и одного кубометра хватит». Только и сказал, но ведь нашелся же из своих какой–то подлец, донес коменданту лагеря про эти мои горькие слова.

Комендантом лагеря был у нас немец Мюллер. Невысокого роста, плотный, белобрысый и сам весь какой–то белый: и волосы на голове белые, и брови, и ресницы, даже глаза у него были белесые, навыкате. По–русски говорил, как мы с тобой. Так вот этот самый комендант на другой день после того, как я про кубометры сказал, вызывает меня. Вечером приходят в барак переводчик и с ним два охранника. «Кто Соколов Андрей?» Я отозвался. «Марш за нами, тебя сам герр лагерфюрер требует». Понятно, зачем требует. На распыл.

Попрощался я с товарищами – все они знали, что на смерть иду, – вздохнул и пошел.

Иду по лагерному двору, на звезды поглядываю, прощаюсь и с ними, думаю: «Вот и отмучился ты, Андрей Соколов, а по–лагерному – номер триста тридцать первый». Что–то жалко стало Иринку и детишек, а потом жалость эта утихла, и стал я собираться с духом, чтобы глянуть в дырку пистолета бесстрашно, чтобы враги не увидели в последнюю мою минуту, что мне с жизнью расставаться все–таки трудно...

В комендантской – цветы на окнах, чистенько, как у нас в хорошем клубе. За столом – все лагерное начальство. Пять человек сидят, шнапс глушат и салом закусывают. На столе у них здоровенная бутыль со шнапсом, хлеб, сало, моченые яблоки, открытые банки с разными консервами. Мигом оглядел я всю эту жратву, и – не поверишь – так меня замутило, что за малым не вырвало. Я же голодный, как волк, отвык от человеческой пищи, а тут столько добра перед тобою...

Кое–как задавил тошноту, но глаза оторвал от стола через великую силу.

Прямо передо мною сидит полупьяный Мюллер, пистолетом играется, перекидывает его из руки в руку, а сам смотрит на меня и не моргнет, как змея. Ну, я громко так докладываю: «Военнопленный Андрей Соколов по вашему приказанию, герр комендант, явился». Он и спрашивает меня: «Так что же, русс Иван, четыре кубометра выработки – это много?» – «Так точно, – говорю, – герр комендант, много».

– «А одного тебе на могилу хватит?» – «Так точно, герр комендант, вполне хватит и даже останется».

Он встал и говорит: «Я окажу тебе великую честь – сейчас лично расстреляю тебя за эти слова. Здесь неудобно, пойдем во двор».

«Воля ваша», – говорю ему. Он постоял, подумал, а потом кинул пистолет на стол и наливает полный стакан шнапса, кусочек хлеба взял, положил на него ломтик сала и все это подает мне и говорит: «Перед смертью выпей, русс Иван, за победу немецкого оружия».

Я было из его рук и стакан взял и закуску, но как только услыхал эти слова, – меня будто огнем обожгло! Думаю про себя: «Чтобы я, русский солдат, да стал пить за победу немецкого оружия?!»

Поставил я стакан на стол, закуску положил и говорю: «Благодарствую за угощение, но я непьющий». Он улыбается: «Не хочешь пить за нашу победу? В таком случае, выпей за свою погибель». А что мне было терять? «За свою погибель и избавление от мук я выпью»,– говорю ему. С тем взял стакан и в два глотка вылил его в себя, а закуску не тронул, вежливенько вытер губы ладонью и говорю: «Благодарствую за угощение. Я готов, герр комендант, пойдемте, распишите меня».

Но он смотрит внимательно так и говорит: «Ты хоть закуси перед смертью». Я ему на это отвечаю: «Я после первого стакана не закусываю». Наливает он второй, подает мне. Выпил я и второй и опять же закуску не трогаю, на отвагу бью, думаю: «Хоть напьюсь перед тем, как во двор идти, с жизнью расставаться». Высоко поднял комендант свои белые брови, спрашивает: «Что же не закусываешь, русс Иван? Не стесняйся!» А я ему свое: «Извините, герр комендант, я и после второго стакана не привык закусывать». Надул он щеки, фыркнул, а потом как захохочет и сквозь смех что-то быстро говорит по-немецки – видно, переводит мои слова друзьям. Те тоже рассмеялись, стульями задвигали, поворачиваются ко мне мордами и уже, замечаю, как-то иначе на меня поглядывают, вроде помягче.

Наливает мне комендант третий стакан, а у самого руки трясутся от смеха. Этот стакан я выпил врастяжку, откусил маленький кусочек хлеба, остаток положил на стол. Захотелось мне им, проклятым, показать, что хотя я и с голоду пропадаю, но давиться ихней подачкой не собираюсь, что у меня есть свое русское достоинство и гордость и что в скотину они меня не превратили, как ни старались.

После этого комендант стал серьезный, поправил у себя на груди два Железных креста, вышел из-за стола безоружный и говорит: «Вот что, Соколов, ты – настоящий русский солдат. Ты храбрый солдат. Я – тоже солдат и уважаю достойных противников. Стрелять я тебя не буду. К тому же сегодня наши доблестные войска вышли к Волге и целиком овладели Сталинградом. Это для нас большая радость, а потому я великодушно дарю тебе жизнь. Ступай в свой блок, а это тебе за смелость», – и подает мне со стола небольшую буханку хлеба и кусок сала.

Прижал я хлеб к себе из всей силы, сало в левой руке держу и до того растерялся от такого неожиданного поворота, что и спасибо не сказал, сделал налево кругом, иду к выходу, а сам думаю: «Засветит он мне сейчас промеж лопаток, и не донесу ребятам этих харчей». Нет, обошлось. И на этот раз смерть мимо меня прошла, только холодком от нее потянуло...

Вышел я из комендантской на твердых ногах, а во дворе меня развезло. Ввалился в барак и упал на цементовый пол без памяти. Разбудили меня наши еще в потёмках: «Рассказывай!» Ну, я припомнил, что было в комендантской, рассказал им. «Как будем харчи делить?» – спрашивает мой сосед по нарам, а у самого голос дрожит. «Всем поровну», – говорю ему.

Дождались рассвета. Хлеб и сало резали суровой ниткой. Досталось каждому хлеба по кусочку со спичечную коробку, каждую крошку брали на учет, ну, а сала, сам понимаешь,– только губы помазать. Однако поделили без обиды.

... Как–то выстроили нас, всю дневную смену, и какой–то приезжий обер-лейтенант говорит через переводчика: «Кто служил в армии или до войны работал шофером – шаг вперед». Шагнуло нас семь человек бывшей шоферни. Дали нам поношенную спецовку, направили под конвоем в город Потсдам.

Возил я на «оппель-адмирале» немца-инженера в чине майора армии. Ох, и толстый же был фашист! Маленький, пузатый, что в ширину, что в длину одинаковый. На нем, я так определял, не менее трех пудов чистого жиру было. Ходит, пыхтит как паровоз, а жрать сядет – только держись! И мне от него перепадало: в дороге остановится, колбасы нарежет, сыру, закусывает и выпивает; когда в добром духе, – и мне кусок кинет, как собаке.

Недели две возил я своего майора из Потсдама в Берлин и обратно, а потом послали его в прифронтовую полосу на строительство оборонительных рубежей против наших. И тут я спать окончательно разучился: ночи напролет думал, как бы мне к своим, на Родину, сбежать. «Ну, – думаю, – ждать больше нечего, пришел мой час! И надо не одному мне бежать, прихватить с собою и моего толстяка, он нашим сгодится!»

Утром двадцать девятого июня приказывает мой майор везти его за город. Там он руководил постройкой укреплений. Выехали. Майор на заднем сиденье спокойно дремлет, а у меня сердце из груди чуть не выскакивает. Ехал я быстро, но за городом сбавил газ, потом остановил машину, вылез, огляделся: далеко сзади две грузовых тянутся. Достал я гирьку, открыл дверцу пошире. Толстяк откинулся на спинку сиденья, похрапывает, – будто у жены под боком. Ну, я его и тюкнул гирькой в левый висок. Он и голову уронил. Для верности я его еще раз стукнул, но убивать до смерти не захотел. Мне его живого надо было доставить, – он нашим должен был много кое-что рассказать. Скоренько надел на себя немецкий мундир и пилотку, ну, и погнал машину прямо туда, где земля гудит, где бой идет. Тут немцы сзади бьют, а тут свои. Молодой парнишка первым подбегает ко мне, зубы скалит: «Ага, чертов фриц, заблудился?» Рванул я с себя немецкий мундир, пилотку под ноги кинул и говорю ему: «Милый ты мой! Сынок дорогой! Какой же я тебе фриц? В плену я был, понятно? А сейчас ведите меня к вашему командиру».

Сдал я им пистолет и пошел из рук в руки, а к вечеру очутился уже у полковника – командира дивизии. К этому времени меня и накормили, и в баню сводили, и допросили, и обмундирование выдали, так что явился я к полковнику, душой и телом чистый и в полной форме. Полковник встал из-за стола, пошел мне навстречу. При всех офицерах обнял и говорит: «Спасибо тебе, солдат, за дорогой гостинец, какой привез от немцев. Твой майор с его портфелем нам дороже двадцати языков». А я только и мог из себя выдавить: «Прошу товарищ полковник, зачислить меня в стрелковую часть». Но полковник засмеялся, похлопал меня по плечу: «Какой из тебя вояка, если ты на ногах еле держишься? Сегодня же отправлю тебя в госпиталь. Подлечат тебя там, подкормят, после этого домой к семье на месяц в отпуск съездишь, а когда вернешься к нам, – посмотрим, куда тебя определить».

И полковник, и все офицеры душевно попрощались со мной за руку, и я вышел окончательно разволнованный, потому что за два года отвык от человеческого обращения.

Из госпиталя сразу же написал Ирине письмо. Описал все коротко, как был в плену, как бежал вместе с немецким майором.

Две недели спал и ел. Набрался силенок вполне. А через две недели кусок в рот взять не мог. Ответа из дома нет, и я, признаться, затосковал. Еда на ум не идет, сон от меня бежит, всякие дурные мыслишки в голову лезут… На третьей неделе получаю письмо из Воронежа. Но пишет не Ирина, а сосед мой. Не дай Бог кому таких писем получать! Сообщает он, что еще в июне сорок второго года немцы бомбили авиазавод и одна тяжелая бомба попала прямо в мою хатенку. Ирина и дочери как раз были дома… Не дочитал я в этот раз письмо до конца. В глазах потемнело, сердце сжалось в комок и никак не разжимается. Прилег я на койку; немного отлежался – дочитал. Пишет сосед, что Анатолий во время бомбежки был в городе. Вечером вернулся в поселок, посмотрел на яму и в ночь опять ушел в город. Перед уходом сказал соседу, что будет проситься добровольцем на фронт. Вот и все.

Когда сердце разжалось и в ушах зашумела кровь, я вспомнил, как тяжело расставалась со мной моя Ирина на вокзале. Значит, еще тогда подсказало ей бабье сердце, что больше не увидимся мы с ней на этом свете. А я её тогда оттолкнул… Была семья, свой дом, и все рухнуло в единый миг, остался я один. Думаю: «Да уж не приснилась ли мне моя нескладная жизнь?» А ведь в плену я почти каждую ночь – про себя, конечно, – и с Ириной, и с детишками разговаривал, подбадривал их: дескать, я вернусь, мои родные, не горюйте обо мне, я – крепкий, я выживу, и опять мы будем все вместе… Значит, я два года с мертвыми разговаривал?!

Рассказчик на минуту умолк, а потом сказал уже иным, прерывистым и тихим голосом:

–Давай, браток, перекурим, а то меня что-то удушье давит.

Мы закурили. Молчать было тяжело, и я спросил:

–Что же дальше?

–Дальше-то? – нехотя отозвался рассказчик. – Дальше получил я от полковника месячный отпуск, через неделю был уже в Воронеже. Пешком дотопал до места, где когда-то семейно жил… Глубокая воронка, налитая ржавой водой, кругом бурьян по пояс… Глушь, тишина кладбищенская. Ох, и тяжело же было мне, браток! Постоял, поскорбел душою и опять пошел на вокзал. И часу оставаться там не мог, в этот же день уехал обратно в дивизию.

Но месяца через три и мне блеснула радость, как солнышко из-за тучи: нашелся Анатолий. Прислал письмо мне на фронт, видать, с другого фронта. Адрес мой узнал от соседа.

И начались у меня по ночам стариковские мечтания: как война кончится, как я сына женю и сам при молодых жить буду, плотничать и внучат нянчить. Зимою наступали мы без передышки, и особо часто писать друг другу нам было некогда, а к концу войны, уже возле Берлина, утром послал Анатолию письмишко, а на другой день получил ответ. И тут я понял, что подошли мы с сыном к германской столице разными путями, но находимся один от одного поблизости. Жду не дождусь, когда мы с ним свидимся. Ну, и свиделись. Девятого мая, утром, в День Победы, убил моего Анатолия немецкий снайпер...

Похоронил я в чужой, немецкой земле последнюю свою радость и надежду.

Приехал я в свою часть сам не свой. Но тут вскорости меня демобилизовали. Куда идти? Неужто в Воронеж? Ни за что! Вспомнил, что в Урюпинске живет мой дружок, и поехал в Урюпинск.

Приятель мой и жена его были бездетные, жили в собственном домике на краю города. Он хотя и имел инвалидность, но работал шофером; устроился и я. Поселился у приятеля, приютили они меня. Разные грузы перебрасывали мы в районы, осенью переключились на вывозку хлеба. В это время я и познакомился с моим новым сынком, вот с этим, какой в песке играется.

Из рейса, бывало, вернешься в город – понятно, первым делом в чайную перехватить чего–нибудь, ну, конечно, и сто грамм выпить.

И вот один раз вижу возле чайной этого парнишку, на другой день – опять вижу. Этакий маленький оборвыш: личико все в арбузном соку, покрытом пылью, грязный, нечесаный, а глазенки как звездочки ночью после дождя! И до того он мне полюбился, что я уже начал скучать по нём, спешу из рейса поскорее его увидать. Около чайной он и кормился – кто что даст.

На четвертый день прямо из совхоза, груженный хлебом, подворачиваю к чайной. Парнишка мой там, сидит на крыльце, ножонками болтает и, по всему видать, голодный. Высунулся я в окошко, кричу ему: «Эй, Ванюшка! Садись скорее на машину, прокачу; а вернемся сюда, пообедаем». Он от моего окрика вздрогнул, соскочил с крыльца, на подножку вскарабкался и тихо так говорит: «А вы откуда знаете, дядя, что меня Ваней зовут?» И глазенки широко раскрыл, ждет, что я ему отвечу. Ну, я ему говорю, что я, мол, человек бывалый и все знаю.

Зашел он с правой стороны, я дверцу открыл, посадил его рядом с собой, поехали. Шустрый такой парнишка, а вдруг чего–то притих, задумался и нет–нет да и взглянет на меня из–под длинных своих, загнутых кверху ресниц, вздохнет. Такая мелкая птаха, а уже научился вздыхать. Его ли это дело? Спрашиваю: «Где же твой отец. Ваня?»

Шепчет: «Погиб на фронт». – «А мама?» – «Маму бомбой убило в поезде, когда мы ехали». – «А откуда вы ехали?» – «Не знаю, не помню...» – «И никого у тебя тут родных нету?» – «Никого». – «Где же ты ночуешь?» – «А где придется».

Закипела тут во мне горючая слеза, и сразу я решил: «Не бывать тому, чтобы нам порознь пропадать! Возьму его к себе в дети». И сразу у меня на душе стало легко и как–то светло. Наклонился я к нему, тихонько спрашиваю: «Ванюшка, а ты, знаешь, кто я такой?» Он и спросил, как выдохнул: «Кто?» Я ему и говорю так же тихо: «Я – твой отец».

Боже мой, что тут произошло! Кинулся он ко мне на шею, целует в щеки, в губы, в лоб, а сам так звонко и тоненько кричит: «Папка, родненький! Я знал! Я знал, что ты меня найдешь! Все равно найдешь! Я так долго ждал, когда ты меня найдешь!» Прижался ко мне и весь дрожит, будто травинка под ветром. А у меня в глазах туман, и тоже всего дрожь бьет, и руки трясутся... Как я тогда руля не упустил, диву можно даться! Но в кювет все же нечаянно съехал, заглушил мотор. Пока туман в глазах не прошел, – побоялся ехать, как бы на кого не наскочить. Постоял так минут пять, а сынок мой все жмется ко мне изо всех силенок, молчит, вздрагивает. Обнял я его правой рукой, потихоньку прижал к себе, а левой развернул машину, поехал обратно, на свою квартиру.

Бросил машину возле ворот, нового своего сынишку взял на руки, несу в дом. А он как обвил мою шею ручонками, так и не оторвался до самого места. Прижался своей щекой к моей небритой щеке, как прилип. Так я его и внес. Хозяин и хозяйка дома были. Вошел я, моргаю им обоим глазами, бодро так говорю: «Вот и нашел я своего Ванюшку! Принимайте нас, добрые люди!» Они, оба мои бездетные, сразу сообразили, в чем дело, засуетились, забегали. А я никак сына от себя не оторву. Но кое–как уговорил. Помыл ему руки с мылом, посадил за стол. Хозяйка щей ему в тарелку налила, да как глянула, с какой он жадностью ест, так и залилась слезами. Стоит у печки, плачет себе в передник. Ванюшка мой увидал, что она плачет, подбежал к ней, дергает ее за подол и говорит: «Тетя, зачем же вы плачете? Папа нашел меня возле чайной, тут всем радоваться надо, а вы плачете».

После обеда повел я в его в парикмахерскую, постриг, а дома сам искупал, завернул в чистую простыню. Обнял он меня и так на руках моих и уснул. Осторожно положил его на кровать, поехал сгрузил хлеб, машину отогнал на стоянку – и бегом по магазинам. Купил ему штанишки, рубашонку, сандалии. Конечно, все это оказалось и не по росту и качеством никуда не годное. Хозяйка моментально – швейную машинку на стол, порылась в сундуке, а через час моему Ванюшке уже сатиновые трусики были готовы и беленькая рубашонка с короткими рукавами. Спать я лег вместе с ним и в первый раз за долгое время уснул спокойно. Однако ночью раза четыре вставал. Проснусь, а он у меня под мышкой приютится, как воробей, тихонько посапывает, и до того мне становится радостно на душе, что и словами не скажешь!

Ночью то погладишь его, сонного, то волосенки понюхаешь, и сердце отходит, становится мягче, а то ведь оно у меня закаменело от горя...

Первое время он со мной на машине в рейсы ездил, потом понял я, что так не годится. Одному мне что надо? Краюшку хлеба и луковицу с солью – вот и сыт солдат на целый день. А с ним дело другое: то молока ему надо, то яичко сварить, опять же без горячего ему никак нельзя.

Трудно мне с ним было на первых порах. Один раз легли спать еще засветло, и он то всегда щебечет, как воробушек, а то что-то примолчался. Спрашиваю: «Ты о чем думаешь, сынок?» А он меня спрашивает, сам в потолок смотрит: «Папка, ты куда свое кожаное пальто дел?» В жизни у меня никогда не было кожаного пальто! Пришлось изворачиваться. «В Воронеже осталось», – говорю ему. «А почему ты меня так долго искал?» Отвечаю ему: «Я тебя, сынок, и в Германии искал, и в Польше, и всю Белоруссию прошел и проехал, а ты в Урюпинске оказался». – «А Урюпинск – это ближе Германии? А до Польши далеко от нашего дома»? Так и болтаем с ним перед сном.

– А ты думаешь, браток, про кожаное пальто он зря спросил? Нет. Значит, когда-то отец его настоящий носил такое пальто, вот ему и запомнилось...

... Тоска не дает мне на одном месте засиживаться. Вот уже когда Ванюша мой подрастет и придется определять его в школу, тогда, может, и я осяду на одном месте. А сейчас пока шагаем с ним по русской земле.

– Тяжело ему идти, – сказал я.

– Так он мало на своих ногах идет, все больше на мне едет. Все это, браток, ничего бы, как-нибудь с ним прожили бы, да вот сердце у меня иной раз так схватит и прижмет, что белый свет в глазах меркнет. Боюсь, что когда-нибудь во сне помру и напугаю сынишку. А тут еще одна беда: почти каждую ночь во сне своих дорогих покойников вижу. И вот удивительное дело: днем я всегда крепко себя держу, из меня ни «оха», ни вздоха не выжмешь, а ночью проснусь, и вся подушка мокрая от слез...

В лесу послышался голос моего товарища. Чужой, но ставший мне близкий человек поднялся, протянул большую, твердую, как дерево, руку:

– Прощай, браток, счастливо тебе!

– И тебе счастливо добраться.

– Благодарствую. Эй, сынок, пойдем к лодке.

Мальчик подбежал к отцу, пристроился справа и, держась за полу отцовского ватника, засеменил рядом с широко шагавшим мужчиной.

Два осиротевших человека, две песчинки, заброшенные в чужие края военным ураганом невиданной силы... Что–то ждет их впереди? И хотелось бы думать, что этот русский человек, человек несгибаемой воли, выдюжит и около отцовского плеча вырастет тот, который, повзрослев, сможет все вытерпеть, все преодолеть на своем пути, если к этому позовет его Родина.

С тяжелой грустью смотрел я им вслед... Ванюшка, отойдя несколько шагов, повернулся на ходу ко мне лицом, помахал розовой ручонкой. И вдруг, словно мягкая, но костистая лапа сжала мне сердце, и я поспешно отвернулся. Нет, не только во сне плачут пожилые, поседевшие за годы войны мужчины. Плачут они и наяву. Тут главное – не ранить сердца ребенка, чтобы он не увидел, как бежит по твоей щеке жгучая и скупая мужская слеза...

Лексический комментарий:

1. *Бричка* – легкая повозка, иногда с откидным верхом.

2. *Утлый* – непрочный, некрепкий, ненадежный.

3. *Плоскодонка* – лодка с плоским дном.

4. *«Виллис»* – марка немецкого легкового автомобиля.

5. *Ветхий* – пришедший в негодность от времени, обветшалый, старый.

6. *Плетень* – изгородь из сломанных прутьев, ветвей.

7. *Стеганка* – стеганая ватная куртка, ватник.

8. *Черствая рука* – здесь в значении: твердая.

9. *Мущинское* – (разг.) мужское.

10. *Походным порядком* – пешком.

11. *Крепачок* – крепкий табак; самосад.

12. *Кисет* – мешочек для табака, затягивающийся шнурком.

13. *Баранка* – (прост.) рулевое колесо управления.

14. *Ватник* – стеганая ватная куртка или безрукавка, стеганка.

15. *Жить не в ладах* (фразеологизм) – недружно.

16. *Податься* – отправиться куда–либо, уйти.

17. *Хоть шаром покати* (фразеологизм) – нет ничего, совершенно пусто.

18. *Почем фунт лиха* (фразеологизм) – испытать большие трудности, неприятности, горе.

19. *Хамить* (разг.) – вести себя грубо и нагло.

20. *Не заладилось* (разг.) – не получилось как следует, как нужно.

21. *Гимнастерка* – верхняя рубашка из плотной ткани, обычно с прямым стоячим воротником (принята как военная форменная одежда).

22. *Баста* (междометие) – (разг.) достаточно, довольно, все, конец.

23. *Жми на всю железку* (фразеологизм) – езжай с самой большой скоростью.

24. *Карцер* – помещение для временного одиночного заключения лиц, провинившихся в чем–либо.

25. *Сроду* (разг.) – никогда.

26. *Животина* (разг.) – домашнее животное.

27. *Ступнёшь* – шагнешь.

28. *Баланда* – очень жидкая похлебка.

29. *Брюква* – овощ, огородное растение.

30. *Горланить* (просторечное) – говорить, кричать, петь слишком громко.

31. *Прут* (переть) – (просторечное) идут.

32. *Барак* – легкая постройка, предназначенная для временного жилья.

33. *Нары* – настил из досок для спанья, расположенный на некотором расстоянии от пола.

34. *Герр лагерфюрер* (нем.) – господин начальник лагеря.

35. *На распыл* (разг) – на расстрел.

36. *Шнапс* (нем.) – водка.

37. *Глушить* (разг.) – здесь в значении: много пить.

38. *Жратва* (грубое разг.) – еда.

39. *А малым* – чуть–чуть.

40. *Распишите меня* – здесь: расстреляйте.

41. *Врастяжку* (нар.) – медленно, не спеша.

42. *Железный крест* – награда в Германии за героизм и мужество.

43. *Харчи* (просторечное) – еда.

44. *Шоферня* – (разг., собирательное) шофёры.

45. *Спецовка* – специальная одежда (халат, комбинезон, куртка) для работы.

46. *«Оппель–адмирал»* – марка немецкой машины.

47. *Фриц* (разг.) – немец.

48. *Бурьян* – всякая сорная трава.

49. *Вскорости* (разг.) – скоро.

50. *Оборвыш* – тот, кто ходит в оборванной одежде, в лохмотьях (чаще о ребенке).

51. *Бывалый* – много видавший, испытавший, с большим опытом; сведущий, опытный.

52. *Шустрый* – подвижный, быстрый, проворный.

53. *Птаха* – (разг.) небольшая птичка.

54. *Кювет* – водосточная канава по обе стороны дороги.

55. *Передник* – фартук.

56. *Выдюжить* (просторечное) – вытерпеть, выдержать.

Вопросы и задания:

1. Разделите рассказ на части. Каждую часть озаглавьте.
2. Какое время описывается в начале рассказа?
3. Почему рассказчику так дорога тишина?
4. Опишите внешность мальчика и мужчины. Что в них поразило автора?
5. Почему трудно было смотреть в глаза мужчины?
6. Расскажите о довоенной жизни Андрея Соколова.
7. Как Андрей Соколов попал в плен?
8. Расскажите о судьбе русских военнопленных в плену.
9. Прочитайте эпизод «В комендантской» по ролям. Ответьте на вопросы:

    а) За что Андрея Соколова хотели расстрелять?

    б) Почему он вызвал уважение у немцев?

    в) Какие черты характера проявил Андрей Соколов в этом эпизоде?
10. Как Андрей Соколов бежал из плена?
11. Как погибла его семья?
12. Прочитайте разговор мальчика и Андрея Соколова. Какие чувства вызывает этот разговор? Что вы узнали о судьбе мальчика?
13. Почему мальчик стал дорог Андрею Соколову?

14. Можно ли утверждать, что мальчик заставил его забыть войну?
15. Какие факты говорят о мужестве, несгибаемой воле, любви к родине героя во время войны?
16. Почему рассказ называется не «Судьба Андрея Соколова», а «Судьба человека»? Каков смысл названия?
17. Каково ваше отношение к войне? Что нового вы узнали о ней из рассказа?

6. Виктор Петрович Астафьев
维·彼·阿斯塔菲耶夫 (1924—2001)

Виктор Петрович Астафьев родился в 1924 году в селе Овсянка близ Красноярска в большой крестьянской семье. Рано лишившись матери, воспитывался в семье бабушки и дедушки, затем в детском доме.

В 1941 году поступил в железнодорожную школу ФЗО на станции Енисей, после окончания которой работал составителем поездов в пригороде Красноярска. Оттуда осенью 1942 года ушел на фронт добровольцем: был шофером, артразведчиком, связистом. Получил тяжелое ранение.

В 1945 году демобилизовался. Восемнадцать лет прожил на Урале, в городе Чусовом. Работал грузчиком, слесарем, литейщиком. Одновременно учился в вечерней школе.

В 1951 году в газете «Чусовской рабочий» напечатан первый его рассказ «Гражданский человек». В 1953 году в Перми вышел первый сборник рассказов «До будущей весны».

В 1961 году В. Астафьев окончил Высшие литературные курсы при Союзе писателей СССР.

В.П. Астафьев – один из самых читаемых писателей. Он имел звание Героя Социалистического Труда, удостоен Государственных премий СССР и РСФСР, а также зарубежных и международных литературных премий. Наиболее известные произведения В.П. Астафьева: «Стародуб», «Перевал», «Звездопад», «Кража»,

«Последний поклон», «Пастух и пастушка», «Царь–рыба».

Повести и рассказы В. Астафьева переводятся на многие языки мира.

Умер писатель в 2001 году.

Лексический комментарий:

ФЗО (аббревиатура) – фабрично–заводское обучение.

Артразведчик – артиллерийский разведчик.

Демобилизоваться – прекратить военную службу.

ЗВЕЗДОПАД
(фрагмент)

«Звездопад» – первая повесть В.П. Астафьева о войне. Его герой Мишка, попав в госпиталь, впервые полюбил. Это было счастливое время. Но всё проходит. Подошла очередь и Мишке после выздоровления идти на фронт. А это разлука с любимой девушкой.

… Лида осунулась, мало разговаривала со мной. Завтра с утра я уже буду собираться на пересыльный пункт. Эту ночь мы решили не спать и сидели возле круглой чугунной печки в палате выздоравливающих. В печке чадно горел каменный уголь, и чуть светилась одинокая электролампа под потолком. Электростанцию уже восстановили, но энергию строго берегли и потому выключали на ночь все, что можно выключить.

Я пытался и раньше представить нашу разлуку, знал, что будет и тяжело, и печально, готовился к этому. На самом деле все оказалось куда тяжелей. Думал: мы будем говорить, говорить, говорить, чтобы успеть высказать друг другу все, что накопилось в душе, все, что не могли высказать. Но никакого разговора не получилось. Я курил. Лида гладила мою руку. А она, эта рука, уже чувствовала боль.

–Выходила тебя. Будто бы родила, – наконец, тихо, словно бы самой себе, вымолвила Лида.

Откуда ей знать, как рожают? Хотя это всем женщинам, поди–ка, от сотворения мира известно. А Лида же еще и медик!

–Береги руку, – Лида остановила ладошку на моей перебитой кисти. – Чудом спаслась. Отнять хотели. Видно, силы у тебя много.

–Не в том дело. Просто мне без руки нельзя, кормить меня – детдомовщину –

некому.

Опять замолчали мы. Я пошевелил в печке огонь, стоя на колене, обернулся, встретился со взглядом Лиды.

–Ну что ты на меня так смотришь? Не надо так!

–А как надо?

–Не знаю. Бодрее, что ли?

–Стараюсь...

С кровати поднялся пожилой боец, сходил куда надо и подошел к печке, прикуривать. Один ус у него книзу, другой кверху. Смешно.

–Сидим? – хриплым со сна голосом полюбопытствовал он.

–Сидим, – буркнул я.

–Ну и правильно делаете, – добродушно зевнул он и пошарил под мышкой. – Мешаю?

–Чего нам мешать–то?

–Тогда посижу и я маленько с вами. Погреюсь.

–Грейся, – разрешил я, но таким голосом, что боец быстренько докурил папироску, сплющил ее о печку, отряхнулся, постоял и ушел на свою кровать со словами: – Эх, молодежь, молодежь! У меня вот тоже скоро дочка заневестится...

Близился рассвет.

–Миша!

–А?

–Ты чего замолчал?

–Да так что–то. О чем же говорить?

–Разве не о чем? Разве ты не хочешь мне еще что–нибудь сказать?

Я знал, что мне нужно было сказать, давно знал, но как решиться, как произнести это? Нет, вовсе я не сильный, совсем не сильный, размазня я, слабак.

–Ну, хорошо, – вздохнула Лида. – Раз говорить не о чем, займусь историями болезни, а то я запустила свои дела и здесь, и в институте.

–Займись, если так.

Я злюсь на себя, а Лида, видать, подумала – на нее, и обиженно вздернула губу. Она это умеет. Характер!

Я притянул ее к себе, взял да и чмокнул в эту самую вздернутую губу. Она стукнула меня кулаком в грудь.

—У–у, вредный!

В ответ на это я опять поцеловал ее в ту же губу, и тогда Лида припала к моему уху и украдчиво выдохнула:

—Их либе дих!

Я плохо учился по немецкому языку и без шпаргалок не отвечал, но что значит слово «либе», все–таки знал, – и растерялся.

И тогда Лида встала передо мной и отчеканила:

—Их либе дих! Балбес ты этакий!

Она повернулась и убежала из палаты. Я долго разыскивал Лиду в сонном госпитале, наконец догадался заглянуть все в ту же раздевалку, все в тот же таинственный, с нашей точки зрения, уголок и нашел ее там. Она сидела на подоконнике, уткнувшись в косяк. Я стащил ее с подоконника и с запоздалой покаянностью твердил...

—Я тоже либе. Я тоже их либе... еще тогда..., когда ты лампы...

Она зарылась мокрым носом в мою рубашку:

—Так что же ты молчал столько месяцев?

Я утер ей ладонью щеки, нос, и она показалась мне маленькой–маленькой, такой слабенькой–слабенькой, мне захотелось взять ее на руки, но я не взял ее на руки – не решился.

—Страшно было. Слово–то какое! Его, небось, и назначено человеку только раз в жизни произносить.

—У–у, вредный! – снова ткнула она меня кулачишком в грудь. – И откуда ты взялся на мою голову? – Она потерлась щекой о мою щеку, затем быстро посмотрела мне в лицо, провела ладошкой по лицу и с удивлением засмеялась: – Ми–ишка, у тебя борода начинает расти!

—Брось ты! – не поверил я и пощупал сам себя за подбородок. – И правда что–то пробивается.

—Мишка–Михей – бородатый дед! – как считалку, затвердила Лида и спохватилась.– Ой, спят. Иди сюда!

Теперь мы уже оба уселись на подоконник и так, за несколькими халатами, пальто и телогрейками, прижались друг к дружке и смирно сидели, как нам казалось, совсем маленько, минутки какие–нибудь. Но вот хлопнула дверь, одна, другая, прошаркали шлепанцы в сторону туалета, кто–то закашлял, потянуло по коридору табаком.

Госпиталь начинал просыпаться, оживать.

Окно за нашими спинами помутнело, сыростью тянуло от него. Лида все плотнее прижималась ко мне, начала дрожать мелко–мелко и вдруг, словно бы проснувшись, начала оглядываться, увидела совсем уже посветлевшее окно, куривших в отдалении и на крыльце госпиталя ранбольных.

–Неужели и все? Неужели сегодня ты уйдешь? Ведь только вот сказали друг другу, и уже все! Миша, что же ты молчишь? Что ты все молчишь!

–Не надо плакать, сестренка моя.

Лида встрепенулась и поглядела на меня потрясенными глазами. Дрожь все колотила ее, а слезы остановились, и лицо сделалось решительное:

–Миша, не откажи мне! Дай слово, что не откажешь!

–Я все готов…для… тебя…

–Я поставлю тебе температуру... ну, поднялась, ну. неожиданно, ну, бывает...

Я так и брякнулся с подоконника, встряхнул ее за плечи:

–Ты с ума сошла?!

–Я знаю, я знаю: это нехорошо, нельзя. За это меня с работы прогонят. Из института прогонят. Ну и пусть прогоняют! Хочу с тобой побыть еще день, хоть один день! Пусть же эта проклятая война остановится на день! Пусть остановится! Пусть...

–Лидка, опомнись! Что ты несешь? Лида! Лида! – тряс я ее, успокаивал.

Мне было страшно. Мне жутко было. Я не знал, что она меня так любит. И за что только! За что? Ничем я не заслужил такой большой любви. Я простой парень, простой солдат! Боже ж ты мой, Мишка, держись! Раз любишь – держись! Не соглашайся! Ты сильный, ты мужик. Не соглашайся! Нельзя такую девушку позорить. Держись!

И я выдержал, не согласился. Я, вероятно, ограбил нашу любовь, но иначе нельзя было. Стыдился бы я рассказывать о своей любви. Я презирал бы себя всю жизнь, если бы оказался слабей Лиды. Я в самом деле, видать, был тогда сильным парнем.

... Пересыльный пункт размещался в бывших складах «Заготзерно». Эта пересылка была не хуже и не лучше других. Казарма не казарма, тюрьма не тюрьма.

Я отвоевал себе угол в дальнем конце склада и сидел там сутками, обняв колени. На меня напало какое–то оцепенение и тупое ко всему безразличие. Времени у меня было теперь дополна, все я мог вспомнить и обдумать. Была радость, большая, оглушительная радость. Не хотелось ни о чем думать, и война вроде бы забылась, все–все забылось! И вот на тебе!

...Однажды пришла меня навестить Лида. Я шел и чувствовал, как тяжелеют мои ноги, как наливается страхом все внутри и как сразу замерзла раненая рука.

...Возле ворот стояла Лида. Она была все в том же желтеньком беретике, все с той же желтенькой лисой, все такая же большеглазая, хрупкая с виду девчонка. Она рванулась ко мне навстречу, и я рванул было к ней, но вдруг увидел себя чьими-то чужими, безжалостными глазами, в латаных штанах, в огромных растоптанных ботинках, в ветхой гимнастерке, безволосого, худого.

Я остановился и, когда Лида подошла и не подала мне руки, а лишь испуганно глядела на меня, спросил, стиснув зубы:

–Зачем ты пришла?

Она чуть попятилась. Я поймал ее за локоть.

–Зачем ты сюда пришла?

Она не знала, что сказать, и только глядела на меня с ужасом и состраданием. И это вот сострадание, которого я никогда не видел в ее глазах, даже там, в послеоперационной палате, окончательно взбесило меня, и не знаю, что я сделал бы еще, но Лида вдруг выхватила из–за рукава конверт.

–Я... Вот... письмо тебе принесла.

–Какое письмо?

–От Рюрика. Я думала... оно три дня назад пришло... Я думала, зачем его обратно отсылать... Она еще лепетала что–то, и я видел, как наполнялись слезами ее глаза.

–Ничего, девочка! – послышался сиплый голос сзади меня. Я обернулся. По двору шлялись и глазели на нас два расхлябанных солдата.

Я придвинулся к Лиде, попытался загородить ее грудью.

–Да, фигурешник! Конфета!

–И везет же человеку. Доходяга доходягой, а такую девку урвал.

–По нонешним временам не это главное. Главное, чтоб мужским пахло.

Я затравленно озирался по сторонам, а Лида презрительно сощурилась. Да ведь тут презрительностью и всякими другими интеллигентскими штучками никого не прошибешь! Тут потяжельше чего–нибудь требуется.

Солдат во дворе появлялось все больше и больше. Были тут и из нашего госпиталя ребята. Они здоровались и быстро уходили, оставляя нас в покое, пробовали и тех двоих урезонить, да куда там!

Я знал, чем все это может кончиться. Я уже смотрел на железную ось от телеги, стоящую в углу возле ворот. Лида обернулась, тоже увидела ось, бледнеть начала и шевелить губами беззвучно: «Не надо, Миша! Не надо!..»

Слава Богу, часовой вмешался.

—Шо вы к человеку привязались, га? – заорал часовой на двух блатняг. – Ну, шо? Мабуть, у людей горе? Гэть до помещенья!

Солдаты начали неохотно расходиться. Те двое тоже пошли вразвалку.

—И шо тильки безделье з чоловиком не зробыть? – как бы оправдываясь за всех, говорил охранник, доверительно глядя на Лиду, а потом подумал и добавил уже строгоофициально: –Дозволяю выйти за ворота на скамейку.

Я сидел на скамейке возле ворот пересылки, уставившись себе под ноги.

По улице густо валил народ, все больше военный. Но уже и легко одетые девушки ходили. Какие фасивые здесь на Кубани девушки, только полнеть начинают рано. Это от хорошей еды, наверное, от фруктов. Я когда–то успел сломить ветку с клена, что рос над скамейкой. Почки уже клеились к пальцам, и радио где–то, с какой–то крыши играло про весну.

—Миша! – позвала меня Лида, но я не сразу услышал ее, я где–то далеко от нее и от себя был, и она потрясла меня легонько за плечо: – Миша!

—А!

—Миша, что с тобой? Ми–иша! – Лида поднесла руку ко рту, закусила палец, а потом опять принялась трясти меня: – Миша, скажи же что–нибудь! Родненький, скажи!

Но я не мог говорить. Я держался из последних сил. Я чувствовал, что если скажу хоть слово, то сейчас же разрыдаюсь и стану жаловаться на пересылку, скажу, что мне плохо без нее, без Лиды, и что рана у меня открывается, и что не таким бы мне хотелось быть перед нею, какой я сейчас. Мне хотелось бы быть тем красивым, удалым молодцом, о котором я все время рассказывал ей в своих сказках. И если бы я в самом деле был им, этим сказочным повелителем, я бы велел всем, всем людям в моем царстве выдавать красивую одежду, особенно молодым, особенно тем, кто ее никогда не носил и впервые любит... и если не навсегда, то хоть на день остановил бы войну.

Но я солдат, остриженный, как и все солдаты, наголо, и сказки нет больше, сказка кончилась. Не время сейчас для сказок.

—Лида, тебе лучше уйти, – сказал я и поднялся со скамьи. – Привет матери передавай! Умная она у тебя женщина. И очень тебя любит. Береги ее.

–Хорошо, хорошо, Миша, я уйду. Я сейчас уйду. Я ведь только письмо...

–Уходи, Лида!

Мы стояли посреди тротуара, и люди обходили нас, толкали. Лида что–то говорила, или губы у нее дрожали: невозможно было понять. Я наклонился к ней, и до меня донеслось:

–Миша, я боюсь за тебя! Миша, я боюсь тебя тут одного оставить. У тебя в глазах что–то ...

–Прошу тебя, Лида, иди! – Я отбросил завязанную узлом кленовую ветку, закусил губу и поднял глаза к небу. – Иди, ничего со мной не станется. Я ведь медвежатник,– попытался пошутить я. Но шутки не получилось, голос у меня осекся, и я легонько повернул ее от себя. – Прошу тебя...

Она послушно пошла от меня, по–старушечьи ссутулившись. Я почувствовал – Лида вот–вот обернется.

–Пожалуйста, не оглядывайся!

Она шла медленно и услышала эти слова, тряхнула головой, согласилась.... И все–таки оглянулась. Своими яркими глазищами, в которых стояла мука, она позвала меня.

–Да уходи же ты! – заорал я, оттолкнув часового, и вбежал во двор.

...Я залез на нары, наглухо укрылся шинелью и плакал молчком до тех пор, пока были слезы. Потом я лежал просто так, обессиленный слезами и впервые в жизни узнал, как может болеть у человека сердце. Кто–то осторожно потянул с меня шинель.

–Курни, солдат. – Из темноты ко мне протянули светящийся окурок. Я залпом выхлебал дым из бычка – ожгло даже губы.

–Убили кого–нибудь? – спросил меня из темноты тот, что давал докурить.

–Убили...

–Когда только и конец этому будет? – Вздох, молчание, а спустя время – тихий, добрый совет. – Спи давай, парень, если можешь...

Я снова завернулся в шинель, согрелся и где–то под утро уснул. Днем я вышел в строй и с первым попавшимся «покупателем» уехал на Украину. Оттуда было ближе добраться до фронта и отыскать свою часть.

...Ну вот и точка. Больше я никогда не видел Лиду наяву, и больше мне нечего рассказать о своей любви. В книгах часто случаются нечаянные встречи, а у меня и этого не было.

Закружила меня война, бросала из полка в полк, из госпиталя в госпиталь, с пересылки на пересылку. Постепенно присохла боль в душе, рассеялось и чувство задавленности, одиночества, все входило в свои берега. В сутолоке военной и любовь-то моя вроде бы притахла, а потом, показалось, и вовсе отлетела, навсегда, насовсем.

Но вот годы прошли. Многие годы. И война-то вспоминается, как далекий затяжной сон, в котором действует незнакомый и в то же время до боли близкий мне парнишка, а я все думаю: «А может, встречу? Случается же, случается!» И знаю ведь – ничего уже не воротишь, не вернешь, и все равно думаю, жду, надеюсь...

Я люблю родную страну свою, хоть и не умею сказать об этом, как не умел когда-то и девушке своей сказать о любви. Но очень уж большая земля-то наша – российская. Утеряешь человека и не вдруг найдешь.

Но ведь тому, кто любил и был любим, счастьем есть и сама память о любви, тоска по ней и раздумья о том, что где-то есть человек, тоже о тебе думающий, и, может, в жизни этой суетной, трудной и ему становится легче средь серых будней, когда он вспомнит молодость свою – ведь в памяти друг дружки мы так навсегда и останемся молодыми и счастливыми. И никто и никогда не повторит ни нашей молодости, ни нашего счастья, которое кто-то назвал «горьким». Нет-нет, счастье не бывает горьким, неправда это! Горьким бывает только несчастье.

Вот обо всем этом я часто думаю, когда остаюсь один, остаюсь с самим собой, думаю с той щемящей печалью, о которой Александр Сергеевич, незабвенный наш, прекрасный наш поэт, лучше, глубже и пронзительней всех нас умевший чувствовать любовь, уважать ее и душу любящую, сказал так просто и так доверительно: «Печаль моя светла...»

В яркие ночи, когда по небу хлещет сплошной звездопад, я люблю бывать один в лесу, смотрю, как звезды вспыхивают, высвечивают небо и улетают куда-то. Говорят, что многие из них давно погасли, погасли еще задолго до того, как мы родились, но свет их все еще идет к нам, все еще сияет нам.

Лексический комментарий:

1. *Выходить* – заботливым уходом добиться выздоровления больного.
2. *Фронт* – передний край боевых действий.
3. *Осунуться* – сильно похудеть.
4. *Пересыльный* пункт, пересылка – место, где собирали бойцов, которых выписали из госпиталей. Из пересыльных пунктов их направляли на фронт.

5. *Чадно* – *czшио*.

6. *Детдомовщина* (разг., презрительное) – воспитанник детского дома.

7. *Буркнутъ* (разг.) – ответить недовольно, невнятно, ворчливо.

8. *Заневеститься* – стать невестой, вести себя подобно невесте.

9. *Размазня* (разг.) – нерешительный человек.

10. *Слабак* (разг.) – слабый человек.

11. *Чмокнуть* – звучно поцеловать.

12. *Отчеканила* – здесь: сказала ясно и четко.

13. *Их либе дих* (из немецкого яз.) – я люблю тебя.

14. *Шпаргалка* – листок бумаги с записями, которыми учащийся, студент пользуется во время проверки его знаний тайно от преподавателя.

15. *Считалка* – стих со счетом в различных детских играх.

16. *Телогрейка* – стеганая ватная куртка.

17. *Прошаркать* – пройти с шумом, шорохом.

18. *Ранбольные* – раненые больные.

19. *Что ты несешь?* (разг.) – говоришь неразумное.

20. *Заготзерно* – заготовка зерна; здесь речь идет о помещении, где в мирное время хранилось зерно, которое привозили с полей во время уборки.

21. *Казарма* – особое здание для размещения воинской части.

22. *Оцепенение* – неподвижность.

23. *С желтенькой лисой* – в пальто из меха лисы.

24. *Сиплый* – приглушенно-хриплый, с легким шипением и присвистыванием.

25. *Глазеть* (разг.) – смотреть.

26. *Расхлябанный* – неорганизованный, недисциплинированный, несобранный.

27. *Фигурешник* (жаргонное) – фигура.

28. *Доходяга* (разг.) – худой человек.

29. *По нонешним временам* (разг.) – по теперешним временам.

30. *Шо* – что, *га* – а, *мабуть* – может быть, *гэть* – идите; *и шо тильки безделье з чоловиком не зробыть* – и что только безделье с человеком не сделает?; *дозволяю* – разрешаю – это образец украинской речи.

31. *Медвежатник* – так называли мужчин, жителей Сибири, которые отличались силой и выносливостью.

32. *Нары* – настил из досок для спанья, расположенный на некотором расстоянии от пола.

33. *Бычок* (разг.) – окурок.

34. *Покупатель* – офицер, приезжавший за солдатами для того, чтобы забрать на фронт.

35. *Хлещет* (разг.) – идет, как дождь, с огромной силой.

Вопросы и задания :

1. Расскажите историю любви Мишки и Лиды. Возможен ли в ней счастливый конец?

2. Прочитайте диалог Мишки и Лиды по ролям со слов: «Я пытался и раньше представить...» до слов: «Нельзя такую девушку позорить...». Расскажите о чувствах героев. Почему им так трудно было сказать о любви? Почему Мишка не согласился принять предложение Лиды? Правильно ли он поступил? Раскройте смысл фразеологизма *сделка с совестью*.

3. Прочитайте отрывок со слов: «Возле ворот стояла Лида» до слов: « – Да уходи же ты! –заорал я, оттолкнув часового, и вбежал во двор». Почему В.П.Астафьев показал отношения Мишки и Лиды глазами солдат? Как вы оцениваете поступок Мишки?

4. Согласны ли вы с мнением В.П.Астафьева о том, что нет горькой любви?

5. Как вы объясните смысл пушкинской строки «Печаль моя светла...»?

6. Прочитайте последний абзац этой истории. Почему она заканчивается описанием звездопада?

7. Какова идея этой повести? В чём смысл названия повести?

二
自由与政权主题

1. Александр Сергеевич Пушкин 亚·谢·普希金
   «К ЧААДАЕВУ» 《致恰达耶夫》
2. Михаил Юрьевич Лермонтов 米·尤·莱蒙托夫
   «ПАРУС» 《帆》
   «И СКУЧНО И ГРУСТНО» 《寂寞又忧愁》
3. Александр Николаевич Островский 亚·尼·奥斯特洛夫斯基
   «ГРОЗА» (фрагмент) 《大雷雨》（节选）
4. Иван Сергеевич Тургенев 伊·谢·屠格涅夫
   «ХОРЬ И КАЛИНЫЧ» (фрагмент) 《霍尔与卡里内奇》（节选）
5. Фёдор Михайлович Достоевский 费·米·陀思妥耶夫斯基
   «ПРЕСТУПЛЕНИЕ И НАКАЗАНИЕ» (фрагмент) 《罪与罚》（节选）
6. Михаил Афанасьевич Булгаков 米·阿·布尔加科夫
   «СОБАЧЬЕ СЕРДЦЕ» (фрагмент) 《狗心》（节选）

1. Александр Сергеевич Пушкин
亚·谢·普希金 (1799—1837)

В нём говорит нам русская душа, русская природа, русское творчество, сама наша русская стихия. Он есть наша любовь и наша радость.

С. Булгаков

А. С. Пушкин – великий русский поэт и писатель. Он родился в Москве в дворянской семье. Отец поэта очень любил поэзию. Мать поэта была внучкой знаменитого негра Ибрагима Ганнибала. Она не любила маленького Сашу. Ей не нравились его упрямство, детская некрасивость, непонятная ей сложность. Любили его две женщины: бабушка Мария Александровна Ганнибал, которая говорила и писала прекрасным русским языком, и няня Арина Родионовна. В детстве маленький Александр читал много и жадно. Ему дали прекрасное домашнее образование.

Когда Пушкину исполнилось 12 лет, его отдали в Лицей, открытый царём Александром I. В Лицее будущий поэт начал всерьёз сочинять стихи. В 18 лет Пушкин закончил Лицей, поехал в Петербург, поступил на службу. Балы, праздники, театр сменяли друг друга.

В 1820 году поэт написал поэму «Руслан и Людмила», которая сразу стала знаменитой. В эти же годы Пушкиным созданы стихотворения о свободе, за что царь сослал его в Одессу. Ссылка

Наталья Николаевна

продолжалась в селе Михайловском, имении его матери. Одиночество было для поэта полезным: здесь он занялся самообразованием, много читал, писал. Позднее о нём говорили как об умнейшем человеке России.

14 декабря 1825 года в России произошло восстание.

Год шло следствие, а в 1826 году новый царь Николай I вызвал Пушкина в Москву, долго говорил с ним. Он хотел поэта приручить.

Через два года А. С. Пушкин познакомился с Натальей Николаевной Гончаровой, которой было тогда 16 лет. Через два года она стала его женой. Семья росла, рождались дети, их было уже четверо. Пушкин много писал, начал издавать журнал «Современник», но денег не хватало, его долги росли. За Натальей Николаевной стал ухаживать молодой француз Дантес, человек низкий и наглый. О них стали сплетничать. Пушкин должен бьш защитить честь своей жены, поэтому вызвал Дантеса на дуэль. На дуэли он был тяжело ранен и 29 января 1837 года умер.

Ответьте на вопросы:

1. Где и когда родился А. С. Пушкин?
2. Расскажите о родителях поэта.
3. Где учился А. С. Пушкин?
4. Как называлось первое произведение А. С. Пушкина, ставшее знаменитым?
5. Почему произошла дуэль между А. С. Пушкиным и Дантесом?
6. Расскажите биографию А. С. Пушкина.

К ЧААДАЕВУ	致恰达耶夫
Любви, надежды, тихой славы	爱情，希望，平静的光荣，
Недолго нежил нас обман,	并不能长久地把我们欺诓，
Исчезли юные забавы,	就是青春的欢乐，
Как сон, как утренний туман;	也已经像梦，像朝雾一样地消亡；
Но в нас горит еще желанье,	但我们的内心还燃烧着愿望，
Под гнетом власти роковой Нетерпеливою душой	在残暴的政权的重压之下， 我们正怀着焦急的心情
Отчизны внемлем призыванье.	在倾听祖国的召唤。
Мы ждем с томленьем упованья Минуты вольности святой,	我们忍受着期望的折磨， 等候那神圣的自由时光，

Как ждет любовник молодой	正像一个年轻的恋人
Минуты верного свиданья.	在等待那真诚的约会一样。
Пока свободою горим,	现在我们的内心还燃烧着自由之火,
Пока сердца для чести живы,	现在我们为了荣誉献身的心还没有死亡,
Мой друг, отчизне посвятим	我的朋友,我们要把我们心灵的
Души прекрасные порывы!	美好的激情,都呈献给我们的祖邦!
Товарищ, верь: взойдет она,	同志!相信吧,迷人的幸福的星辰
Звезда пленительного счастья	就要上升,射出光芒!
Россия вспрянет ото сна,	俄罗斯要从睡梦中苏醒,
И на обломках самовластья,	在专制暴政的废墟上,
Напишут наши имена!	将会写上我们姓名的字样!
(1818)	(戈宝权译)

Вопросы и задания для дискуссии:

Какими способами, как передает поэт патриотическое настроение в стихотворении «К Чаадаеву»?

2. Михаил Юрьевич Лермонтов
米·尤·莱蒙托夫 (1814—1841)

ПАРУС	帆
Белеет парус одинокой	蔚蓝的海面雾霭茫茫，
В тумане моря голубом!..	孤独的帆儿闪着白光！
Что ищет он в стране далекой?	到遥远的异地它寻找什么？
Что кинул он в краю родном?..	它把什么抛弃在故乡？
Играют волны – ветер свищет,	呼啸的海风翻卷着波浪，
И мачта гнется и скрыпит...	桅杆弓着腰嘎吱作响……
Увы, – он счастия не ищет	它不是在寻找幸福，
И не от счастия бежит!	也不是在从幸福中逃亡！
Под ним струя светлей лазури,	底下是比蓝天清澈的碧流，
Над ним луч солнца золотой...	头上泼洒金灿灿的阳光……
А он, мятежный, просит бури,	不安分的帆儿却渴求风暴，
Как будто в бурях есть покой!	仿佛风暴里有宁静蕴藏！
(1832)	（顾蕴璞译）

Лексико–стилистический комментарий:

1. *Кинуть* (разговорное) – бросить.
2. *Лазурь* – светло–синий цвет.
3. *Мятежный* – тревожный, неспокойный, бурный.

Вопросы и задания:

1. Нарисуйте словами картины, которые вы видите в первой, второй, третьей строфах.

2. Кому М. Ю. Лермонтов задает вопросы:

Что ищет он в краю далеком?

Что кинул он в краю родном?

3. О счастье для кого говорит поэт?

4. Почему он парус называет мятежным? О ком здесь идет речь?

5. Каким вы видите поэта, читая стихотворение «Парус»?

И СКУЧНО И ГРУСТНО

И скучно и грустно, и некому руку подать
В минуту душевной невзгоды...
Желанья!., что пользы напрасно и вечно желать?..
А годы проходят – все лучшие годы!

Любить... но кого же?., на время – не
А вечно любить невозможно.
В себя ли заглянешь? – там прошлого нет и следа:
И радость, и муки, и все там ничтожно...

Что страсти? – ведь рано иль поздно их сладкий недуг
Исчезнет при слове рассудка;
И жизнь, как посмотришь с холодным вниманьем вокруг –
Такая пустая и глупая шутка...

(1840)

寂寞又忧愁

寂寞又忧愁，当痛苦上心头，
有谁能来和我分忧……
期望！……总是空怀期望干什么？
岁月蹉跎，韶华付东流！

爱……爱谁？钟情一时不难求，
却又无从相爱到白头……
反省自己吗？往事消逝无踪，
欢乐、痛苦，全不堪回首。

激情算什么？迟早这甜蜜的病症
会烟消云散，当理智开口；
只消你向周围冷冷地扫一眼，——
人生空虚，无聊真可愁……

（顾蕴璞译）

Вопросы и задания для дискуссии:

Почему лирический герой стихотворения «И скучно и грустно...» обращается в своих философских рассуждениях к чувствам, эмоциям, а не к умозрительным абстрактным рассуждениям?

3. Александр Николаевич Островский
亚·尼·奥斯特洛夫斯基 (1823—1886)

Он положил краеугольный камень в здание Русского театра.
Н.А. Добролюбов

Великий русский драматург А. Н. Островский родился в Москве, в семье небогатого судейского чиновника. Здесь он окончил Первую московскую гимназию, потом поступил в Московский университет на юридический факультет. После его окончания служил в судах Москвы.

Уже в юношеские годы театр становится самой сильной и постоянной страстью будущего драматурга. Он пробует писать комедии. В 1850 году публикует комедию «Свои люди – сочтёмся!», которая стала новым словом в истории театра.

Именно театру отдал Островский все свои силы, весь свой могучий талант, всю свою жизнь. Он написал 47 пьес. И ещё семь – вместе с другими авторами. Поэтому можно сказать, что он создал русский национальной театр.

Пьесы Островского – это огромное художественное полотно, показывающее жизнь самых разных людей второй половины XIX века. Драматург открыл новых, ещё не знакомых русской сцене героев: купцов, чиновников.

Самое знаменитое произведение А. Н. Островского – драма «Гроза», написанная в 1859 году.

Задание: *перескажите текст.*

ГРОЗА
(фрагмент)

Действие пьесы происходит на живописном берегу Волги, где находится город Калинов. В этом городе жестокие нравы, потому что в нём власть у самых богатых людей – купцов. Один из героев пьесы – Кулигин, говорит: «Жестокие нравы в нашем городе, жестокие! Честным трудом никогда не заработать нам хлеба. А у кого деньги, тот старается бедного съесть, живого проглотить, чтобы ещё больше денег иметь».

Самые жестокие люди в городе – Дикой и Кабаниха, Они купцы–самодуры. Дикой ругается с утра до вечера, а Кабаниха своих домашних «поедом ест». У Дикого живёт племянник, образованный, но робкий молодой человек, Борис. А у Кабанихи есть сын Тихон и дочь Варвара. Они научились вести себя с Диким и Кабанихой: племянник Дикого – Борис во всём слушает своего дядю, Варвара научилась делать, «что хочешь, лишь бы шито да крыто было», а Тихон умеет всё «мимо ушей пропускать».

В доме Кабановых живёт молодая жена Тихона – Катерина. По обычаю того времени её выдали замуж не по любви. Она старалась полюбить своего мужа, но всё больше убеждалась, что любить его не за что. Да и свекровь её была всем недовольна, все ей не нравилось, поэтому молодая женщина чувствовала себя будто в клетке. Она мечтала о воле и говорила об этом Варваре, сестре Тихона.

Лексико–стилистический комментарий:

1. *Живописный* (о природе) – очень красивый, прекрасный.
2. *Нрав* – здесь в значении; порядок, образ жизни.
3. *Купец* (устаревшее) – продавец.
4. *Самодур* – человек, который делает все по личному желанию. унизительному для других.
5. *Поедом есть* – ругать постоянно, часто без причины.
6. *Шито да крыто* – о чем–либо, что остается в тайне.
7. *Мимо ушей пропускать* – не обращать внимания.
8. *Свекровь* – мать мужа.

Вопросы и задания:

1. Где происходит действие пьесы?

2. Расскажите о нравах города Калинова.

3. Назовите действующих лиц в пьесе. Расскажите о их характерах.

4. Покажите родственные связи в семье Дикого и Кабанихи.

Дикой	Кабаниха
_____	_____
_____	_____
_____	_____

Разговор Катерины с Варварой

Задание: *Прочитайте разговор Катерины с Варварой по ролям.*

КАТЕРИНА. Отчего люди не летают!

ВАРВАРА. Я не понимаю, что ты говоришь.

КАТЕРИНА. Я говорю: отчего люди не летают так, как птицы? Знаешь, мне иногда кажется, что я птица. Когда стоишь на горе, так тебя и тянет лететь. Вот так бы разбежалась, подняла руки и полетела. Попробовать, может, теперь?

ВАРВАРА. Что ты выдумываешь-то?

КАТЕРИНА. Какая я была резвая! Я у вас завяла совсем.

ВАРВАРА. Ты думаешь, я не вижу?

КАТЕРИНА, Такая ли я была! Я жила, точно птичка на воле. Маменька во мне души не чаяла, наряжала меня, как куклу, работать не заставляла, что хочу, бывало, то и делаю... Встану я, бывало, рано, умоюсь, принесу с собой водицы и все, все цветы в доме полью. У меня цветов было много-много. Потом пойдём с маменькой в церковь. А придем из церкви, сядем за какую-нибудь работу, больше вышиваем. Так хорошо было!

ВАРВАРА. Да ведь и у нас то же самое.

КАТЕРИНА. Да здесь все как будто из-под неволи. Как я любила в церковь ходить! А то, бывало, ночью встану да где-нибудь в уголке и молюсь до утра. Или рано утром в сад уйду, упаду на колена, молюсь и плачу, и сама не знаю, о чём молюсь и о чём плачу; там меня и найдут. И об чём я молилась тогда, чего просила – не знаю. А какие сны мне снились, Варенька, какие сны! Или храмы золотые, или сады какие-то необыкновенные…н горы и деревья. А то будто я летаю, так и летаю по воздуху…

Лексико–стилистический комментарий:

1. *Резвый* – живой, быстрый.
2. *Души не чаять* – очень любить.
3. *Наряжать* – красиво одевать. Нарядный – красиво, празднично одетый. Наряд – красивая, праздничная одежда.
4. *Религия* – учение о Боге. Религиозный – верящий в Бога. Религиозность – вера в Бога.
5. *Крылатый* (человек) – возвышенный, желающий чего–то необычного, романтик.

Запомните фразеологизмы:

Крылья выросли – так говорят о состоянии душевного подъёма.

Опустить крылья – потерять живость, бодрость, веру.

Подрезать крылья – не дать возможность проявить себя.

Расправить крылья – увидеть возможность проявить себя,

У поэтессы М. Цветаевой есть строка в стихотворении: «Я родилась крылатой». Объясните смысл выражения.

Вопросы и задания:

1. Расскажите, как Катерина жила в доме матери. Отличалась ли её жизнь в доме мужа от жизни в доме матери? Почему противопоставлены здесь слова воля – неволя? Где Катерина чувствует волю, а где неволю? С каким образом связано представление о воле? Почему?
2. Почему Катерину не понимает Варвара?
3. Подумайте и скажите, что можно сказать о характере Катерины. Её религиозность – её недостаток или достоинство?
4. У поэта Н. Гумилёва есть слова: «сады моей души всегда узорны». Как вы их понимаете? Можно ли так сказать о характере Катерине?

Прощание Катерины с Тихоном

Катерина чувствует, что любит другого человека – племянника Дикого – Бориса. Но боится признаться в этом даже себе, она говорит Варваре: «Ах, Варя, грех у меня на уме! Сколько я, бедная, плакала, чего уж я над собой не делала! Не уйти мне от этого греха. Никуда не уйти. Ведь это нехорошо, что я другого люблю?»

Она борется с собой, хочет заставить себя любить Тихона. Его мать посылает по делам. Уезжая, он прощается с Катериной.

Задание: *Прочитайте сцену прощания Катерины с Тихоном по ролям (или подготовьте инсценирование этого эпизода).*

КАБАНОВА. Ну, ты помнишь всё, что я тебе сказала? Смотри ж, помни! На носу себе заруби!

КАБАНОВ. Помню, маменька.

КАБАНОВА. Ну, теперь всё готово. Лошади приехали, проститься тебе только, да и с Богом… Что ж ты стоишь, разве порядка не знаешь? Приказывай жене-то, как жить без тебя. (Катерина потупила глаза в землю.)

КАБАНОВ, Да она, чай, сама знает. (Обращается к Катерине.)Слушайся маменьку, Катя!

КАБАНОВА. Скажи, чтоб не грубила свекрови.

КАБАНОВ. Не груби!

КАБАНОВА. Чтоб почитала свекровь, как мать родную! КАБАНОВ. Почитай, Катя, маменьку, как родную мать!

КАБАНОВ. Чтоб сложа ручки не сидела!

КАБАНОВ. Работай тут без меня!

КАБАНОВА. Чтоб б окно не глядела!

КАБАНОВ. В окна не гляди!

КАБАНОВА. Чтоб на молодых парней не заглядывалась без тебя!

КАБАНОВ. Да что ж это, маменька, ей-богу! (Помолчав.) Не заглядывайся на парней!

КАБАНОВА. Ну, теперь поговорите между собой. Пойдём, Варвара! (Уходят.)

КАТЕРИНА (Кидаясь на шею мужу.) Тиша, не уезжай! Ради Бога, не уезжай! Голубчик,прошу я тебя!

КАБАНОВ. Нельзя, Катя.

КАТЕРИНА. Ну бери меня с собой, бери!

КАБАНОВ. (Освобождаясь из её объятий.) Да нельзя!

КАТЕРИНА. Отчего же, Тиша, нельзя?

КАБАНОВ. Куда как весело с тобой ехать! Я не знаю, как вырваться-то, а ты еще навязываешься со мной.

КАТЕРИНА. Да неужели же ты разлюбил меня?

КАБАНОВ. Да не разлюбил, а с этакой-то неволи от какой хочешь красавицы жены убежишь!

КАТЕРИНА. Как же мне любить-то тебя, когда ты такие слова говоришь?

КАБАНОВ. Слова как слова! Какие же мне еще слова говорить! Кто тебя знает, чего ты боишься? Ведь ты не одна, ты с маменькой останешься.

КАТЕРИНА. Не говори ты мне об ней. Ах, беда моя, беда! (Плачет.) Батюшки мои, погибаю я!

КАБАНОВ. Да хватит тебе!

КАТЕРИНА. (Подходит к мужу и прижимается к нему.) Тиша? голубчик, если бы ты остался или взял ты меня с собой, как бы я тебя любила, моего милого!

КАБАНОВ. Не пойму я тебя, Катя. То от тебя слова не добьешься, а то сама лезешь.

КАТЕРИНА. Тиша, на кого ты меня оставляешь! Быть беде без тебя! Быть беде!

КАБАНОВ. Ну да ведь нельзя, так уж нечего делать.

КАТЕРИНА. Ну, так вот что! Возьми ты с меня какую-нибудь клятву страшную...

КАБАНОВ. Какую клятву?

КАТЕРИНА. Вот какую; чтобы не смела я без тебя ни говорить ни с кем чужим, ни видеться, чтобы и думать я не смела ни о ком, кроме тебя.

КАБАНОВ. Да зачем это?

КАТЕРИНА. Успокой ты мою душу!

КАБАНОВ. Как можно ручаться за себя, мало ли что может в голову прийти.

КАТЕРИНА. (Падая па колени.) Чтоб не видать мне ни отца, ни матери! Умереть мне без покаяния, если я…

КАБАНОВ. {Поднимая её.) Что ты! Что ты! Я и слушать не хочу!

Лексико-стилистический комментарий:

1. *Грех* – (1) у верующих нарушение религиозных правил. (2) предосудительный поступок.

2. *Чай* (разговорное) – наверное.

3. *Потупить глаза* – опустить вниз.

4. *Почитать* – уважать.

5. *Зарудить себе на носу* (фразеологизим) – запомнить.

6. *Голубчик* – ласковое обращение, обычно к мужу; голубушка – к жене. Сравните однокоренные слова:

Голубь

Голубить

Почему у этих слов один корень? Какое значение имеет каждое слово?

Запомните фразеологизмы:

Сидеть сложа руки – ничего не делать.

Ручаться (за себя, за кого–то) – быть уверенным (в ком–либо).

Вопросы и задания:

1. Расскажите, какими были отношения между мужем и женой в старину. Можно ли это понять ю данного эпизода? Как должна была вести себя жена? Почему Кабаниха следит, чтобы жена не обнимала мужа, а кланялась ему в ноги?
2. Найдите значение слова обряд. Почему Кабаниха боялась его нарушить?
3. Почему Катерина просит мужа взять с неё клятву о верности?
4. Почему муж её не понимает?
5. Что вы можете рассказать о его характере？

У калитки

Тихон уехал, а Варвара помогла Катерине встретиться с Борисом: дала ей ключ от калитки в саду. И вот Катерина стоит перед выбором: пойти на свидание с любимым человеком или нет. Она дала клятву верности мужу перед Богом, но как отказаться от встречи с любимым человеком?

Задание: прочитайте выразительно монолог Катерины. Переведите.

(Держа ключ в руке.) Что она это делает – то? Что она только придумывает? Ах, сумасшедшая! Бросить его, бросить далеко, в реку кинуть, чтоб не нашли никогда. Он руки – то жжёт, точно уголь (подумав.) Вот так – то и гибнет наша сестра – то. В неволе –то кому весело! (молчание), А горька неволя, ах, как горька! Кто от неё не плачет! Вот хоть я теперь. Что дальше, то хуже (задумывается). Если бы не свекровь! От неё

– то и дом стал противен, и стены–то даже противны (задумчиво смотрит на ключ) Бросить его? Разумеется, надо бросить, и как он ко мне в руки попал? (Прислушивается.) Ах, кто–то идёт. Так сердце и упало (прячет ключ в карман). Нет! Никого! Что я так испугалась? И ключ спрятала.» Ну, уж, знать, там ему и быть! Видно, сама судьба того хочет! Да какой же в этом грех, если я взгляну на него раз, хоть издали–то! Да хоть и поговорю–то, так всё не беда! А как же я мужу–то!.. Да ведь он сам не захотел. Да что я говорю–то, что я себя обманываю? Мне хоть умереть, да увидеть его. Перед кем я притворяюсь–то! …Бросить ключ! Нет, ни за что на свете! Он мой теперь... Будь что будет, а Бориса я увижу. Ах, кабы ночь поскорее...

Вопросы и задания:

1. Почему Варвара помогла Катериде встретиться с Борисом?
2. Прочитайте внимательно ремарки (пояснения) к речи Катерины. Объясните смысл выражения ум с сердцем не в ладу на примере её размышлений. Запишите фразы, что говорят Катерине ум, сердце.

УМ	СЕРДЦЕ
_____	_____
_____	_____
_____	_____

3. Почему Катерина всё–таки выбрала встречу с Борисом?

Через десять дней приехал Тихон. Борис, увидев его, раскланялся как ни в чем не бывало, А Катерина места себе не находила: не могла она носить в себе такой грех. Наконец, она призналась в измене, но никому её правда не была нужна: её все боялись. Только Кабанихе радостно, теперь есть причина для ругани.

Жизнь Катерины в доме Кабанихи становится невыносимой: свекровь «точит», Тихон бьёт, но жалеет её, Варвара сбегает с женихом из дома. У Катерины тоже есть выход: сбежать с Борисом, которого дядя отправляет будто бы по делам, на самом деле подальше от позора. Катерина просит Бориса забрать её с собой. Борис отвечает: «Нельзя мне, Катя. Не по своей воле я еду». Он желает ей, «чтоб она умерла поскорее», чтоб не мучаться, потому что защитить её не может. Борис уезжает, а Катерине теперь «что домой, что в могилу» – всё равно. Она оканчивает жизнь самоубийством: бросается в Волгу,

Лексико–стилистический комментарий:

1. *Как на в чём не бывало* – будто ничего не произошло.

2. *Не находить себе места* (фразеологизм) – переживать, волноваться.

3. *Точить* (переносное) – ругать постоянно.

Вопросы и задания:

1. Почему после тайных встреч Катерина мучается, а Борис не знает мук совести?

2. Кто лучше: Борис или Тихон?

3. Достоин ли Борис Катерины?

4. Был ли у Катерины другой выход из сложившейся ситуации?

5. Напишите рассуждение на тему: Самоубийство Катерины – это её сила или слабость?

4. Иван Сергеевич Тургенев
伊·谢·屠格涅夫 (1818—1883)

Талант этого писателя. в лучших его
произведениях, был...дыханием русской почвы.
Мельхиор де Вогюэ

И. С. Тургенев – один из видных писателей второй половины XIX века. Он родился в богатой дворянской семье. Детство его прошло в имении матери, Спасском–Лутовинове, недалеко от города Мценска Орловской губернии. Он окончил Петербургский университет, филологическое отделение философского факультета. После окончания университета решил продолжить образование в Германии, в Берлинском университете. Когда годы учения закончились, Тургенев решил служить науке на кафедре философии в университете. Но уже в студенческие годы Тургенев пишет стихи, драматическую поэму.

В 1847 году был напечатан его первый рассказ «Хорь и Калиныч». Критик В. Г. Белинский писал о нем: «Автор зашёл к народу с такой стороны, с какой до него ещё никто не ходил». С этого времени, начинается литературная слава писателя.

И. С. Тургенев написал много рассказов, которые объединил в сборник «Записки охотника», романы «Рудин», «Отцы и дети»,

«Накануне», «Дым», «Новь», сборник «Стихотворения в прозе» и другие произведения.

Он умер во Франции, недалеко от Парижа, на вилле любимой женщины Полины Виардо, известной, певицы, обладавшей удивительным голосом и ещё большим обаянием. Она была замужем за искусствоведом Луи Виардо. И.С. Тургенев писал, что он всю жизнь прожил «на краю чужого гнезда».

Рис. П. Соколова

Вопросы и задания:

1. Где и когда родился И. С. Тургенев?
2. Где он учился?
3. Как называется его первое произведение?
4. Когда оно было написано?
5. Назовите известные произведения И.С. Тургенева.
6. Когда и где умер И. С. Тургенев?
7. Перескажите текст.

ХОРЬ И КАЛИНЫЧ
(фрагмент)

В качестве охотника сошёлся я с помещиком Полутыкиным, страстным охотником.

В первый же день знакомства он пригласил меня на ночь к себе.

–До меня вёрст пять, – прибавил он, – пешком идти далеко, зайдёмте пока к Хорю.

–А кто такой Хорь?

–А мой мужик. Он отсюда близко.

Мы отправились к нему. Посреди леса стояла одинокая усадьба Хоря. Мы вошли. Нас встретил молодой парень, лет двадцати, высокий и красивый.

–А, Федя! Дома Хорь? – спросил его господин Полутыкин,

–Нет, Хорь в город уехал, – отвечал парень.

Мы вошли в избу, выпили по стакану воды, сели в телегу и через полчаса уже въезжали на двор господского дома.

–Скажите, пожалуйста, – спросил я Полутыкина за ужином, — отчего у вас Хорь живет отдельно от прочих ваших мужиков?

–А вот отчего: он у меня мужик умный, лет двадцать пять назад изба у него сгорела; вот и пришел он к моему покойному батюшке и говорит: дескать, позволь мне, Николай Кузьмич, поселиться у вас в лесу на болоте. «Только вы, батюшка Николай Кузьмич, оброк положите, какой сами знаете». – «Пятьдесят рублей в год!» – «Хорошо». Вот он и поселился на болоте.

–Ну, и разбогател? – спросил я.

–Разбогател. Теперь он мне сто рублей платит, да я еще, пожалуй, накину. Я уж ему не раз говорил: «Откупись, Хорь, эй, откупись!..» А он меня уверяет, что нечем. ... Да как бы не так!..

На другой день мы тотчас после чаю опять отправились на охоту. Проезжая через деревню, Полутыкин велел кучеру остановиться у низенькой избы и звучно воскликнул: «Калиныч!» – «Сейчас, батюшка, сейчас, – раздался голос со двора, – лапоть подвязываю». Мы поехали шагом; за деревней догнал нас человек лет сорока, высокого роста, худой, с небольшой загнутой назад головой. Это был Калиныч. Его добродушное смуглое лицо мне понравилось с первого взгляда, Калиныч каждый день ходил с барином на охоту, без него Полутылкин шагу ступить не мог. Калиныч был человеком самого веселого, самого кроткого нрава, постоянно пел вполголоса, беззаботно поглядывая во все стороны, говорил немного в нос, улыбаясь, прищуривая свои светло-голубые глаза, и часто брался рукой за свою жидкую, клиновидную бороду. Когда стало жарко, он отвёл нас на свою пасеку, в самую глушь леса. Калиныч открыл нам избушку, уложил нас на свежем сене, а сам пошел за мёдом. Мы запили прозрачный теплый мёд холодной водой и заснули..,

На другой день я один поехал на охоту и перед вечером зашел к Хорю. На пороге избы меня встретил старик – лысый, низкого роста, плечистый и плотный – сам Хорь. Я с любопытством посмотрел на этого Хоря. Склад лица его напоминал Сократа: такой же высокий лоб, такие же маленькие глазки, такой же курносый нос. Мы вошли вместе в избу. Хорь присел на скамью, и, поглаживая курчавую бороду, начал разговор.

–Послушай-ка, Хорь, – говорил я ему, – отчего ты не откупишься от своего барина?

–А для чего мне откупаться? Теперь я своего барина знаю и оброк сюй знаю … барин у нас хороший.

–Все же лучше на свободе, – заметил я.

–Конечно, – проговорил он.

–Ну, так отчего же не откупаешься?

–Чем, батюшка, откупиться прикажешь?

–Иу, ладно, старина,..

–Что же, телегу подать?

–Нет, –сказал я, – телегу мне не надо; я завтра около твоей усадьбы похожу и, если позволишь, останусь ночевать у тебя...

...Я в этот день пошёл на охоту часами четырьмя позднее обыкновенного и следующие три дня провёл у Хоря. Меня занимали новые мои знакомые. Не знаю, чем я заслужил их доверие, но они непринуждённо разговаривали со мной. Я с удовольствием слушал их и наблюдал за ними. Оба приятеля нисколько не походили друг на друга. Хорь был человек положительный, практичный, рационалист; Калиныч был идеалист,романтик, восторженный и мечтательный. Хорь понимал жизнь, то есть: обстроился, накопил деньжонки, хорошо жил с барином и с прочими властями; Калиныч ходил в лаптях и перебивался кое–как. У Хоря было большое семейство; у Калиныча была когда–то жена, которую он боялся, а детей не было, Хорь любил Калиньма, Калиныч любил и уважал Хоря. Хорь говорил мало, посмеивался и был себе на уме; Калиныч говорил с жаром, хотя и не пел соловьем. Калиныч стоял ближе к природе; Хорь же – к людям, к обществу, Калиньи же любил рассуждать и всему верил слепо; Хорь иронически смотрел на жизнь. Он много видел, много знал, и от него я многому научился,

Хорь и Калиныч расспрашивали мбня обо многом. Узнали они, что я был за границей, и любопытство их разгорелось. Калиныча более трогали описания природы, гор, водопадов, необыкновенных зданий, больших городов. Хоря интересовали вопросы административные и государственные. Он спрашивал по порядку: «Что, у них это есть так же, как у нас, или иначе? Ну, говори, батюшка, – как же?» – «Ах, Господи, твоя воля!» – восклицал Калиныч во время моего рассказа; Хорь молчал, хмурил густые брови и лишь изредка замечал, что «это у нас не шло бы, а вот это хорошо – это порядок».

...Русский человек так уверен в своей силе и крепости, что он не прочь и поломать себя: он мало занимается своим прошедшим и смело глядит вперёд. Что хорошо – то ему нравится, что разумно – того ему и подавай, а откуда оно идёт – ему всё равно. Говоря с Хорем, я в первый раз услышал простую, умную речь русского мужика. Его познания были

обширны, но читать он не умл; Калиныч – умл. «Этому шалопаю грамота далась, – заметил Хорь, – у него и пчёлы никогда не мёрли» – «А детей ты своих выучил грамоте?»Хорь помолчал. «Федя знает», – «А другие?» – «Другие не знают» –

«А что?» Старик не отвечал и переменил разговор.

Лексико–стилистический комментарий:

1. *Занимать* – интересовать.
2. *Приятель* – друг.
3. *Не походили* – не были похожи.
4. *Себе на уме* (фразеологизм) — быть скрытным (скрывать свои мысли).
5. *Шалопай* (разг.) – несерьёзный человек.
6. *Покойный* – умерший.
7. *Оброк* – натуральный или денежный сбор, взимавшийся при крепостном праве с крестьян помещиком; оброк – налог.
8. *С первого взгляда* (фразеологизм) – по первому впечатлению.
9. *Нрав* – характер.
10. *Пасека* – место, где расположены ульи с пчелами
11. *Сократ* – древнегреческий философ.
12. *Административный* – руководящий.
13. *Рационалист* – человек, принимающий разум единственным источником познания.
14. *Идеалист* – человек, преданным высоким идеалам.
15. *Лапти* – обувь, плетённая из берёсты, верёвок, лыка.
16. *Петь соловьем* (фразеологизм) – говорить красиво.

Вопросы и задания:

1. Опишите внешность Калиныча и Хоря.
2. Найдите детали внешности, указывающие на то, что один из них жил бедно, другой – зажиточно.
3. Какая разница в значении слов зажиточный, богатый! Что значит жить в достатке?
4. Сравните характеры Хоря и Калиныча.

Хорь	Калиныч
_____	_____
_____	_____
_____	_____

Кто из них кажется вам типичным русским характером?

5. Найдите и прочитайте слова И. С, Тургенева о русском характере.
6. Напишите рассуждение на тему «Русский характер глазами иностранца»

5. Фёдор Михайлович Достоевский
费 · 米 · 陀思妥耶夫斯基 (1821—1881)

> *Я всего только хотел бы, чтоб все мы стали немного получше. Желание самое скромное, но, увы, и самое идеальное*
> *Ф.М. Достоевский, «Сон смешного человека»*

Ф. М. Достоевский родился в Москве в дво–рянской семье. Его отец воевал против Наполеона, после войны работал лекарем в больнице для бедных.

В 17 лет Фёдор Михайлович Достоевский поступил в военно–инженерное училище, которое окончил в 1843 году и был зачислен в Петербургскую инженерную команду. Но уже через год вышел в отставку, чтобы заниматься литературой, писать. Он перевёл роман Бальзака, французского псателя, а через год написал повесть «Бедные люди». Она имела успех.

За участие в революционном кружке Достоевский был арестован и приговорён к смертной казни. Она должна была состояться 24 декабря 1849 года. Уже в последний момент, когда осуждённый ждал расстрела, ему сказали о том, что он лишается «прав состояния» и приговаривается к каторжным работам на четыре года и последующей службе в армии рядовым. Четыре года каторги были для писателя страшными. Для каторжан он был чужим барином. Он прошёл много унижений. Служба в армии, сначала рядовым, потом офицером, была не менее трудной. В 1859 году он вьпел в отставку, уехал в Тверь (сейчас город Калинин), а затем и в Петербург. Так, 10 лет спустя Достоевский возвращается в литературу.

Годы, проведённые на каторге и солдатской службе, серьёзно отразились на его мировоззрении.

Он думал, что цивилизация является болезненной, так как приводит к обожествлению человеком самого себя, разрушая живые связи между людьми. Исчезают духовные ценности. Это ведёт к тому, что человек находит ложных кумиров, поклоняется им. Это может привести к катастрофе.

Вечный идеал – Иисус Христос, к которому человек будет приближаться постепенно. Человеческое совершенство зависит от экономических условий жизни, нравственность определяют экономические отношения. Идеал – это принесение своего «я» в пользу другого через любовь. Стремление к этому идеалу – нравственный закон. Если он не выполняется, человек страдает. Счастье придёт, если закон будет выполняться.

Середина 60-х годов – сложное время в истории страны. Отмена крепостного права не сделала народ счастливым. Романы Ф. М. Достоевского – мучительный поиск идеала. Он написал романы «Преступление и наказание», «Идиот», «Братья Карамазовы» и другие произведения.

Вопросы и задания:

1. Где и когда родился Ф. М. Достоевский?
2. Где он учился?
3. За что он был арестован?
4. Что повлияло на мировоззрение Ф. М. Достоевского?
5. Что значит ложный кумир? От чего предостерегает писатель?
6. Кто стал вечным идеалом Ф. М. Достоевского?
7. Расскажите, что значит счастье в его понимании.
8. В чём причина страданий человека, по Достоевскому?
9. Какие произведения он написал?

ПРЕСТУПЛЕНИЕ И НАКАЗАНИЕ
(фрагмент)

Роман Ф. М. Достоевского был написан в 1866 г. Это было сложное время в истории России. Кризис, возникший после отмены крепостного права, охватил и духовную сферу. Личность, не сдерживаемая никакими моральными и культурными нормами, оказалась во власти «новейших идей».

Именно такое болезненное состояние общества и молодого человека, ставшего его жертвой, изображает Ф. М. Достоевский в романе «Преступление и наказание».

В центре романа – молодой человек, студент Родион Раскольников. Он увлекся новыми идеями, новыми теориями и хочет проверить идею о том, что сильная личность ради своей цели может переступить законы, даже нравственные. Герой романа уверен, что такая личность ведет общество людей к прогрессу. Ей можно все, она «право имеет». Другие же – «твари дрожащие», У Раскольникова возникает вопрос, к какому типу относится он сам? Он хочет проверить себя и поэтому решает провести эксперимент: убить старуху, которая приносит только вред. А за счет её денег сделать счастливым всё человечество. Но, совершив убийство, Раскольников не вынес мук нравственных. Это стало его наказанием. Он признался в убийстве, был осуждён на каторгу. И только там началось духовное воскресение героя романа.

Разговор студента с офицером

Задание: прочитайте текст (отрывок из романа «Преступление и наказание»). Переведите.

Художник Д. А. Шмаринов

Но Раскольников в последнее время стал суеверен. Следы суеверия оставались в нем еще долго спустя, почти неизгладимо. И во всем этом деле он всегда потом наклонен был видеть некоторую как бы странность, таинственность, как будто присутствие каких-то особых влияний и совпадений. Ещё зимой один знакомый ему студент, Покорев, уезжая в Харьков, сообщил ему как-то в разговоре адрес старухи Алены Ивановны, если бы на случай пришлось ему что заложить. Долго он не ходил к ней, потому что уроки были, и как-нибудь да пробивался. Месяца полтора назад он вспомнил про адрес; у него были две вещи, годные к закладу; старые отцовские серебряные часы и маленькое золотое колечко с тремя какими-то красными камешками, подаренное ему при прощании сестрой, на память. Он решил отнести колечко; разыскав старуху, с первого же взгляда, еще ничего не зная о ней особенного, почувствовал к ней непреодолимое отвращение, взял у нее два «билетика» и по дороге зашел в один плохонький трактиришко. Он спросил чаю, сел и крепко задумался. Странная мысль наклёвывалась в его голове, как из яйца цыпленок, и очень, очень занимала его.

Почти рядом с ним на другом столике сидел студент, которого он совсем не знал и не помнил, и молодой офицер. Они сыграли на бильярде и стали пить чай. Вдруг он услышал, что студент говорит офицеру про процентщицу, Алену Ивановну, и сообщает ему её адрес. Это уже показалось Раскольникову как-то странным: он сейчас оттуда, а тут как раз про неё же. Конечно случайность, но он вот не может отвязаться теперь от одного весьма необыкновенного впечатления, а тут как раз ему как будто кто-то подслуживается: студент вдруг начинает сообщать товарищу об этой Алене Ивановне разные подробности.

–Славная она, – говорил он, – у неё всегда можно денег достать; может сразу пять тысяч выдать» а и рублёвым закладом не брезгает. Наших много у ней перебывало. Только стерва ужасная...

И он стал рассказывать, какая она злая, капризная, что стоит только одним днем просрочить заклад, и пропала вещь. Даёт вчетверо меньше, чем стоит вещь, а процентов по пяти и даже по семи берёт в месяц и т. д. Студент разболтался и сообщил, кроме того, что у старухи есть сестра, Лизавета, которую она, такая маленькая и гаденькая, бьет поминутно и держит в совершенном порабощении как маленького ребёнка, тогда как Лизавета, по крайней мере, восьми вершков росту...

–...Я бы эту проклятую старуху убил и ограбил, и уверяю тебя, что без всякого зазору совести, – с жаром прибавил студент.

Офицер опять захохотал, а Раскольников вздрогнул. Как это было странно!

–Позволь, я тебе серьезный вопрос задать хочу, – загорячился студент, – Я сейчас, конечно, пошутил, но смотри: с одной стороны глупая, бессмысленная, ничтожная, злая, больная старушонка, никому не нужная и напротив, всем вредная, которая сама не знает, для чего живёт, и которая завтра же сама собой умрет. Понимаешь? Понимаешь?

–Ну, понимаю, – ответил офицер, внимательно уставясь в горячившегося товарища.

–Слушай дальше. С другой стороны, молодые,

Художник П. М. Боклевский

свежие силы, пропадающие даром без поддержки, и это тысячами, и это всюду! Сто, тысячу добрых дел и начинаний, которые можно устроить и поправить на старухины деньги, обреченные в монастырь! Сотни, тысячи, может быть, существований, направленных на дорогу; десятки семейств, спасенных от нищеты, от разложения, от гибели, от разврата, от венерических больниц, – и все это на её деньги. Убей её и возьми деньги, с тем чтобы с их помощью посвятить потом себя на служение всему человечеству и общему делу: как ты думаешь, не загладится ли одно крошечное преступленьице тысячами добрых дел? За одну жизнь – тысячи жизней, спасённых от гниения и разложения. Одна смерть и сто жизней взамен – да ведь тут арифметика! Да и что значит на общих весах жизнь этой чахоточной, глупой и злой старушонки? Не более как жизнь вши, таракана, да и того не стоит, потому что старушонка вредна. Она чужую жизнь заедает: она намедни Лизавете палец со зла укусила; чуть–чуть не отрезали!

–Конечно, она недостойна жить, – заметил офицер, – но ведь тут природа.

–Эх, брат, да ведь природу поправляют и направляют, а без этого пришлось бы потонуть в предрассудках. Без этого ни одного бы великого человека не было. Говорят: «долг, совесть», – я ничего не хочу говорить против долга и совести, – но ведь как мы их понимаем? Стой, я тебе еще задам один вопрос. Слушай!

–Нет, ты стой; я тебе задам вопрос. Слушай!

–Ну!

–Вот ты теперь говоришь и ораторствуешь, а скажи ты мне: убьешь ты сам старуху, или нет?

–Разумеется, нет! Я для справедливости... Не во мне тут и дело...

–А по–моему, коль ты сам не решаешься, так нет тут никакой и справедливости! Пойдём еще партию!

Раскольников был в чрезвычайном волнении. Конечно, все это были самые обыкновенные и самые частые, не раз уже слышанные им, в других только формах и на другие темы, молодые разговоры и мысли. Но почему именно теперь пришлось ему выслушать именно такой разговор и такие мысли, когда в собственной голове его только что зародились... такие же точно мысли? И почему именно сейчас, как только он вынес зародыш своей мысли от старухи, как раз и попадает он на разговор о старухе?.. Странным всегда казалось ему это совпадение. Этот ничтожный, трактирный разговор имел чрезвычайное на него влияние при дальнейшем развитии дела: как будто действительно было тут какое-то предопределение, указание…

Лексико-стилистический комментарий :

1. *Заложить* – закладывать (заложить часы в ломбард) – отдать что-либо в залог под ссуду.
2. *«Билетик»* – бумажный денежный знак.
3. *Процентщик – процентщица* – ростовщик – тот, кто дает деньги в рост, то есть в долг под большие проценты.
4. *Трактир* – ресторан низшего разряда. *Трактиришко* – иронически-презрительно.
5. *Наклёвывается* – наклюнуться – клювом продолбить выход из яйца. Здесь в значении: рождается.
6. *Бильярд* – игра шарами на специальном столе по особым правилам.
7. *Коллежская секретарша* – гражданский чин.
8. *Гаденький* – гадкий – вызывающий отвращение, противный, мерзкий.
9. *Вершок* – старая мера длины, равная 10,4 см.
10. *Без всякого зазору (зазрения) совести* – без стеснения, без стыда.
11. *Горячиться* – действовать в возбуждении, увлечении, проявлять нетерпение.
12. *Деньги, обречённые в монастырь* – деньги, предназначенные к неизбежной участи. Старуха все деньги завещала монастырю.
13. *Уставиться на кого-либо* – повернуться в определенном направлении.
14. *Намедни* (устаревшее, разговорное) – недавно, на днях.
15. *Зародыш* – зачаток, начало.
16. *Предопределение* – то, что предопределено, то есть назначено судьбой.

Лексико-стилистическая работа:

1. Определите, какое значение передает прилагательное *трактирный* в словосочетании *трактирный разговор*. Как будет называться владелец трактира?
2. Какая разница между словами *старуха, старушка, старушонка; преступление – преступленьице*? Чтобы ответить на вопрос, вспомните значение суффиксов. Какие из них имеют значение уменьшительно-ласкательное или уменьшительное, какие – уничижительно-презрительное?
3. В чем заключается суеверие Раскольникова? Что называет студент предрассудком? В каком случае можно употребить слово суеверие, а в каком *предрассудок*?

4. В чем смысловая связь между словами *совпадение, суеверие, предрассудок*?

5. Как вы понимаете выражение: *мысль наклевывалась в его голове, как из яйца цыпленок*?

Вопросы и задания:

1. Какие чувства владели Раскольниковым в момент, изображаемый в отрывке?
2. Кто такая Алена Ивановна?
3. Для какой цели и задолго ли до описываемого события студент Покорев сообщил Раскольникову адрес старухи–процентщицы?
4. Почему Раскольников не сразу пошел к старухе?
5. Что он решил заложить, вспомнив про нее?
6. Какое чувство с первого же взгляда возникло у Раскольникова к старухе? Рассмотрите иллюстрацию П. М Боклевского. Прочитайте в тексте ее характеристику. Соответствует ли иллюстрация ее описанию? Каково ваше отношение к ростовщице?
7. Куда он зашел после старухи?
8. Какая мысль начала «наклевываться» в его голове?
9. Кто сидел рядом с Раскольниковым за другим столиком?
10. О чем говорили студент и офицер? Какие «подробности» о старухе стал рассказывать офицеру студент? Прочитайте диалог по ролям,
11. Кто такая Лизавета?
12. Почему студент сравнивает старуху с Лизаветой?
13. Какие мысли, высказанные в разговоре студентом, оказались созвучны зарождающимся мыслям Раскольникова? Согласны ли вы с такой «ари-фметикой»?
14. Что значит возражение офицера студенту «да ведь здесь природа»?
15. Что ответил студент офицеру на его вопрос, решился ли бы он сам убить старуху, и какой итог подвел разговору офицер?
16. Какое влияние имел на Раскольникова «ничтожный трактирный разговор»? В чем он увидел предопределение?

6. Михаил Афанасьевич Булгаков
米·阿·布尔加科夫 (1891—1940)

Вся жизнь этого беспокойного и блестящего писателя была ... беспощадной схваткой с глупостью и подлостью, схваткой ради чистых человеческих помыслов.

К.Г. Паустовский

М.А. Булгаков родился в Киеве в семье преподавателя Духовной академии. Сочинять М. Булгаков стал рано, тянулся к сцене, мечтал стать оперным певцом. Окончив университет Святого Владимира, работал сначала в прифронтовых госпиталях первой мировой войны, начавшейся в 1914 году, с 1916 года – врачом в селе, затем в г. Вязьме. Вернувшись в 1918 году в Киев, хотел заняться частной врачебной практикой. В свободное время писал. Публиковал свои рассказы в газетах. Революцию 1917 года считал неизбежной, поэтому после гражданской войны стал сотрудничать с новой властью. В 1920–1921 годах понял, что он не актёр, даже не врач, а прежде всего литератор. Он написал романы «Белая гвардия», «Мастер и Маргарита», пьесы «Дни Турбиных», «Бег», повести «Собачье сердце» и другие.

Ему было трудно в жизни: критика была к нему жестока; его больше ругали, чем хвалили. Но М. Булгаков был честен как писатель. Он создал произведения, получившие признание после его смерти.

Лексический комментарий:

1. *Духовная академия* – учебное заведение, в котором обучались семинаристы для церковной службы.
2. *Университет Святого Владимира* – духовное учебное заведение.

СОБАЧЬЕ СЕРДЦЕ

(фрагмент)

Повесть была написана в 1925 году. В ней идёт речь о непредсказуемых последствиях научных открытий, о том, что эксперимент, забегающий вперед и имеющий дело с неадекватным человеческим сознанием, опасен.

Главный герой повести, профессор Филипп Филиппович Преображенский, пересаживает уличной дворняжке по кличке Шарик гипофиз мозга человека – пьяницы и дебошира. В результате возникает существо по фамилии Шариков с собачьим сердцем: собачьим характером и желанием стать хозяином жизни.

М. Булгаков не верил, что также возможно искусственное и ускоренное воспитание «нового человека». Он был убеждён, что не революция, а эволюция меняет человека.

В столовой было совершенно по–вечернему, благодаря лампе под шёлковым абажуром. Филипп Филиппович сидел у стола в кресле. У портьеры, прислонившись к притолоке, стоял, заложив ногу на ногу, человек маленького роста и несимпатичной наружности. Волосы у него на голове росли жёсткие, как бы кустами, а лицо покрывал небритый пух. Лоб поражал своей малой вышиной. Почти над бровями начиналась густая головная щётка.

Пиджак был порван под левой мышкой, полосатые брючки на правой коленке продраны, а на левой вышачканы краской. На шее у человека был ядовито-небесного цвета галстук с фальшивой рубиновой булавкой. Цвет этого галстука был настолько бросок, что время от времени, закрывая глаза, Филипп Филиппович видел пылающий факел с голубым венцом. Открывал их, а с полу бросались в глаза лаковые ботанки.

«Как в калошах», – с неприятным чувством подумал Филипп Филиппович и вздохнул. Человек у двери поглядывал на профессора и курил папиросу. Часы на стене прозвенели пять раз. Филипп Филиппович вступил в беседу.

– Я, кажется, два раза уже просил не спать в кухне – тем более днём?

Человек кашлянул и ответил:

– Воздух в кухне приятнее.

Филипп Филиппович покачал головой и спросил:

–Откуда взялась эта гадость? Я говорю о галстуке.

Человечек, глазами следуя пальцу, любовно поглядел на галстук.

–Чем же «гадость»? – заговорил он. – Шикарный галстук. Дарья Петровна подарила.

–Дарья Петровна вам мерзость подарила, вроде этих ботинок. Что это? Откуда? Я что просил? Купить приличные ботинки; а это что? Неужели доктор Борменталь такие выбрал?

–Я ему сказал, чтобы лаковые. Что я, хуже людей? Пойдите на улицу – все в лаковых.

Филипп Филиппович заговорил строго:

–Спаньё в кухне прекращается. Понятно? Что это за нахальство! Ведь вы мешаете. Там женщины.

Лицо человека потемнело.

–Ну уж и женщины. Подумаешь Барыни какие. Обыкновенная прислуга. Это всё Зинка ябедничает.

Филипп Филиппович глянул строго:

–Не сметь называть Зину Зинкой! Понятно?

Молчание.

–Понятно, я вас спрашиваю?

–Понятно.

–Убрать эту гадость с шеи. Вы... ты... вы посмотрите на себя в зеркало – на что вы похожи. Балаган какой–то. Окурки на пол не бросать – в сотый раз прошу. Чтобы я более не слышал ни одного ругательного слова в квартире! С Зиной всякие разговоры прекратить. Смотрите! Кто ответил пациенту «пёс его знает!»? Что вы, в самом деле, в кабаке, что ли?

–Что–то вы меня, папаша, больно утесняете, – вдруг плаксиво выговорил человек.

Филипп Филиппович покраснел, очки сверкнули.

–Кто это тут вам папаша? Что это за фамильярности? Чтобы я больше не слышал этого слова! Называть меня по имени и отчеству!

Дерзкое выражение загорелось в человечке.

–Да что вы всё... То не плевать. То не кури. Туда не ходи... Что уж это на самом деле? Чисто как в трамвае. Что вы мне жить не даёте?! И насчёт «папаши» – это вы напрасно. Разве я просил мне операцию делать? Хорошенькое дело! Я, может, своего разрешения на операцию не давал. А равно и мои родные. Я иск, может, имею право предъявить.

Глаза Филиппа Филипповича сделались совершенно круглыми, сигара вывалилась из рук. «Ну тип», – пролетело у него в голове.

–Вы изволите быть недовольным, что вас превратили в человека? – спросил он. – Вы, может быть, предпочитаете снова бегать по помойкам? Ну, если бы я знал...

–Да что вы всё – помойка, помойка. Я свой кусок хлеба добывал. А если бы я у вас помер под ножом, товарищ?

–Филипп Филиппович! – раздражённо воскликнул Филипп Филиппович, – я вам не товарищ! Это чудовищно!«Кошмар, кошмар», – подумалось ему.

–Уж, конечно, как же... – иронически заговорил человек, – мы понимаем. Какие уж мы вам товарищи! Где уж. Мы в университетах не обучались, в квартерах по 15 комнат с ваннами не жили. Только теперь пора бы это оставить. В настоящее время каждый имеет своё право...

Филипп Филиппович, бледнея, слушал рассуждения человека. Тот прервал речь и демонстративно направился к пепельнице с папироской в руке. Он долго мял окурок с выражением, ясно говорящим: «На! На!».

Филипп Филиппович посмотрел туда, где сияли башмаки, и заговорил:

–Какое дело ещё вы мне хотели сообщить?

–Да что ж дело! Дело простое. Документ, Филипп Филиппович, мне надо.

Филиппа Филипповича несколько передёрнуло.

–Хм... Чёрт! Документ! Действительно... Кхм... А, может быть, это как–нибудь можно... – голос его звучал неуверенно.

–Помилуйте, – уверенно ответил человек, – как же так без документа? Это уж – извиняюсь. Сами знаете, человеку без документов строго воспрещается существовать. Во– первых, домком.

–При чём тут домком?

–Как это при чём? Встречают, спрашивают – когда ж ты, говорят, многоуважаемый, пропишешься?

–Ах ты, Господи, – воскликнул Филипп Филиппович, – встречаются, спрашивают... Воображаю, что вы им говорите. Ведь я же вам запрещал шляться по лестницам.

–Что я, каторжный? – удивился человек и выпятил губу. – Как это так «шляться»?!

Довольно обидные ваши слова. Я хожу, как все люди.

Филипп Филиппович выпил стакан воды.

—Отлично, – поспокойнее заговорил он, – дело не в словах. Итак, что говорит этот ваш прелестный домком?

—Что ж ему говорить... Да вы напрасно его прелестным ругаете. Он интересы защищает.

—Чьи интересы, позвольте осведомиться?

—Известно чьи – трудового элемента.

Филипп Филиппович выкатил глаза.

—Почему же вы – труженик?

—Да уж известно – не нэпман.

—Ну, ладно. Итак, что же ему нужно в защитах вашего интереса?

—Известно что – прописать меня. Они говорят – где ж это видано, чтоб человек проживал непрописанный в Москве.

—Позвольте узнать, по чему я вас пропишу? По этой скатерти или по своему паспорту? Не забывайте, что вы... Э... гм... вы ведь, так сказать, – существо лабораторное.– Филипп Филиппович говорил всё менее уверенно.

Человек победоносно молчал.

—Отлично. Что же, в конце концов, нужно, чтобы вас прописать? Ведь у вас же нет ни имени, ни фамилии.

—Это вы несправедливо. Имя я себе совершенно спокойно могу избрать.

—Как же вам угодно именоваться?

Человек поправил галстук и ответил:

—Полиграф Полиграфович.

—Не валяйте дурака – хмуро отозвался Филипп Филиппович, – я с вами серьёзно говорю.

—Что–то не пойму я, – заговорил человечек весело и осмысленно. – Мне по матушке нельзя. Плевать – нельзя. А от вас только и слышу: «Дурак, дурак». Видно, только профессорам разрешается ругаться в Ресефесере.

Филипп Филиппович, наполняя стакан, разбил его. Напившись из другого, подумал: «Ещё немного, он меня учить станет и будет совершенно прав. В руках не могу держать себя».

Он повернулся на стуле и преувеличенно вежливо произнёс:

–Извините. У меня расстроены нервы. Ваше имя показалось мне странным. Где вы, интересно знать, откопали себе такое?

–Домком посоветовал. По календарю искали – какое тебе, говорят? Я и выбрал.

–Ни в каком календаре ничего подобного быть не может.

–Довольно удивительно, – человек усмехнулся, – когда у вас в смотровой висит.

Филипп Филиппович, не вставая, позвонил, и на звонок явилась Зина.

–Календарь из смотровой.

Протекла пауза. Когда Зина вернулась с календарём, Филипп Филиппович спросил:

–Где?

–4–го марта празднуется.

–Покажите... Гм... Чёрт... В печку его, Зина, сейчас же.

Зина испуганно ушла с календарём, а человек покачал укоризненно головою.

Лексический комментарий:

1. *Эксперимент* – опыт в определенных условиях с целью изучения, исследования.

2. *Дворняжка* – собака, у которой нет породы.

3. *Неадекватное сознание* – ненормальное сознание; не несовпадающее с сознанием нормального человека.

4. *Гипофиз* – железа внутренней секреции, расположенная у основания головного мозга, оказывающая влияние на развитие и рост организма.

5. *Дебошир* – скандалист.

6. *Эволюция* – постепенное изменение, развитие кого–либо, чего–либо от одного состояния к другому.

7. *Гадость* – мерзость, неприятная, ужасная вещь.

8. *Шикарный* (просторечное) – очень красивый, великолепный, изумительный.

9. *Подумаешь!* (разг.) – ничего удивительного, важного (иронично, пренебрежительно).

10. *Барыня* – госпожа; аристократка; хозяйка по отношению к прислуге в дореволюционной России.

11. *Балаган!* (разг.) – грубое кривлянье; аналогичное выражение – «Цирк!»

12. *Пёс* – собака; пёс его знает – грубое выражение со значением «не знаю».

13. *Кабак* – дешёвый ресторан.

14. *Папаша* – от слова папа; здесь; фамильярное обращение к пожилому мужчине.

15. *По имени и отчеству* – вежливая форма обращения к старшим по возрасту или должности, а также при официальных контактах.
16. *Чисто* – просторечное: точно так же, абсолютно так же.
17. *Товарищ* – форма официального обращения, получившая распространение после революции 1917 года; первоначально слово называло людей, связанных общим делом (в том числе, партийным), поэтому такое обращение шокирует профессора Преображенского: ничего общего у него с Шариковым быть не может.
18. *Домком* – домовой комитет (общественная организация жильцов дома).
19. *Прописаться; прописать* (кого, где) – оформить официальной записью проживание по определённому адресу.
20. *Шляться* (прост.) – ходить, бродить без занятия, дела.
21. *Нэпман* – частный предприниматель, торговец периода нэпа; *НЭП* – новая экономическая политика России (1921–1930 гг.), разрешившая частную собственность и торговлю.
22. *По матушке* (ругаться) – (ругаться) матом.
23. *Ресефесер* – ненормативное произношение аббревиатуры РСФСР (Российская Советская Федеративная Социалистическая республика).
24. *Откопать* – найти что–либо забытое, малоизвестное.
25. *Смотровая* – комната для осмотра пациентов.

Вопросы и задания:

1. Найдите детали во внешности и одежде Шарикова, разговаривающего с профессором Преображенским. Как они характеризуют его интеллектуальный и культурный уровень развития?
2. Как уровень развития личности проявляется в быту? Расскажите, чем недоволен профессор Преображенский.
3. В литературе существует такой способ изображения героев, как речевая характеристика героев.

    Речевая характеристика – речь действующих лиц, которая характеризует их психологическое состояние, интеллектуальное развитие, культуру и т. д.

    Прочитайте диалог Шарикова с профессором Преображенским по ролям. Найдите слова и выражения, которые говорят герои. Запишите. Определите их стиль.

Профессор Преображенский	Человек
_____	_____
_____	_____
_____	_____

4. Что можно сказать о психологическом состоянии, интеллектуальном развитии, культуре этих героев? Почему они не понимают друг друга? Объясните смысл выражения *говорить на разных языках*. Можно ли так сказать о говорящих здесь людях?

5. Охарактеризуйте психологическое состояние профессора. По каким деталям вы это узнали? Почему он раздражен? Почему хочет выглядеть спокойным? Почему ему это плохо удается?

6. Менялся ли Шариков, живя рядом с интеллигентным, культурным, образованным человеком?

7. Что он понимал: обязанности или права? Что он умел: просить или требовать?

8. Что он требовал?

9. Почему профессора Преображенского так раздражает имя и отчество, которыми хочет назвать себя Шариков? Чтобы ответить на этот вопрос, посмотрите, что значит слово *полиграфия*. Ваш ответ будет более полным, если вы узнаете, что после революции стало модным давать детям имена, связанные с политическими событиями: Нинель (обратное – Ленин).

10. Почему повесть называется «Собачье сердце»?

11. Как название повести связано с идеей М.А. Булгакова? Что он утверждает: революционное или эволюционное развитие общества?

12. Верите ли вы, что человека можно изменить, если создать ему хорошие условия жизни, воспитывать? Что может изменить человека?

三
爱情与亲情主题

1. **Александр Сергеевич Пушкин** 亚·谢·普希金
   «К***(Я ПОМНЮ ЧУДНОЕ МГНОВЕНЬЕ...)»《致凯恩（我记得那美妙的一瞬……）》
   «Я ВАС ЛЮБИЛ:...»《我曾经爱过您》

2. **Афанасий Афанасиевич Фет** 阿·阿·费特
   «ШЁПОТ, РОБКОЕ ДЫХАНЬЕ»《悄悄的声息，怯怯的呼吸……》

3. **Анна Андреевна Ахматова** 安·安·阿赫玛托娃
   «ПЕСНЯ ПОСЛЕДНЕЙ ВСТРЕЧИ»《最后相见之歌吟》
   «ТЫ ПИСЬМО МОЁ, МИЛЫЙ, НЕ КОМКАЙ»《亲爱的，别把我的信揉成一团》
   «СЕРДЦЕ К СЕРДЦУ НЕ ПРИКО ВАНО...»《心同心无法锁在一起……》

4. **Константин Михаилович Симонов** 康·米·西蒙诺夫
   «ЖДИ МЕНЯ, ...»《等着我，……》

5. **Сергей Александрович Есенин** 谢·亚·叶赛宁
   «ПИСЬМО МАТЕРИ»《给母亲的信》

6. **Александр Иванович Куприн** 亚·伊·库普林
   «ГРАНАТОВЫЙ БРАСЛЕТ» (фрагмент)《石榴手镯》（节选）

7. **Алексей Максимович Горький** 阿·马·高尔基
   «МАКАР ЧУДРА» (фрагмент)《马卡尔·楚德拉》（节选）

8. **Иван Алексеевич Бунин** 伊·阿·布宁
   «ТЁМНЫЕ АЛЛЕИ»《幽暗的林荫道》

1. Александр Сергеевич Пушкин
亚·谢·普希金 (1799—1837)

К***	致凯恩
("Я ПОМНЮ ЧУДНОЕ МГНОВЕНЬЕ...")	("我记得那美妙的一瞬……")

Я помню чудное мгновенье:
Передо мной явилась ты,
Как мимолетное виденье,
Как гений чистой красоты.

我记得那美妙的一瞬：
在我的眼前出现了你，
有如昙花一现的幻影，
有如纯洁之美的天仙。

В томленьях грусти безнадежной,
В тревогах шумной суеты,
Звучал мне долго голос нежный,
И снились милые черты.

在那无望的忧愁的折磨中，
在那喧闹的浮华生活的困扰中，
我的耳边长久地响着你温柔的声音，
我还在睡梦中见到你可爱的倩影。

Шли годы.
Бурь порыв мятежный
Рассеял прежние мечты.
И я забыл твой голос нежный,
Твои небесные черты.

许多年过去了。
暴风骤雨般的激变
驱散了往日的梦想，
于是我忘记了你温柔的声音，
还有你那天仙似的倩影。

В глуши, во мраке заточенья
Тянулись тихо дни мои
Без божества, без вдохновенья,
Без слез, без жизни, без любви.

在穷乡僻壤，在囚禁的阴暗的生活中，
我的日子就那样静静地消逝，
没有倾心的人，没有诗的灵感，
没有眼泪，没有生命，也没有爱情。

Душе настало пробужденье:

如今灵魂已开始苏醒：

И вот опять явилась ты,	这时在我的面前又重新出现了你，
Как мимолетное виденье,	有如昙花一现的幻影，
Как гений чистой красоты.	有如纯洁之美的天仙。
И сердце бьется в упоенье,	我的心在狂喜中跳跃，
И для него воскресли вновь	心中的一切又重新苏醒，
И божество и вдохновенье,	有了倾心的人，有了诗的灵感，
И жизнь, и слезы, и любовь.	有了生命，有了眼泪，也有了爱情。
(1825)	（戈宝权译）

Анна Петровна Керн – живая, увлекающаяся, красивая и простодушная женщина, озарившая яркой романтической вспышкой годы пушкинского одиночества в Михайловском.

Словарно-стилистическая работа:

1. Прочитайте группу слов:

   виденье

   видеть

   видимый

   видный

   вид

   Определите их как части речи, найдите их значение. Составьте словосочетания с этими словами.

2. *Гений* – в переводе с греческого языка имеет значение «добрый дух». Определите значение этого слова в стихотворении. В каком значении употребляется слово в современном русском языке?

   Прочитайте группу слов:

   гений

   гениальность

   гениальный

   гениально.

   Определите их как части речи. Составьте словосочетания с этими словами.

3. *Томленье* (томление) – (1) Мучение, страдание.

(2) Беспокойство, ощущение тревоги, тоски.

(3) Состояние неги, истомы, расслабленности.

В каком из этих значений употреблено слово в стихотворении?

4. *Шумная суета.* Здесь речь идёт о праздниках, балах, дружеских обедах. Каким было отношение А.С. Пушкина к ним?

5. *Бурь порыв мятежный.* Здесь идёт речь о причинах ссылки поэта. Каковы они? Чтобы объяснить их, найдите символический смысл словабуря, значение словамятежный.

6. Упоение – состояние восторга, восхищения

Вопросы и задания:

1. Разделите стихотворение на части.
2. О чём говорится в первой части стихотворения? Второй? Третьей? Озаглавьте их.
3. Используя слова и словосочетания стихотворения, опишите образ женщины, которую воспел поэт.
4. Почему, описывая возрождение любви, А. С. Пушкин сначала говорит о том, что «душе настало пробужденье»?
5. Сравните слова «рождение» – «возрождение»? Как они помогают понять главную мысль стихотворения? Какова она?

"Я ВАС ЛЮБИЛ:..."

Я вас любил: любовь ещё, быть может,
　В душе моей угасла не совсем;
Но пусть она вас больше не тревожит;
　Я не хочу печалить вас ничем.

Я вас любил безмолвно, безнадежно,
　То робостью, то ревностью томим;
Я вас любил так искренно, так нежно,
　Как дай вам Бог любимой быть другим.

(1829)

我曾经爱过您

我爱过您：也许，我心中，
　爱情还没有完会消退；
但让它不再扰乱您吧，
　我丝毫不想使您伤悲。

我爱过您，默默而无望，
　我的心受尽羞怯、嫉妒的折磨；
我爱得那样真诚，那样温柔，
　愿别人爱您也能像我。

（戈宝权译）

Вопросы и задания:

1. Прочитайте первую строфу. Какие изобразительно-выразительные средства выбрал поэт, чтобы создать настроение грусти, печали?
2. Найдите метафору к слову *луна*. Нарисуйте устно образ зимней природы.
3. Найдите метафоры к слову *дорога*. Каков её образ? Какие детали дополняют этот образ?
4. Найдите значение слова *тройка*. Опишите детали, которые дополняют этот образ. Можно ли его назвать национальным русским образом?
5. Рассмотрите картину «Тройка». Опишите её используя слова и словосочетания из стихотеворения.

6. Русская песня: какая она?
7. Каково настроение стихотворения?
8. Прочитайте стихотворение выразительно.

2. Афанасий Афанасиевич Фет
阿·阿·费特 (1820—1892)

Он был художник в полном смысле этого слова.

А. Григорьев

Жизнь наносила ему удар за ударом, и, кроме горьких воспоминаний, она ничего не оставила в его сердце.

Мальчиком он узнал, что не может иметь фамилию отца (Шеншин), потому что отец вступил в брак с матерью поэта, Шарлоттой Фет, после рождения сына. Он считался незаконнорождённым сыном, поэтому не мог иметь дворянское звание, а значит, права на наследство.

Он учился сначала в немецкой школе – пансионе, затем в Московском университете. После окончания университета стал служить в армии, потому что так надеялся получить дворянство. Из-за бедности (отец ему почти не помогал) и неустроенного быта он не мог жениться, хотя его любила Мария Лазич, образованная, одарённая девушка, прекрасная пианистка. Рассказывают, что она свою судьбу решила печально и жестоко: она намеренно уронила горящую свечу, от которой загорелось её платье.

С 1853 года он чаще мог бывать в Петербурге, потому что служил близ него. Через три года вышел первый сборник стихотворений Фета. Он сразу стал известным поэтом. Вскоре он женился, полностью ушёл в хозяйственную деятельность. К концу жизни он добился всего: фамилии Шеншин, дворянского звания, богатства. Он оыл жестокий помещик, жадный, тоскующий и уставший от жизни. Но был другой Фет, никому неведомый, окружённый сиянием, с глазами из лазури и звёзд, и окрылённый. Об этом писал его близкий друг: «Ты состарился, а он молод! Ты отрицаешь всё, а он верит! Ты презираешь жизнь, а он зарыдать готов перед одним из её воплощений...»

Поэта–лирика мы чувствуем в его стихотворениях, в которых – вечные чувства. В них душа говорит с душой, со всей вселенной, с космосом, с каждой травкой и Божьей тварью. Здесь царит мир творчества, полёт духа, расцветает красота.

Лексико–стилистический комментарий:

1. *Пансион* (устаревшее) – закрытое учебное заведение, в котором воспитанники получают полное содержание (то есть учатся и живут бесплатно).

2. *Неведомый* – тот, которого никто не знает.

3. *Сияние* – яркий свет.

4. *Лазурь* – светло–синий цвет, синева.

5. *Окрыленный* – тот, кто имеет крылья; одухотворенный.

6. *Зарыдать* (сов. в.) – *рыдать* (несов. в.) – громко плакать.

7. *Божья тварь* – все живое на земле.

8. *Царит* – быть главным, главенствовать.

9. *Воплощение* – здесь в знач.: проявление.

Задание: *составьте план текста. Расскажите об А. А. Фете.*

Шёпот, робкое дыханье,	悄悄的声息，怯怯的呼吸，
Трели соловья,	夜莺的啼唱，
Серебро и колыханье	如梦的溪流，微漾的涟漪，
Сонного ручья,	银色的波光。
Свет ночной, ночные тени,	夜的明光，夜的暗影，
Тени без конца,	暗影无限长，
Ряд волшебных изменений	一个接一个变幻的表情，
Милого лица,	可爱的脸庞，
В дымных тучках пурпур розы,	笼烟的云中，绛红的玫瑰，
Отблеск янтаря,	琥珀的闪亮，
И лобзания, и слезы,	频频的吻，莹莹的泪，
И заря, заря!..	霞光啊霞光

(1850)

(顾蕴璞译)

Вопросы и задания:

1. Опишите словами картину, которую вы бы нарисовали, читая стихотворение. Какая это ночь?
2. К существительным запишите слова, от которых они образованы: шепот, дыханье, серебро, колыханье, пурпур. Почему поэт для описания волшебной ночи выбрал имена существительные?
3. Найдите в стихотворении повторы. Какова их роль?
4. В русской литературе образ соловья – символ любви. О чем нам говорят «трели соловья»?
5. О чем это стихотворение: о природе или о любви?

3. Анна Андреевна Ахматова
安 · 安 · 阿赫玛托娃 (1889—1966)

> *Я тогда была с моим народом*
> *Там, где мой народ, к несчастью, был...*
> *А. Ахматова*

Анна Андреевна Ахматова родилась под Одессой, в семье морского инженера. Настоящая фамилия – Горенко; Ахматова – её литературный псевдоним. Детские годы провела в Царском Селе. В 1907 г. окончила гимназию в Киеве. Училась на Высших историко-литературных курсах в Петербурге, где и прошла почти вся её жизнь. Путешествовала по Германии, Франции, Италии. Печататься начала в 1907 г.

Первый сборник стихов «Вечер» принес ей значительный успех. В нем привлекал внимание духовный мир женщины – современницы, соединение внешних примет времени с лирическими переживаниями героини.

После выхода второго сборника к Ахматовой пришла известность. События современности всегда находили отклик в её лирике, в том числе и события политические. В стихах, написанных сразу после Октября, открыто говорится о неприятии революционных событий, но одновременно с этим – о невозможности оставить Родину в дни испытаний.

В 1918–1923 гг. поэзия Ахматовой имела большой успех. С середины 20-х гг. началось многолетнее молчание. В 1936–1940 гг. её стихи печатались в различных изданиях, в 1940 г. вышел сборник «Из шести книг».

Во время войны 1941–1945 гг. написала цикл стихотворений «Мужество», посвященный защитникам Ленинграда.

В 1946 г. Ахматова была подвергнута жестокой, несправедливой критике, и лишь со второй половины 50–х гг. её стихи возвращаются к читателю. В 1965 году ей была присуждена почетная степень доктора литературы Оксфордского университета (в Англии). Умерла А. Ахматова в Москве, похоронена в Комарове, под Ленинградом.

Лексический комментарий:

1. *Псевдоним* – вымышленное (придуманное) имя, под которым часто выступают писатели, художники и др.
2. *Отклик* – ответ.
3. *Степень* – уровень, ступень, на которой находится, достигает кто–либо, что–либо.

Задание: расскажите о жизни А. А. Ахматовой.

ПЕСНЯ ПОСЛЕДНЕЙ ВСТРЕЧИ

Так беспомощно грудь холодела,
Но шаги мои были легки.
Я на правую руку надела
Перчатку с левой руки.
Показалось, что много ступеней,
А я знала – их только три!
Между кленов шёпот осенний
Попросил: Со мною умри!
Я обманут моей унылой,
Переменчивой, злой судьбой".
Я ответила: "Милый милый!
И я тоже. Умру с тобой..."
Это песня последней встречи.
Я взглянула на тёмный дом.
Только в спальне горели свечи
Равнодушно–желтым огнем.

最后相见之歌吟

胸口这般无助得发凉,
而我的脚步轻飘踉跄。
我把我左手的手套戴到了自己右手上。
我似乎感到已是许多台阶
可我知道,我只迈下三级!
槭树传出秋的低语
它求道:"你随我一起死去!
我被我的命运所欺骗,
它沮丧多变而又满带恶意。"
我答道:"亲爱的,亲爱的,
我亦如此,我和你一起去死……"
这是最后相见之歌吟。
我瞥一眼那晦暗的楼房。
只有蜡烛在卧室里闪亮
那烛光冷漠而又昏黄。

（王立业译）

(1911)

"ТЫ ПИСЬМО МОЁ, МИЛЫЙ, НЕ КОМКАЙ" "亲爱的，别把我的信揉成一团"

Ты письмо моё, милый, не комкай.
До конца его, друг, прочти.
Надоело мне быть незнакомкой, Быть чужой на твоем пути.
Не гляди так, не хмурься гневно.
Я любимая, я твоя.
Не пастушка, не королевна
И уже не монашенка я –
В этом сером, будничном платье,
На стоптанных каблуках...
Но, как прежде, жгуче объятье,
Тот же страх в огромных глазах.
Ты письмо моё, милый, не комкай,
Не плачь о заветной лжи,
Ты его в твоей бедной котомке
На самое дно положи.

(1912)

亲爱的，别把我的信揉成一团，奉劝你，朋友，还是把它看完，我不愿再装得和你素不相识，躲躲闪闪的生活我已厌倦。
不要这样看我，不要恼怒地蹙紧眉头，我是你的，是你心爱的密友。
我不是牧女，不是公主，
更不是修女，已把红尘看透，——
纵然我那灰不溜丢的裙子毫不起眼，
鞋后跟也已歪斜得很不雅观……
但是我的拥抱仍像过去一样炽烈，
往日的恐惧也仍旧主宰着我的两眼。
亲爱的，别把我的信揉成一团，
不必为心底的虚伪而泪水涟涟，
还是把信放到干瘪的背囊里去吧，
要放在底层，放在最最下面。

（戴聪译）

"СЕРДЦЕ К СЕРДЦУ НЕ ПРИКОВАНО..." "心同心无法锁在一起……"

Сердце к сердцу не приковано,
Если хочешь – уходи.
Много счастья уготовано
Тем, кто волен на пути.

Я не плачу, я не жалуюсь,
Мне счастливой не бывать.
Не целуй меня, усталую,–
Смерть придется целовать.

Дни томлений острых прожиты
Вместе с белою зимой.

心同心无法锁在一起，
只要你愿意，你就离去。
凡是一个人不受感情的拘縻，
无限的幸福就可任他摄取。

我不会哭泣，不会伤心，
反正我从来也不曾得到过幸福。
别吻我，别吻我这疲惫的女人，
因为死神就要来把我亲吻。

我度过了多少孤寂的晨昏，
陪伴我的只有白茫茫的冬季。

Отчего же, отчего же ты	冬季啊，为什么，
Лучше, чем избранник мой?	为什么我的情人偏偏不及你？
(1911)	（戴聪译）

Вопросы и задания:

1. Как раскрывает Анна Ахматова психологию героини в стихотворении «Песня последней встречи»?
2. Охарактеризуйте героиню стихотворения «Ты письмо моё, милый, не комкай»?
3. Какие взгляды Ахматовой на чувство любви отражены в стихотворении «Сердце к сердцу не приковано…»?
4. Какой смысл содержится в выражении Бродского об Ахматовой – «печальная Муза»?

4. Константин Михаилович Симонов
康·米·西蒙诺夫 (1915—1979)

Константин Симонов – известный поэт, прозаик, журналист, сценарист. Общественный деятель. Имеет звание Героя Социалистического Труда, получил Ленинскую и шесть Сталинских премий. Настоящая слава пришла к нему в 1941 году, когда он опубликовал свое стихотворение «Жди меня».

«Жди меня и я вернусь, только очень жди» – эти слова принадлежат удивительному человеку, необыкновенному драматургу, прозаику и поэту Константину Симонову. Судьба его складывалась нелегко, но у него хватило мужества преодолеть все трудности и прожить достойную жизнь, до конца выполнить свой военный и гражданский долг. Творческое наследие Симонова – это многочисленные стихи, очерки, романы, пьесы. В литературном мире с ним мало кто мог сравниться, ведь одно дело писать о выдуманных событиях, и абсолютно другое – описывать то, что пришлось пережить самому.

"ЖДИ МЕНЯ, ..."

Жди меня, и я вернусь. Только очень жди,
Жди, когда наводят грусть Желтые дожди,
Жди, когда снега метут,
Жди, когда жара,
Жди, когда других не ждут,
Позабыв вчера.

"等着我，……"

等着我，我一定回来，只是要苦苦地等待，
等到那苍黄的雨滴 勾起你忧愁满怀，
等到那大雪飞旋，
等到那酷暑难耐，
等到人们把昨日忘怀
不再把亲人等待。

Жди, когда из дальних мест 　　Писем не придёт, Жди, когда уж надоест 　　Всем, кто вместе ждёт	等到那远方的书信 　　不再飞来， 等到那和你一起等待的人 　　全都等得厌烦倦怠。
Жди меня, и я вернусь, 　　Не желай добра Всем, кто знает наизусть, 　　Что забыть пора. Пусть поверят сын и мать 　　В то, что нет меня, Пусть друзья устанут ждать, 　　Сядут у огня, Выпьют горькое вино 　　На помин души... Жди. И с ними заодно 　　Выпить не спеши. Жди меня, и я вернусь, 　　Всем смертям назло. Кто не ждал меня, тот пусть 　　Скажет: – Повезло. Не понять, не ждавшим им, 　　Как среди огня Ожиданием своим 　　Ты спасла меня. Как я выжил, будем знать 　　Только мы с тобой, – Просто ты умела ждать, 　　Как никто другой.	等着我，我一定回来， 　　不要祝那些人幸福安泰 他们算得一清二白， 　　忘却的时候已经到来。 纵使儿子与母亲相信 　　我已经不会再回来； 就让朋友们已经倦于等待， 　　任他们围坐在炉火旁， 共饮一杯苦酒， 　　对我的亡灵追悼伤怀…… 你万莫要急急和他们碰杯 　　你要把我等待。 等着我，我一定回来， 　　偏让那所有的死神拿我无奈 就让那不曾等待我的人 　　说我侥幸，活得意外。—— 那些不曾等待的人难以明白， 　　是你用你的等待， 激励我穿过纷飞战火， 　　拯救我活着回来。 我是如何活下来的呀， 　　只有我和你两个人明白—— 其他任何人断难做到， 　　唯有你善于等待。
(1941)	（王立业 译）

Вопросы и задания:

1. Какие чувства пронизывают стихотворение К. Симонова «Жди меня,..»?
2. Чем отличается это стихотворение К. Симонова от других любовных лирических стихотворений ?

5. Сергей Александрович Есенин
谢·亚·叶赛宁 (1895—1925)

Его поэзия есть разбрасывание обеими
пригоршнями сокровищ его души.
А. Толстой

Сергей Александрович Есенин родился в селе Константинове Рязанской губернии в крестьянской семье. Воспитывался у деда по матери, человека зажиточного и предприимчивого, знатока церковных книг. Окончил четырехклассное сельское училище, затем церковно-учительскую школу.

В 1912 г. Есенин переехал в Москву. Работал у купца в лавке, корректором в типографии, полтора года занимался на историко-философском отделении народного университета. Первые его стихи появились в 1914 г. в московских журналах.

В 1915 г. Есенин приезжает в Петроград, встречается с А. Блоком, который высоко оценил его стихи.

Есенин становится знаменитым, его приглашают на поэтические вечера и в литературные салоны. 1914–1917 годы были временем стремительного духовного роста поэта. В начале 1916 г. выходит его первая книга.

Некоторое время Есенин служил в царской армии. В годы революции был на стороне Октября, но принимал все по-своему, как он писал в автобиографии, «с крестьянским уклоном». Он считал, что революция принесет крестьянам «крестьянский рай».

В марте 1918 г. поэт снова поселился в Москве. В 1919–1921 гг. много путешествовал по России. Работая над поэмой «Пугачев», весной 1921 г. едет в оренбургские степи, добирается до Ташкента.

Цикл «Москва кабацкая», в который вошли стихотворения 1921–1924 гг., – свидетельство душевного спада, творческого кризиса поэта, вызванного неверием в строительство новой жизни, и последующего преодоления кризиса, духовного возрождения. В 1922–1923 гг. вместе с американской танцовщицей Айседорой Дункан, ставшей его женой, побывал в Германии, Франции, Бельгии, Италии, Америке.

1924–1925 годы – новый подъемом творчества Есенина.

До конца дней Есенин оставался поэтом предельной искренности. Его стихи отражали остроту противоречий жизни, разобраться в которых пытался поэт. В них звучат темы родины и революции, Руси новой и уходящей, тревога за судьбу русской деревни, призыв к милосердию и любви ко всему живому.

Умер С. Есенин в Ленинграде, покончив жизнь самоубийством. Существуют и другие версии о его смерти.

Лексический комментарий:

1. *Зажиточный* – состоятельный, обладающий хорошим достатком.
2. *Предприимчивый* – энергичный, находчивый и изобретательный, обладающий практической сметкой.
3. *Корректор* – работник типографии или издательства, занимающийся правкой корректур. Корректура – исправление ошибок, замеченных в оттиске с типографского набора.
4. *Салон* – здесь: круг избранных лиц, собравшихся в частном доме и объединенных общими интересами (литературными, художественными или политическими).
5. *Версия* – предположение.

Задание: расскажите о жизни и творчестве С. А. Есенина.

ПИСЬМО МАТЕРИ

Ты жива ещё, моя старушка?
Жив и я. Привет тебе, привет!
Пусть струится над твоей избушкой
Тот вечерний несказанный свет.

给母亲的信

你平安吧，我的老母亲？
我也挺好。我祝你安康！
愿你小屋的上空常常漾起
那无法描绘的薄暮的光亮。

Пишут мне, что ты, тая тревогу,	来信常说你痛苦不安，
Загрустила шибко обо мне,	深深地为着我忧伤，
Что ты часто ходишь на дорогу	你穿着破旧的短袄，
В старомодном ветхом шушуне.	常到大路上翘首远望。
И тебе в вечернем синем мраке	每当那苍茫的黄昏来临，
Часто видится одно и то ж:	你眼前总浮现一种景象：
Будто кто–то мне в кабацкой драке	仿佛有人在酒馆斗殴中
Саданул под сердце финский нож.	把芬兰刀捅进我的心房。
Ничего, родная! Успокойся.	不会的，我的亲娘！放心吧！
Это только тягостная бредь.	这只是揪心的幻梦一场。
Не такой уж горький я пропойца,	我还不是那样的醉鬼：
Чтоб, тебя не видя, умереть.	不见你一面就丧命身亡。
Я по–прежнему такой же нежный	我依旧是那样的温柔，
И мечтаю только лишь о том,	心里只怀着一个愿望：
Чтоб скорее от тоски мятежной	尽快地甩开那恼人的惆怅，
Воротиться в низенький наш дом.	回到我们那低矮的小房。
Я вернусь, когда раскинет ветви	我会回来的，当春回大地，
По–весеннему наш белый сад.	我们白色的花园枝叶绽放，
Только ты меня уж на рассвете	只是你不要像八年前那样，
Не буди, как восемь лет назад.	在黎明时分就唤醒我起床。
Не буди того, что отмечталось,	不要唤醒我旧日的美梦，
Не волнуй того, что не сбылось,–	不要为我未遂的宏愿沮丧，
Слишком раннюю утрату и усталость	因为我平生已经领略过
Испытать мне в жизни привелось.	那过早的疲惫和创伤。
И молиться не учи меня. Не надо!	不用教我祈祷。不必了！
К старому возврата больше нет.	重温旧梦已没有希望。
Ты одна мне помощь и отрада,	唯有你是我的救星和慰藉，
Ты одна мне несказанный свет.	唯有你是我无法描绘的光亮。

Так забудь же про свою тревогу,
　Не грусти так шибко обо мне.
　　Не ходи так часто на дорогу
　　В старомодном ветхом шушуне.

(1924)

你就忘掉痛苦不安吧，
不要为我深深地忧伤，
切莫穿着破旧的短袄，
常到大路上翘首远望。

（顾蕴璞译）

Вопросы и задания :

Каков характер лирического героя в стихотворении «Письмо матери» Сергея Есенина?

6. Александр Иванович Куприн
亚 · 伊 · 库普林 (1870—1938)

> *У него настоящий, прекрасный,*
> *настоящий талант!*
> *Л.Н. Толстой*

Александр Иванович Куприн родился в г. Наровчат Пензенской губернии в небогатой чиновничьей семье. Детство и юность Куприна прошли в Москве, куда приехала его мать после смерти мужа. В 1876–1880 гг. воспитывался в сиротском пансионе, затем 10 лет провёл в закрытых военных учебных заведениях. Первый рассказ Куприна «Последний дебют» был опубликован в 1889 г. По окончании военного училища (1890) служил в заштатных городах, где узнал будничную жизнь царской армии. В 1894 г. Куприн оставил службу, переехал в Киев, став профессиональным литератором.

Писал очерки, рассказы, повести. Его повести «Поединок», «Гранатовый браслет», «Молох», «Олеся» стали классикой русской литературы. В них писатель поднимает «вечные» проблемы: человек, природа, любовь.

Будучи противником насилия, не смог принять Октябрьскую революцию. Он был мобилизован в действующую белую армию, вместе с отступающими войсками покинул Россию. В годы эмиграции, живя в Париже, в основном писал воспоминания. В 1937 г. Куприн, тяжело больной, возвратился на Родину. Умер в 1938 году.

Лексический комментарий:

1. *Заштатный* – здесь в значении: далекий от столицы.
2. *Сиротский пансион* – частное закрытое учебное заведение для детей, у которых нет родителей.
3. *Молох* – бог огня.

Задание: расскажите о жизни А. И. Куприна.

ГРАНАТОВЫЙ БРАСЛЕТ

(фрагмент)

L. van Beethoven. 2.Son. (op. 2. № 2),

I

В середине августа наступили отвратительные погоды, какие свойственны северному побережью Черного моря. Обитатели пригородного морского курорта поспешно перебирались в город. Но к началу сентября погода вдруг резко и совсем неожиданно переменилась. Сразу наступили тихие безоблачные дни, такие ясные, солнечные и теплые, каких не было даже в июле.

Вера Николаевна Шеина не могла покинуть дачи, потому что в их городском доме ещё не закончили с ремонтом.

II

Кроме того, сегодня был день её именин – семнадцатое сентября. Она была одна во всём доме. К обеду муж обещал привезти немногих и только самых близких знакомых. Здесь, на даче, можно было обойтись самыми небольшими расходами. Князь Шейн, несмотря на своё видное положение в обществе, а может быть, и благодаря ему, едва сводил концы с концами. Жить приходилось выше средств: делать приёмы, заниматься благотворительностью, хорошо одеваться, держать лошадей и т. д. Княгиня Вера, у которой прежняя страстная любовь к мужу давно перешла в чувство прочной, верной, истинной дружбы, старалась всеми силами помогать князю и, насколько возможно, экономила в домашнем хозяйстве.

III

После пяти часов стали съезжаться гости. Среди них был генерал Амосов, тучный, высокий, серебряный старец. У него было большое, грубое, красное лицо с мясистым носом и с тем добродушно–величавым, чуть–чуть презрительным выражением в прищуренных глазах, какое свойственно мужественным и простым людям, видавшим часто и близко перед своими глазами опасность и смерть.

Он был когда–то женат, но так давно, что даже забыл об этом. Его жена сбежала от него с проезжим актёром. Генерал посылал ей пенсию вплоть до самой её смерти, но в дом к себе не пустил, несмотря на сцены раскаяния и слёзные письма. Детей у них не было.

IV

Когда все вышли из–за стола, Веру Николаевну с несколько таинственным видом позвала горничная.

–Что такое, Даша? – с неудовольствием спросила княгиня Вера, проходя в свой маленький кабинет. – Что у вас за глупый вид? И что такое вы вертите в руках?

Даша положила на стол небольшой квадратный предмет, завёрнутый аккуратно в белую бумагу и тщательно перевязанный розовой ленточкой.

–Я, ей–Богу, не виновата, ваше сиятельство, – лепетала она, вспыхнув румянцем от обиды. – Он пришёл и сказал...

–Кто такой – он?

–Красная шапка, ваше сиятельство... посыльный.

–И что же?

–Пришёл на кухню и положил вот это на стол. «Передайте, – говорит, – вашей барыне, говорит, в ихние собственные руки». Я спрашиваю: от кого? А он говорит: «Здесь всё написано». И убежал.

–Подите догоните его.

–Никак не догонишь, ваше сиятельство. Он приходил в середине обеда, я только вас не решалась обеспокоить, ваше сиятельство. Полчаса времени прошло.

–Ну хорошо, идите.

Она разрезала ножницами ленту. Под бумагой оказался небольшой ювелирный футляр. Вера подняла крышечку и увидела овальный золотой браслет. Он был золотой, низкопробный, очень тяжелый. Посередине браслета были пять прекрасных гранатов–камней, каждый величиной с горошину. Когда Вера случайным движением удачно повернула браслет перед огнём электрической лампочки, то в них вдруг загорелись прелестные густо–красные живые огни.

«Точно кровь!» – подумала она с неожиданной тревогой.

Потом она вспомнила о письме и развернула его. Она прочитала:

«Ваше Сиятельство,

Глубокоуважаемая Княгиня

Вера Николаевна!

Почтительно поздравляю Вас с светлым и радостным днём Вашего Ангела и осмеливаюсь препроводить Вам моё скромное верноподданническое подношение».

«Ах, это – тот!» – с неудовольствием подумала Вера. Но читала письмо…

«Я бы никогда не позволил себе преподнести Вам что–либо, выбранное мною лично: для этого у меня нет ни права, ни тонкого вкуса и – признаюсь – ни денег. Впрочем, полагаю, что и на всём свете не найдётся сокровище, достойное украсить Вас.

Но этот браслет принадлежал ещё моей бабушке, а потом носила его моя покойная матушка…

Вы можете выбросить эту смешную игрушку или подарить её кому–нибудь, но я буду счастлив тем, что к ней прикасались Ваши руки…

Ваш до смерти и после смерти покорный слуга.

Г. С. Ж.»

«Показать Васе иди не показать? И если показать, то когда? Сейчас или после гостей?»

Так раздумывала княгиня Вера и не могла отвести глаз от пяти алых кровавых огней, дрожавших внутри пяти гранатов.

V

… Долгий осенний закат догорал. Гости почти все уехали. Дедушка Амосов тоже собрался уезжать. Княгиня Вера с сестрой Анной пошла его провожать. Перед тем как уходить, Вера подошла к мужу и сказала ему тихо: «Поди посмотри… там у меня в столе, в ящичке, лежит красный футляр, а в нём письмо. Прочитай его».

VI

По дороге генерал Амосов рассуждал о любви.

– В большинстве случаев почему люди женятся? Возьмём женщину. Стыдно оставаться в девушках… Желание быть хозяйкой, главой в доме, дамой, самостоятельной… К тому же потребность материнства и чтобы начать вить своё гнездо. А у мужчин другие мотивы. Во–первых, усталость от холостой жизни, от беспорядка в комнатах, от долгов и прочее и прочее. Во–вторых, чувствуешь, что семьёй жить выгоднее, здоровее и экономнее. В–третьих, думаешь: вот пойдут детишки, – я–то умру, а часть меня всё–таки останется на свете... А где же любовь–то? Любовь бескорыстная, самоотверженная, не ждущая награды? Та, про которую сказано – «сильна, как смерть»? Такая любовь, для которой совершить любой подвиг, отдать жизнь, пойти на мучения – вовсе не труд, а одна радость. Любовь должна быть трагедией. Величайшей тайной в мире! Никакие жизненные удобства, расчёты, компромиссы не должны её касаться.

– Вы видели когда–нибудь такую любовь, дедушка? – тихо спросила Вера.

– Нет, – ответил старик решительно. – Я, правда, знаю два случая похожих...

– Ну а женщин, дедушка, женщин вы встречали любящих?

– О конечно, Верочка. Я даже больше скажу: я уверен, что почти каждая женщина способна в любви на самый высокий героизм. Пойми, она целует, обнимает – и она уже мать. Для неё, если она любит, любовь заключает весь смысл жизни – всю вселенную!.. Ну скажи же. моя милая, по совести, разве каждая женщина в глубине своего сердца не мечтает о такой любви – всепрощающей, на всё готовой, скромной и самоотверженной?

– О конечно, конечно, дедушка...

Немного помолчав, он вдруг спросил:

– Скажи мне, Верочка, если только тебе не трудно, что это за история с телеграфистом?

– Разве вам интересно, дедушка?

– Как хочешь, как хочешь, Вера. Если тебе почему–то неприятно...

– Да вовсе нет. Я с удовольствием расскажу.

И она рассказала ему о каком–то безумце, который начал преследовать её своей любовью ещё за два года до её замужества.

Она ни разу не видела его и не знает его фамилии. Он только писал ей письма и в письмах подписывался Г. С. Ж. Однажды он обмолвился, что служит в каком–то учреждении маленьким чиновником, – о телеграфе он не говорил ни слова. Очевидно, он постоянно следил за ней, потому что в письмах точно указывал, в каком обществе и как она была одета. Сначала он писал о своей любви. Но однажды Вера попросила его письменно не утруждать её больше своей любовью. С тех пор он замолчал о любви и стал писать лишь изредка: на пасху, на Новый год и в день её именин. Княгиня Вера рассказала также и о сегодняшней посылке и даже почти дословно передала странное письмо своего таинственного обожателя...

–Да–а, – сказал генерал наконец. – Может быть, это просто ненормальный малый, маньяк, а – может быть, твой жизненный путь, Верочка, пересекла именно такая любовь, о которой мечтают женщины...

VII

Проводив гостей, княгиня Вера с неприятным чувством вошла в дом. Она ещё издали услышала громкий голос брата Николая и увидела его высокую, худую фигуру. Он быстро ходил из угла в угол. Василий Львович, муж Веры, сидел у столика и чертил мелом по зелёному сукну.

–Я давно настаивал! – говорил Николай раздражённо. – Я давно настаивал, чтобы прекратить эти дурацкие письма. Ещё Вера за тебя замуж не выходила, когда я уверял, что ты и Вера тешитесь ими, как ребятишки, видя в них только смешное... Вот, кстати, и сама Вера... Мы, Верочка, говорим сейчас с Василием Львовичем об этом твоём сумасшедшем, о твоём Пе Пе Же. Я считаю эту переписку дерзкой и пошлой.

–Переписки вовсе не было, – холодно остановил его Шеин. – Писал он один...

Вера покраснела при этих словах и села на диван.

–А я не понимаю, почему ты называешь его моим, – сказала Вера. – Он также мой, как и твой...

–Хорошо, извиняюсь. Я хочу только сказать, что его глупостям нужно положить конец...

–Я тоже так думаю, – согласилась Вера. – Но как это сделать? Ведь мы не знаем ни имени, ни фамилии, ни адреса.

–О, это–то совсем пустое дело! – возразил пренебрежительно Николай Николаевич.– Нам известны инициалы этого Пе Пе Же... Как его, Вера?

–ГэЭсЖе.

–Вот и прекрасно. Кроме того, нам известно, что он где–то служит. Этого совершенно достаточно...

–Я сам поеду к этому ... юноше... хотя, Бог его знает, может быть, ему шестьдесят лет?.. Вручу ему браслет и прочитаю хорошую, строгую нотацию... – сказал Василий Львович.

–Тогда и я с тобой, – быстро прервал его Николай Николаевич. – Ты слишком мягок... А теперь, друзья мои, – он вынул карманные часы и поглядел на них, – вы извините меня, если я пойду к себе.

–Мне почему–то стало жалко этого несчастного, – нерешительно сказала Вера.

—Жалеть его нечего, – резко сказал Николай, оборачиваясь в дверях.

На следующий день мужчины пошли к Желткову.

... Лица хозяина сначала не было видно: он стоял спиною к свету и в замешательстве потирал руки. Он был высок ростом, худощав, с длинными, пушистыми мягкими волосами.

—Если не ошибаюсь, господин Желт–ков? – спросил высокомерно Николай Николаевич.

—Желтков. Очень приятно. Позвольте иредставиться.

Худые, нервные пальцы Желткова забегали по борту коричневого короткого пиджачка, расстёгивая и застегивая пуговицы. Наконец он с трудом произнес, указывая на диван и неловко кланяясь:

—Прошу покорно. Садитесь.

Теперь он стал виден весь: бледный, с нежным девичьим лицом, с голубыми глазами и упрямым детским подбородком с ямочкой по середине; лет ему, должно быть, было около тридцати, тридцати пяти.

—Дело, с которым мы будем говорить с вами, одинаково касается и меня, и князя, вернее, супруги князя, а моей сестры.

—Я к вашим услугам, ваше сиятельство. – прошептал он, глядя на Василия Львовича умоляющими глазами.

Но Шеин молчал. Заговорил Николай Николаевич.

—Во–первых, позвольте возвратить вам вашу вещь, – сказал он и, достав из кармана красный футляр, аккуратно положил его на стол.

—Простите... Я сам знаю, что очень виноват, – прошептал Желтков, глядя вниз, на пол, и краснея.

—Видите ли, господин Желтков, – сказал Николай Николаевич. - Вы, если не ошибаюсь, преследуете княгиню Веру Николаевну уже около семи–восьми лет?

—Да, – ответил Желтков и опустил ресницы благоговейно.

—И мы до сих пор не принимали против вас никаких мер, хотя – согласитесь, – это не только можно было бы, а даже и нужно было сделать. Не правда ли?

—Да.

—Теперь мы вьнуждены обратиться к помощи власти.

—Простите. Как вы сказали? – спросил Желтков и рассмеялся. – Вы хотели обратиться к власти?.. Именно так вы сказали?

Он положил руки в карманы, сел удобно в угол дивана, закурил.

—У меня есть несколько слов для князя Василия Львовича, – сказал он. – Сейчас настала самая тяжёлая минута в моей жизни. И я должен, князь, говорить с вами без всяких условностей. Вы меня выслушаете?

—Слушаю, – сказал князь.

—Трудно выговорить такую... фразу... что я люблю вашу жену. Но семь лет безнадежной и вежливой любви дают мне право на это. Я соглашусь, что в начале, когда Вера Николаевна была ещё барышней, я писал ей глупые письма и даже ждал на них ответа. Я соглашаюсь с тем, что мой последний поступок, именно посылка браслета, была ещё большей глупостью. Но... вот я вам прямо гляжу в глаза и чувствую, что вы меня поймёте. Я знаю, что не в силах разлюбить её никогда... Скажите, князь... предположим, что вам это неприятно... скажите, – что бы вы сделали для того, чтоб оборвать эти чувства? Выслать меня в другой город? Все равно и там так же я буду любить Веру Николаевну, как здесь. Заключить меня в тюрьму? Но и там я найду способ дать ей знать о себе. Остается только одно – смерть... Вы позволите мне уйти на десять минут? Не скрою, что я пойду говорить по телефону с княгиней Верой Николаевной.

—Идите, – сказал князь.

—Так нельзя, – кричал Николай Николаевич.

—Подожди, – сказал князь Василий Львович. – Мне жалко этого человека. Я чувствую, что присутствую при какой–то громадной трагедии души.

Через десять минут Желтков вернулся. Глава его блестели и были глубоки, как будто наполнены не пролитыми слезами.

—Я готов, – сказал он, – и завтра вы обо мне ничего не услышите. Я как будто бы умер для вас. Вы позволите мне написать ещё последнее письмо княгине Вере Николаевне?

—Нет, никаких писем, – закричал Николай Николаевич.

—Хорошо, пишите, – сказал князь.

—Вот и всё, – произнес, медленно улыбаясь, Желтков. – Княгиня Вера Николаевна совсем не хотела со мной говорить и просила быстрей прекратить эту историю. Вот я и прекращаю.

Вечером, приехав на дачу, Василий Львович передал жене подробности разговора.

—Я знаю, – встревоженно сказала она, – этот человек убьёт себя.

IX

Утром Вера Николаевна, развернув газету, прочла:

«Загадочная смерть. Вчера вечером, около семи часов, покончил жизнь самоубийством чиновник Г. С. Желтков».

Вера подумала про себя:

«Почему я это предчувствовала? Именно этот трагический исход? И что это было: любовь или сумасшествие?»

Вдруг вспомнились ей слова дедушки:

«Почём знать, может быть, твой жизненный путь пересекла настоящая, самоотверженная, истинная любовь».

В шесть часов вечера пришёл почтальон. Он принёс письмо от Желткова.

«Я не виноват, Вера Николаевна, что Богу было угодна послать мне любовь к Вам.

Я бесконечно благодарен Вам только за то, что Вы существуете. Я проверял себя – это не болезнь, не маниакальная идея – это любовь, которую Богу угодно было за что-то меня вознаградить.

Пусть я был смешон в Ваших глазах и в глазах Вашего брата, Николая Николаевича. Уходя, я в восторге говорю: «ДА СВЯТИТСЯ ИМЯ ТВОЁ».

Если Вы обо мне вспомните, то сыграйте или прикажите сыграть сонату Бетховена «Д–дур № 2, оп.2.»

Я не знаю, как мне кончить письмо. От глубины души благодарю Вас за то, что Вы были моей единственной радостью в жизни, единственным утешением, единственной мыслью. Дай Бог Вам счастья, и пусть ничто временное и житейское не тревожит Вашу прекрасную душу. Целую Ваши руки».

Лексический комментарий:

1. *Сводить концы с концами* (фразеологизм) – кое–как справляться с материальными затруднениями, перебиваться, нуждаться.
2. *Тучный* – толстый
3. *Горничная* – работница, убирающая комнаты и прислуживающая в них.
4. *Низкопробный* – низкой пробы, с большой примесью меди и олова (о золоте, серебре).

5. *Гранат* – драгоценный камень, обычно красного цвета.

6. *Ваше Сиятельство* – в дореволюционной России форма почтительного обращения к лицам, занимающим высокое положение в обществе.

7. *С Днём Ангела* – в дореволюционной России существовал обычай называть ребёнка именем Ангела, который будто бы оберегал человека в течение всей его жизни. 30 сентября – День Ангелов Веры, Надежды, Любови и их матери Софии. В повести можно точно сказать, когда родилась Вера Николаевна, потому что раньше день рождения и именины были синонимами.

8. *Верноподданнический* – соблюдающий верность высокому лицу.

9. *Сокровище* – о ком–либо, о чем–либо ценном, дорогом для кого–либо.

10. *Покойная* – умершая.

11. *Холостой* – неженатый.

12. *Самоотверженный* – готовый жертвовать собой для блага других, для общего блага.

13. *Компромисс* – соглашение с кем–либо путём взаимных уступок.

14. *В замешательстве* – в смущении, растерянности.

15. *Борт пиджака* – левый или правый край одежды (пиджака, пальто и т. д.).

16. *Благоговейно* (наречие) – с особым уважением, почтением к кому–либо, чему–либо,

17. *Барышня* – молодая девушка.

18. *Исход* – окончание, завершение, конец.

19. *Почём* (устаревшее) – откуда.

20. *Маниакальная идея* – связанная с манией, представляющая собой манию.

21. *Мания* – болезненное психическое состояние с сосредоточением сознания и чувств на какой–либо одной идее.

22. *Маньяк* – человек, которым владеет маниакальная идея.

23. *Да святится имя твоё* (церковное) – пусть будет святым имя твоё.

24. *Соната* – музыкальное произведение, состоящее из трёх или четырёх различных по характеру и темпу частей.

25. *Людвиг ван Бетховен* – немецкий композитор XIX века.

Вопросы и задания:

1. Какова тема повести «Гранатовый браслет»?

2. Как складывались отношения князя Шеина и Веры Николаевны? Можно ли говорить

о том, что в их жизни не стало любви?

3. Прочитайте монолог генерала Амосова. В чем он видел мотивы брака? Согласны ли вы с его мнением?
4. Каков идеал настоящей любви у генерала Амосова? Найдите изобразительно-выразительные средства речи, раскрывающие этот идеал.
5. Кто такой Желтков? Каково его положение в обществе? Почему А.И.Куприн сделал его главным героем?
6. Опишите внешность Желткова. Как она отражает его внутренний мир?
7. Какой была любовь Желткова? Найдите эпитет, характеризующий её.
8. Прочитайте сцену разговора Желткова с князем Шеиным и Николаем Николаевичем, братом Веры, по ролям. Ответьте на вопросы:

 а. Почему Николай Николаевич относится к Желткову высокомерно?

 б. Почему у князя Шеина он вызывает уважение?

 в. Почему он разрешает ему поговорить с Верой Николаевной?

9. Почему Желтков окончил жизнь самоубийством? Ожидали ли вы такой финал? Какое чувство вызывает финал у вас?
10. Какова идея (основная мысль) повести?
11. Какую любовь утверждает А. И. Куприн? Выпишите слова и словосочетания, подтверждающие авторскую позицию. Есть ли такая любовь в жизни?
12. Почему эпиграфом к повести стало музыкальное произведение? Как эпиграф связан с идеей повести?
13. Какое значение в сюжете повести имеет музыка?

7. Алексей Максимович Горький
阿·马·高尔基 (1868—1936)

И все–таки вы романтик!
В.Г. Короленко

Алексей Максимович Горький (настоящая фамилия Пешков) родился в Пермской губернии. Отец – сын солдата, мать – мещанка. Когда мальчику было четыре года, умер отец. Мать вместе с сыном переехала в Нижний Новгород, к своему отцу, у которого была красильная мастерская. Алёша окончил два класса, когда разорился дед. Пришлось идти в «люди», то есть быть «мальчиком в магазине» модной обуви, учеником у чертежника, посудником на пароходе, учеником в иконописной мастерской.

В 1884 году Горький поехал в Казань, чтобы поступить в университет, но не сдал экзамены. Его университетами стала жизнь.

В 1888 году будущий писатель прошёл пешком всю Россию от Нижнего Новгорода до Астрахани. Он хотел видеть, где он живёт, что за народ вокруг него. Через три года – второе хождение по России.

В 1892 году был написан рассказ «Макар Чудра». Начав работать в газете, продолжал писать рассказы, много читал.

Когда вышла первая книга Горького «Очерки и рассказы», о нем заговорили. А. П. Чехов писал: «Талант и притом настоящий, большой талант».

«Фома Гордеев», «Мать», «Жизнь Клима Самгина» – знаменитые произведения писателя.

А. М. Горький стал известен не только как писатель, но и как драматург.

С 1922 по 1932 годы А. М. Горький жил на острове Капри в Италии. Вернувшись в Россию, жил в Москве. Умер в 1936 году.

Лексический комментарий:

1. *Мещанка* – лицо, принадлежавшее в дореволюционной России к состоянию купцов, ремесленников, низших служащих (отец матери имел красильную мастерскую).
2. *Красильная мастерская* – мастерская по окрашиванию тканей.

Задание: расскажите о жизни А.М.Горького.

МАКАР ЧУДРА
(фрагмент)

Был на свете Зобар, молодой цыган, Лойко Зобар. Удалой был малый. Уж коли ему понравился конь, так хоть полк солдат поставь сторожить того коня – все равно Зобар на нем гарцевать станет! Эге! Разве он кого боялся?

И все таборы его знали или слыхали о нем. Он любил только коней и ничего больше, и то недолго да и продаст, а деньги, кто хочет, тот и возьми. У него не было заветного – нужно тебе его сердце, он сам бы вырвал его из груди, да тебе и отдал, только бы тебе от того хорошо было. Вот он какой был, сокол.

Раз – ночью весенней – сидим мы: я (Макар Чудра), Данило–солдат, и Нур старый, и все другие, и Радда, Данилова дочка.

О ней, этой Радде, словами и не скажешь ничего. Может быть, её красоту можно бы на скрипке сыграть, да и то тому, кто эту скрипку, как свою душу, знает.

Много посушила она сердец молодецких, ого, много!

Да! Так вот раз ночью сидим мы и слышим – музыка плывет по степи. Хорошая музыка! Кровь загоралась в жилах от неё, и звала она куда–то. Всем нам, мы чуяли, от той музыки захотелось чего–то такого, после чего бы и жить уж не нужно было, или, коли жить, так – царями над всей землёй, сокол!

Вот из темноты вырезался конь, а на нем человек сидит и играет, подъезжая к нам. Остановился у костра, перестал играть, улыбаясь, смотрит на нас!

–Эге, Зобар, да это ты! – крикнул ему Данило радостно. Так вот он, Зобар!

Усы легли на плечи и смешались с кудрями, очи, как ясные звезды, горят, а улыбка – целое солнце, ей–богу! Точно его ковали из одного куска железа вместе с конем. Стоит весь, как в крови, в огне костра и сверкает зубами, смеясь!

Вот какие люди бывают! С таким человеком ты и сам лучше становишься. Мало, друг, таких людей!

Радда и говорит: «Хорошо ты, Лойко, играешь! Кто это сделал тебе скрипку такую звонкую и чуткую?» А тот смеется: «Я сам делал! И сделал её не из дерева, а из груди молодой девушки, которую любил крепко, а струны из её сердца мною свиты. Врет ещё немного скрипка, ну, да я умею смычок в руках держать!»

Радда отвернулась в сторону и, зевнув, сказала: «А ещё говорили, что Зобар умен и ловок, – вот лгут люди!» – и пошла прочь.

–Эге, красавица, у тебя остры зубы! – сверкнул очами Лойко, слезая с коня.– Здравствуйте, братья! Вот и я к вам!

Живём мы да живём на том месте, дела у нас о ту пору хорошие были, и Зобар с нами. Это был товарищ! Начнет говорить – век бы не спал, слушал его! А играет! Проведет, бывало, по струнам смычком – и вздрогнет у тебя сердце, проведет ещё раз – и замрет оно, слушая, а он играет и улыбается. И плакать и смеяться хотелось в одно время, слушая его.

Всё он мог сделать с человеком, и все любили его, крепко любили, только Радда одна не смотрит на парня. Крепко она задела за сердце Зобара, то–то крепко! Уйдёт ночью далеко в степь Лойко, и плачет до утра его скрипка, плачет, хоронит Зобарову волю. А мы лежим да слушаем и думаем: как быть?

Вот сидели мы, все в сборе, и говорили о делах. Скучно стало. Данило и просит Лойко: «Спой, Зобар, песенку, повесели душу!» Тот посмотрел на Радду, что неподалеку от него лежала кверху лицом, глядя в небо, и ударил по струнам. Так и заговорила скрипка, точно это и вправду девичье сердце было!

Вот пел! Никто уж так не поёт теперь! А Радда и говорит, точно воду цедит:

–Ты бы не залетал так высоко, Лойко, а то упадёшь, да – в лужу носом, усы запачкаешь, смотри. – Зверем посмотрел на неё Лойко, а ничего не сказал – стерпел парень и поёт себе.

–Это песня! – сказал Данило. – Никогда не слыхал такой песни.

И всем нам по душе была удалая Зобарова песня! Только Радде не понравилась.

–Вот так однажды комар гудел, орлиный клекот передразнивая, – сказала она, точно снегом в нас кинула.

...И снова уж лежит девка не шевелясь да усмехается молча. Мы смотрим, что будет, а Лойко сидит на земле и сжал руками голову, точно боится, что она у него лопнет. А потом встал тихо да и пошёл в степь, ни на кого не глядя. Нур шепнул мне: «Смотри за ним!»

Шёл Лойко нога за ногу, повеся голову и опустив руки, как плети, и, придя в балку к ручью, сел на камень и охнул. Так охнул, что у меня сердце кровью облилось от жалости, но всё ж не подошёл к нему. Словом горю не поможешь – верно?! Час он сидит, другой сидит и третий не шелохнется – сидит.

И я лежу неподалеку. Ночь светлая, месяц серебром всю степь залил, и далеко все видно.

Вдруг вижу: от табора спешно Радда идёт.

Вот она подошла к нему, он и не слышит. Положила ему руку на плечо; вздрогнул Лойко, разжал руки и поднял голову. И как вскочит, да за нож!

–Брось! Голову разобью! – Смотрю: у Радды в руке пистоль, и она в лоб Зобару целит.

–Слушай! – Радда заткнула за пояс пистоль и говорит Зобару: – Я не убить тебя пришла, а мириться, бросай нож! – Тот бросил и хмуро смотрит ей в очи.

–Ну, слушай меня, Лойко: я тебя люблю! – говорит Радда. Тот только плечами повел.

–Видала я молодцов, а ты удалей и краше их душой и лицом. Никогда я никого не любила, Лойко, а тебя люблю. А ещё я люблю волю! Волю–то, Лойко, я люблю больше, чем тебя. А без тебя мне не жить, как не жить и тебе без меня. Так вот я хочу, чтоб ты бьш моим и душой и телом, слышишь? – Тот усмехнулся.

–Слышу! Весело сердцу слушать твою речь! Ну–ка, скажи ещё!

–А ещё вот что, Лойко: всё равно, как ты ни вертись, я тебя одолею, моим будешь. Так не теряй же даром времени – впереди тебя ждут мои поцелуи да ласки... крепко целовать я тебя буду, Лойко!... Так не теряй даром времени, – сказала я это, значит, ты завтра покоришься мне. Поклонишься мне в ноги перед всем табором и поцелуешь правую руку мою – и тогда я буду твоей женой.

Прянул в сторону Лойко и крикнул на всю степь, как раненный в грудь. Дрогнула Радда, но не выдала себя.

–Ну, так прощай до завтра, а завтра ты сделаешь, что я велела тебе. Слышишь,

Лойко?

—Слышу! Сделаю, – застонал Лойко и протянул к ней руки. Она и не оглянулась на него, а он зашатался, как сломанное ветром дерево, и пал на землю, рыдая и смеясь.

Вот как замаяла молодца, проклятая Радда. Насилу я привел его в себя.

Воротился я в табор и рассказал о всем старикам. Подумали и решили подождать да посмотреть – что будет из этого. А было вот что. Когда собрались все мы вечером вокруг костра, пришёл и Лойко. Он похудел за ночь страшно, глаза ввалились; он опустил их и, не подымая, сказал нам:

—Вот какое дело, товарищи: смотрел в своё сердце этой ночью и не нашёл места в нем старой вольной жизни моей. Радда там живёт только – и всё тут! Вот она, красавица Радда, улыбается, как царица! Она любит свою волю больше меня, а я её люблю больше своей воли, и решил я Радде поклониться в ноги, так она велела, чтоб все видели, как её красота покорила удалого Дойку Зобара. А потом она станет моей женой и будет ласкать и целовать меня, так что уже мне и песен петь вам не захочется, и воли моей я не пожалею! Так ли, Радда? – Он поднял глаза и посмотрел на неё. Она молча и строго кивнула головой и рукой указала себе на ноги. А мы смотрели и ничего не понимали. Даже уйти куда–то хотелось, лишь бы не видеть, как Лойко Зобар упадет в ноги девке – пусть эта девка и Радда. Стыдно было чего–то, и жалко, и грустно.

—Ну! – крикнула Радда Зобару.

—Эге, не торопись, успеешь, надоест ещё... – засмеялся он. Точно сталь зазвенела,– засмеялся.

—Так вот и всё дело, товарищи! Что остаётся? А остаётся попробовать, такое ли у Радды моей крепкое сердце, каким она мне его показывала. Попробую же, простите меня, братцы!

Мы и догадаться ещё не успели, что хочет делать Зобар, а уж Радда лежала на земле, и в груди у неё по рукоять торчал кривой нож Зобара. Оцепенели мы.

А Радда вырвала нож, бросила его в сторону и, зажав рану прядью своих черных волос, улыбаясь, сказала громко:

—Прощай, Лойко! Я знала, что ты так сделаешь!.. – да и умерла...

—Эх! да и поклонюсь же я тебе в ноги, королева гордая! – на всю степь гаркнул Лойко да, бросившись наземь, прильнул устами к ногам мертвой Радды и замер. Мы сняли шапки и стояли молча. Что скажешь в таком деле, сокол? То–то! Нур сказал: «Надо связать его!..» Не поднялись бы руки вязать Лойко Зобара, ни у кого не поднялись бы, и Нур знал это. Махнул он рукой, да и отошёл в сторону. А Данило поднял нож, брошенный в сторону Раддой, и долго смотрел на него, а потом подошёл Данило к Зобару и сунул ему нож в спину как раз против сердца. Тоже отцом был Радде старый солдат Данило!

– Вот так! – повернувшись к Даниле, ясно сказал Лойко и ушёл догонять Радду.

А мы смотрели. Лежала Радда, прижав к груди руку с прядью волос, и открытые глаза её были в голубом небе, а у ног её раскинулся удалой Лойко Зобар.

Усиливался дождь, и море распевало мрачный и торжественный гимн гордой паре красавцев цыган – Лойке Зобару и Радде...

Лексический комментарий:

1. *Удалой был малый* – употребляется для обозначения мужчины как носителя каких-либо качеств: славный малый, умный малый и т. д.
2. *Гарцевать* – красиво и ловко ездить верхом.
3. *Клёкот* – прерывистый крик.
4. *Шёл нога за ногу* (фразеологизм) – шёл медленно.
5. *Пистоль* – пистолет.
6. *Замаять* (разговорное) – замучать.
7. *По рукоять* (здесь: у ножа) – по ручку.
8. *Оцепенение* – неподвижность, скованность.
9. *Одолеть* – победить.
10. *Пасть* – упасть.
11. *Гаркнуть* (разговорное) – громко и отрывисто крикнуть.

Вопросы и задания:

1. Вспомните значение слов «романтический» и «реалистический». К какому направлению в литературе вы отнесёте рассказ: романтическому или реалистическому?
2. Найдите описание внешности Лойко Зобара. Какие средства языка использовал автор, чтобы показать Лойко Зобара как романтического героя?
3. Найдите описание внешности Радды. Почему её портрет не описан подробно?
4. Какой характер был у Лойко Зобара?
5. Что можно сказать о характере Радды?

6. Почему она смеялась над Лойко?

7. Почему Радда поставила такие жёсткие условия, несмотря на то что они были унизительными для Лойко Зобара?

8. Почему цыганам «уйти куда–то хотелось», чтобы не видеть, как Лойко Зобар упадет в ноги Радде? Что можно сказать о взаимоотношениях между мужчинами и женщинами у цыган?

9. Почему Лойко убил Радду?

10. Почему море пело гимн молодым цыганам?

11. Можно ли назвать Радду и Лойко Зобара романтическими героями? Почему?

12. Какова авторская идея рассказа?

8. Иван Алексеевич Бунин
伊·阿·布宁 (1870—1953)

Он жил так, будто нёс перед собой свечу.
А.Архангельский

Иван Алексеевич Бунин родился в дворянской семье в Орловской губернии. В тишине русских полей прошло его детство, полное поэзии. Ребёнком он отличался редкой впечатлительностью и воображением. Домашнее образование получил под руководством студента, человека талантливого. От матери, отца много услышал песен, сказок, историй. В 1881 году начал учиться в гимназии, но в третьем классе остался на второй год из-за неуспеваемости по математике. Образование продолжал под руководством старшего брата Юлия.

В 1887 году напечатал первые стихотворения. В 1891 году вышла первая книга стихотворений И.А. Бунина.

Он занимался переводами произведений Байрона, Мицкевича, Шевченко и других авторов, писал рассказы, повести. Самые известные – «Деревня», «Антоновские яблоки», «Господин из Сан-Франциско», цикл рассказов о любви «Тёмные аллеи» и другие. Писатель обратился к таким «вечным» темам, как любовь и смерть, человек и природа. Любовь, по его мнению, кратковременна: или любимые разлучаются, или смерть разлучает их. Постоянный мотив бунинской прозы и поэзии – превосходство естественного бытия над общественным устройством.

Революцию 1917 года И.А. Бунин не признал, поэтому в 1920 году уехал за границу. Его дневник «Окаянные дни» – яростное неприятие революции. За границей его жизнь была трудной. К концу 30-х годов И.А. Бунин всё больше ощущает драматизм разрыва с Родиной. Радостным событием было вручение в 1933 году Нобелевской премии.

Великую Отечественную войну 1941–1945 годов переживал с болью. Умер И.А. Бунин в Париже.

Лексический комментарий:

1. *Антоновские яблоки* – зимний сорт яблок.

2. *Окаянные* – проклятые.

3. *Яростное* – чрезмерное, необычайное по своей силе.

Задание: расскажите о жизни А. И. Бунина.

ТЁМНЫЕ АЛЛЕИ

О произведении

Рассказ Ивана Алексеевича Бунина «Тёмные аллеи» был написан в 1938 году и вошёл в сборник рассказов «Тёмные аллеи», посвящённый теме любви. Впервые опубликовали произведение в 1943 году в нью-йоркском издании «Новая земля». Жизнь в эмиграции, тоска по Родине нашли отражение в этом произведении.

Рассказ «Тёмные аллеи» написан в традициях литературного направления неореализм. Главная тема как рассказа, так и всего цикла, – любовь, её светлые и тёмные стороны.

Год написания – 1938.

История создания – рассказ написан в эмиграции. Тоска по родине, светлые воспоминания, уход от реальности: войны и голода – послужили толчком к написанию рассказа.

Тема – любовь, потерянная, забытая в прошлом; разбитые судьбы, тема выбора и его последствий.

Композиция – традиционная для новеллы, рассказа. Состоит из трёх частей: приезда генерала, встречи с бывшей возлюбленной и поспешного отъезда.

Главные герои

• **Николай Алексеевич** – высокий худой мужчина шестидесяти лет, военный. В молодости любил Надежду, но бросил ее. Был женат, имеет сына.

• **Надежда** – женщина сорока восьми лет, хозяйка постоялого двора. Всю жизнь любила Николая Алексеевича, из–за чего так и не вышла замуж.

• **Клим** – кучер Николая Алексеевича.

В холодное осеннее ненастье, на одной из больших тульских дорог, залитой дождями и изрезанной многими чёрными колеями, к длинной избе, в одной связи которой была казенная почтовая станция, а в другой частная горница, где можно было отдохнуть или переночевать, пообедать или спросить самовар, подкатил закиданный грязью тарантас с полуподнятым верхом, тройка довольно простых лошадей с подвязанными от слякоти хвостами. На козлах тарантаса сидел крепкий мужик в туго подпоясанном армяке, серьезный и темноликий, с редкой смоляной бородой, похожий на старинного разбойника, а в тарантасе стройный старик военный в большом картузе и в николаевской серой шинели с бобровым стоячим воротником, ещё чернобровый, но с белыми усами, которые соединялись с такими же бакенбардами; подбородок у него был пробрит и вся наружность имела то сходство с Александром II, которое столь распространено было среди военных в пору его царствования; взгляд был тоже вопрошающий, строгий и вместе с тем усталый.

Когда лошади стали, он выкинул из тарантаса ногу в военном сапоге с ровным голенищем и, придерживая руками в замшевых перчатках полы шинели, взбежал на крыльцо избы.

–Налево, ваше превосходительство, – грубо крикнул с козел кучер, и он, слегка нагнувшись на пороге от своего высокого роста, вошёл в сенцы, потом в горницу налево.

В горнице было тепло, сухо и опрятно: новый золотистый образ в левом углу, под ним покрытый чистой суровой скатертью стол, за столом чисто вымытые лавки; кухонная печь, занимавшая дальний правый угол, ново белела мелом; ближе стояло нечто вроде тахты, покрытой пегими попонами, упиравшейся отвалом в бок печи; из-за печной заслонки сладко пахло щами – разварившейся капустой, говядиной и лавровым листом.

Приезжий сбросил на лавку шинель и оказался ещё стройнее в одном мундире и в сапогах, потом снял перчатки и картуз и с усталым видом провел бледной худой рукой по голове – седые волосы его с начесами на висках к углам глаз слегка курчавились, красивое удлиненное лицо с темными глазами хранило кое–где мелкие следы оспы. В горнице никого не было, и он неприязненно крикнул, приотворив дверь в сенцы:

–Эй, кто там!

Тотчас вслед за тем в горницу вошла темноволосая, тоже чернобровая и тоже ещё красивая не по возрасту женщина, похожая на пожилую цыганку, с темным пушком на верхней губе и вдоль щек, легкая на ходу, но полная, с большими грудями под красной кофточкой, с треугольным, как у гусыни, животом под черной шерстяной юбкой.

–Добро пожаловать, ваше превосхо–дительство, –сказала она. – Покушать изволите или самовар прикажете?

Приезжий мельком глянул на её округлые плечи и на легкие ноги в красных поношенных татарских туфлях и отрывисто, невнимательно ответил:

–Самовар. Хозяйка тут или служишь?

–Хозяйка, ваше превосходительство.

–Сама, значит, держишь?

–Так точно. Сама.

–Что ж так? Вдова, что ли, что сама ведёшь дело?

–Не вдова, ваше превосходительство, а надо же чем–нибудь жить. И хозяйствовать я люблю.

–Так, так. Это хорошо. И как чисто, приятно у тебя.

Женщина все время пытливо смотрела на него, слегка щурясь.

–И чистоту люблю, – ответила она. – Ведь при господах выросла, как не уметь прилично себя держать, Николай Алексеевич.

Он быстро выпрямился, раскрыл глаза и покраснел.

–Надежда! Ты? – сказал он торопливо.

–Я, Николай Алексеевич, – ответила она.

–Боже мой, боже мой, – сказал он, садясь на лавку и в упор глядя на неё. – Кто бы мог подумать! Сколько лет мы не видались? Лет тридцать пять?

–Тридцать, Николай Алексеевич. Мне сейчас сорок восемь, а вам под шестьдесят, думаю?

–Вроде этого... Боже мой, как странно!

–Что странно, сударь?

–Но все, все... Как ты не понимаешь!

Усталость и рассеянность его исчезли, он встал и решительно заходил по горнице, глядя в пол. Потом остановился и, краснея сквозь седину, стал говорить:

–Ничего не знаю о тебе с тех самых пор. Как ты сюда попала? Почему не осталась при господах?

–Мне господа вскоре после вас вольную дали.

–А где жила потом?

–Долго рассказывать, сударь.

–Замужем, говоришь, не была?

–Нет, не была.

–Почему? При такой красоте, которую ты имела?

–Не могла я этого сделать.

–Отчего не могла? Что ты хочешь сказать?

–Что ж тут объяснять. Небось, помните, как я вас любила.

Он покраснел до слез и, нахмурясь, опять зашагал.

–Все проходит, мой друг, – забормотал он. –Любовь, молодость – все, все. История пошлая, обыкновенная. С годами все проходит. Как это сказано в книге Иова? Как о воде протекшей будешь вспоминать".

–Что кому бог даёт, Николай Алексеевич. Молодость у всякого проходит, а любовь – другое дело.

Он поднял голову и, остановясь, болезненно усмехнулся:

–Ведь не могла же ты любить меня весь век!

–Значит, могла. Сколько ни проходило времени, все одним жила. Знала, что давно вас нет прежнего, что для вас словно ничего и не было, а вот... Поздно теперь укорять, а ведь правда, очень бессердечно вы меня бросили, – сколько раз я хотела руки на себя наложить от обиды от одной, уж не говоря обо всем прочем. Ведь было время, Николай Алексеевич, когда я вас Николенькой звала, а вы меня – помните как? И все стихи мне изволили читать про всякие "темные аллеи",– прибавила она с недоброй улыбкой.

–Ах, как хороша ты была! – сказал он, качая головой. – Как горяча, как прекрасна! Какой стан, какие глаза! Помнишь, как на тебя все заглядывались?

–Помню, сударь. Были и вы отменно хороши. И ведь это вам отдала я свою красоту, свою горячку. Как же можно такое забыть.

–А! Все проходит. Все забывается.

—Все проходит, да не все забывается.

—Уходи, – сказал он, отворачиваясь и подходя к окну. – Уходи, пожалуйста.

И, вынув платок и прижав его к глазам, скороговоркой прибавил:

—Лишь бы бог меня простил. А ты, видно, простила.

Она подошла к двери и приостановилась:

—Нет, Николай Алексеевич, не простила. Раз разговор наш коснулся до наших чувств, скажу прямо: простить я вас никогда не могла. Как не было у меня ничего дороже вас на свете в ту пору, так и потом не было. Оттого–то и простить мне вас нельзя. Ну, да что вспоминать, мертвых с погоста не носят.

—Да, да, не к чему, прикажи подавать лошадей, – ответил он, отходя от окна уже со строгим лицом. – Одно тебе скажу: никогда я не был счастлив в жизни, не думай, пожалуйста. Извини, что, может быть, задеваю твоё самолюбие, но скажу откровенно, – жену я без памяти любил. А изменила, бросила меня ещё оскорбительней, чем я тебя. Сына обожал, – пока рос, каких только надежд на него не возлагал! А вышел негодяй, мот, наглец, без сердца, без чести, без совести... Впрочем, все это тоже самая обыкновенная, пошлая история. Будь здорова, милый друг. Думаю, что и я потерял в тебе самое дорогое, что имел в жизни.

Она подошла и поцеловала у него руку, он поцеловал у неё.

—Прикажи подавать...

Когда поехали дальше, он хмуро думал: "Да, как прелестна была! Волшебно прекрасна!" Со стыдом вспоминал свои последние слова и то, что поцеловал у ней руку, и тотчас стыдился своего стыда. "Разве неправда, что она дала мне лучшие минуты жизни?"

К закату проглянуло бледное солнце. Кучер гнал рысцой, все меняя черные колеи, выбирая менее грязные и тоже что–то думал. Наконец сказал с серьёзной грубостью:

—А она, ваше превосходительство, все глядела в окно, как мы уезжали. Верно, давно изволите знать её?

—Давно, Клим.

—Баба – ума палата. И все, говорят, богатеет. Деньги в рост даёт.

—Это ничего не значит.

—Как не значит! Кому ж не хочется получше пожить! Если с совестью давать, худого мало. И она, говорят, справедлива на это. Но крута! Не отдал вовремя – пеняй на себя.

–Да, да, пеняй на себя... Погоняй, пожалуйста, как бы не опоздать нам к поезду...

Низкое солнце желто светило на пустые поля, лошади ровно шлепали по лужам. Он глядел на мелькавшие подковы, сдвинув черные брови, и думал:

"Да, пеняй на себя. Да, конечно, лучшие минуты. И не лучшие, а истинно волшебные!" Кругом шиповник алый цвел, стояли темных лип аллеи... "Но, боже мой, что же было бы дальше? Что, если бы я не бросил её? Какой вздор! Эта самая Надежда не содержательница постоялой горницы, а моя жена, хозяйка моего петербургского дома, мать моих детей?"

И, закрывая глаза, качал головой.

Тест по произведению

1. В каком году был написан рассказ Ивана Алексеевича Бунина «Темные аллеи»?

    A. 1932

    B. 1935

    C. 1936

    D. 1938

2. В традициях какого литературного направления написан рассказ «Темные аллеи»?

    A. Классицизм;

    B. Романтизм;

    C. Реализм;

    D. Символизм.

3. Где остановились Николай Алексеевич с кучером?

    A. Заехали в гости к семье Клима;

    B. У двоюродной сестры Николая Алексеевича;

    C. У гостеприимного крестьянина:

    D. На постоялом дворе.

4. На кого из исторических деятелей был похож Николай Алексеевич?

    A. На Александра I;

    B. На Александра II;

    C. На Петра I;

    D. На Николая I.

5. На кого была похожа Надежда?

　　A. На пожилую цыганку;

　　B. На молодую гречанку;

　　C. На мать Николая Алексеевича;

　　D. На женщину с картины известного художника.

6. Что связывало Николая Алексеевича и Надежду?

　　A. В молодости они были влюблены друг в друга;

　　B. В молодости они вместе управляли постоялым двором;

　　C. Надежда была троюродной сестрой Николая Алексеевича;

　　D. Надежда была бывшей крепостной Николая Алексеевича.

7. Сколько лет не виделись Николай Алексеевич и Надежда?

　　A. Пятнадцать;

　　B. Двадцать пять;

　　C. Тридцать;

　　D. Сорок.

8. Почему Надежда так и не вышла замуж?

　　A. Возлюбленный Надежды умер много лет назад, и она не смогла полюбить другого;

　　B. Надежда всю жизнь любила Николая Алексеевича;

　　C. Надежда была глубоко верующей и дала обет никогда не выходить замуж;

　　D. Надежда была некрасива, поэтому мужчины не обращали на нее внимания.

9. О чем Николай Алексеевич читал стихи Надежде?

　　A. О буйных ветрах;

　　B. О весенних парках;

　　C. О чистых сердцах;

　　D. О темных аллеях.

10. Кому из героев принадлежат слова: «Молодость у всякого проходит, а любовь — другое дело»?

　　A. Надежде;

　　B. Николаю Алексеевичу;

　　C. Жене Николая Алексеевича;

　　D. Климу.

11. Как сложилась судьба Николая Алексеевича?

　　A. Живет в счастливом браке, у него трое сыновей;

B. Был женат, но жена ему изменила и бросила;

C. Никогда не был женат;

D. Николай Алексеевич ничего не рассказывал о своей жизни.

12. О чем думает Николай Алексеевич в дороге после встречи с Надеждой?

A. Почему Надежда не вышла замуж;

B. Как женщина сама справляется с хозяйством постоялого двора;

C. Что было бы, если бы он не дал Надежде вольную;

D. Что было бы, если бы Надежда была его женой.

Вопросы и задания :

1. В чем отличительные особенности «бунинской любви» ?
2. Какова концепция любви И.А.Бунина?
3. Переведите и подумайте,чему учит произведение.

Рассказ «Тёмные аллеи» учит нас тому, как важно не изменять любви, не играть с ней, ведь обманутая любовь порождает отчаяние, ломает душевное здоровье человека, оставляя на его душе болезненную рану. Такова мораль произведения. «Тёмные аллеи» заставляют нас задуматься о том, способны ли мы повлиять на свою судьбу. Они призывают нас думать о последствии своих поступков, не идти по жизни легкомысленно и эгоистично, ведь однажды наши поступки вернутся к нам в полной мере.

四
多余人主题

1. **Александр Сергеевич Пушкин** 亚·谢·普希金
   «ЕВГЕНИЙ ОНЕГИН» (фрагмент) 《叶甫盖尼·奥涅金》（节选）
2. **Михаил Юрьевич Лермонтов** 米·尤·莱蒙托夫
   «ТАМАНЬ» (фрагмент) 《塔曼》（节选）

1. Александр Сергеевич Пушкин
亚 · 谢 · 普希金 (1799—1837)

Историческая справка

В 1812 году началась война России с Наполеоном. Русский народ победил, а дома не имел свободы. Он возвращался к своим помещикам. Лучшая часть дворян хотела изменить жизнь крестьян. Это были люди, у которых были деньги, имения, награды. Их называли молодыми генералами. Но они решили свою жизнь посвятить народу. 14 декабря 1825 года они вышли на Сенатскую площадь в Петербурге и потребовали от царя свободу для крестьян, потому что, победив Наполеона, они по-прежнему оставались крепостными. Восстание было подавлено. Пятеро руководителей было повешено, а 121 человек сослан в Сибирь. Дворяне после 14 декабря стали назыгаться декабристами.

Пушкин очень тяжело переживал за своих друзей. У многих из них были стихотворения поэта. Когда он узнал, что жены декабристов хотят поехать вслед за мужьями, он передал им стихотворение «В Сибирь».

ЕВГЕНИЙ ОНЕГИН
(фрагмент)

Задание: прочитайте текст, переведите. Вспомните, какими были декабристы, чего они хотели и как сложилась их судьба. Какие отношения были у Пушкина с декабристами?

«Евгений Онегин» – первый реалистический роман в русской литературе, роман в стихах, лебединая песня А.С. Пушкина. Он работал над ним более восьми лет. В романе поэт показал жизнь России первой трети XIX века во всей её глубине и сложности. Недаром критик Белинский назвал его «энциклопедией русской жизни».

События, описанные в романе, происходят накануне восстания декабристов.

Декабристы отчизне посвятили «души прекрасные порывы». Но были в России другие люди: умные, но не умеющие найти своё место в жизни. Таков главный герой романа Евгений Онегин. А. С. Пушкин назвал его лишним человеком в обществе и раскрыл причину появления таких людей. Он рассказал о его воспитании, образовании, грустно заметив: «Мы все учились понемногу чему–нибудь да как–нибудь, так воспитаньем, слава Богу, у нас не мудрено блеснуть». Мы знакомимся с Евгением Онегиным, когда ему 18 лет и когда жизнь кажется бесконечным праздником. Балы, театр, встречи с друзьями, любовь... Но даже праздники становятся скучными. Стало скучно жить и Онегину. Он хотел читать и даже писать, но «труд упорный ему был тошен». В это время умер его дядя, оставив ему наследство. И Онегин едет в деревню, где знакомится с Ленским, о котором Пушкин пишет с мягкой иронией: «поклонник Канта и поэт», то есть романтик.

Они сошлись: вода и камень,
Стихи и проза, лёд и пламень
Не столь различны меж собой.

Её изнеженные пальцы
Не знали игл...
Но куклы даже в эти годы Татьяна в руки не брала...

Им было интересно вместе, потому что они много спорили, размышляли о жизни.

Ленский был влюблён в девушку, которую звали Ольгой. У неё была сестра Татьяна. Сёстры были не похожи друг на друга. Об Ольге А. С. Пушкин пишет:

Всегда скромна, всегда послушна,
Всегда как утро весела,
Как жизнь поэта простодушна,
Как поцелуй любви мила;
Глаза, как небо, голубые,
Улыбка, локоны льняные,
Движенья, голос, лёгкий стан,
Всё в Ольге...

Она любила на балконе Предупреждать зари восход...
Ей рано нравились романы;
Они ей заменяли всё...

Но этот портрет поэту «смертельно надоел». О Татьяне же он говорит с любовью.

Итак, она звалась Татьяной.
Ни красотой сестры своей,
Ни свежестью её румяной
Не привлекла б она очей.

Она ласкаться не умела
К отцу, ни к матери своей;
Дитя сама, в толпе детей Играть и прыгать не хотела.

Дика, печальна, молчалива,
Как лань лесная боязлива,
Она в семье своей родной
Казалась девочкой чужой.

И часто целый день одна Сидела молча у окна. Задумчивость – её подруга От самых колыбельных дней.

Лексико–стилистическая работа:

1. Прочитайте группу слов:

    реализм,

    реалистический,

    реальный,

    реалист,

    реально.

    Найдите значение слов. Составьте с ними словосочетания.

    _____

2. Составьте группу слов со словом романтик. Составьте с ними словосочетания.

    _____

3. *Тошен* – краткая форма прилагательного от слова тошный. Образуйте новые слова по образцу :

    красивый – красив, красива, красивы;

    скромный – _____; послушный – _____;

    дикий – _____; печальный – _____;

    молчаливый – _____; боязливый – _____.

4. *Очи* (устаревшее) – глаза. Составьте предложения со словами *очи* и *глаза*.

5. *Сошлись* – подружились.

6. *Лань* – олень. Самка этого животного.

7. *Предупреждать зари восход* – встречать зарю.

8. *Светские красавицы*. В дореволюционное время словом *свет* называли дворян, близких к царю (высший свет).

Задание: сравните портрет Ольги и Татьяны, их увлечения. Какой характер кажется вам более глубоким? Почему портрет Ольги поэту смертельно надоел?

Ленский не видел легкомыслия Ольги. Романтик по натуре, он нарисовал в своём воображении образ любимой, далёкий от реальности. Когда Онегин познакомился с сестрами Лариными, он увидел, как не похожи они.

«Неужто ты влюблён в меньшую?»

—А что? – «Я выбрал бы другую,

Когда б я был, как ты, поэт.

В чертах у Ольги жизни нет».

На Татьяну же приезд Онегина произвёл большое впечатление: она влюбилась. Не имея возможности видеть его, она пишет ему письмо. В нём Онегин увидел глубину её чувств, её непохожесть на светских красавиц. Но побоялся поверить в то, что для него счастье может быть в спокойной семейной жизни.

Он сказал Татьяне, что любит её «любовью брата, а может быть, ещё сильней». А в доме Лариных готовились к именинам Татьяны, пригласили и Онегина. Онегин решил показать Ленскому, как легкомысленна Ольга. Он весь вечер приглашал её танцевать, шутил с ней, не отходил от неё ни на шаг. Ольге было так весело, что она не заметила, как грустит Ленский. Утром она встретила его так же весело, как и всегда. Ленский решил, что во всей этой истории виноват Онегин, и вызвал его на дуэль. Онегин понимал, что пошутил над другом неосторожно: «пускай поэт дурачится; в восемнадцать лет оно простительно». «Всем сердцем юношу любя», он побоялся хохота глупцов, потому что отказ от дуэли считался трусостью. И вот бывшие друзья – враги. «Поэт убит приятельской рукой». Ольга недолго плакала, скоро вышла замуж. «И скоро звонкий голос её в семействе Лариных умолк». «И вот одна, одна Татьяна!»

И в одиночестве жестоком Сильнее страсть её горит,

И об Онегине далеком

Ей сердце громче говорит.

Она его не будет видеть;

Она должна в нём ненавидеть

Убийцу брата своего;

Поэт погиб...

Онегин уехал. Для Татьяны он так и остался загадкой. Она решила посетить его дом. Там она увидела портрет Байрона, статуэтку Наполеона, книги. Она стала их читать, потому что их читал Онегин, делал пометки карандашом. Она решила, что он похож на героев этих книг.

В них отразился век

И современный человек

Изображён довольно верно

С его безнравственной душой,

Себялюбивой и сухой,

Мечтанью преданной безмерно,

С его озлобленным умом.

Кипящем в действии пустом.

Родители Татьяны Лариной беспокоились о том, что Татьяна не хочет выходить замуж, поэтому повезли её в Москву в надежде, что она выйдет замуж. На одном из балов её заметил «толстый генерал». Он-то и стал Татьяниным мужем.

Между тем Онегин (вновь займуся им),

Убив на поединке друга,

Дожив без цели, без трудов

До двадцати шести годов,

Томясь в бездействии досуга

Без службы, без жены, без дел,

Ничем заняться не умел.

Им овладело беспокойство,

Охота к перемене мест.

Оставил он своё селенье,

Лесов и нив уединенье,

Где окровавленная тень

Ему являлась каждый день,

И начал странствия без цели

Доступный чувству одному;

И путешествия ему,

Как всё на свете, надоели;

Он возвратился и попал,

Как Чацкий, с корабля на бал.

На балу он увидел Татьяну. Но, Боже, как переменилась! Теперь Онегин думает только о ней. Но она его не замечает. И теперь уже Онегин пишет письмо Татьяне.

Лексико–стилистическая работа:

1. *Предвидеть* – видеть заранее. Приставка *пред* имеет значение «перед». Образуйте новые слова с приставкой:

   угадать – _____; смотреть – _____;

   видеть – _____; зимний – _____;

   грозовой – _____; горный – _____.

2. *Постылый* – надоевший, нелюбимый. В каком значении употреблено слово в словосочетаниях *постылая свобода, постылый сын*?

3. *Уст* – уста (устаревшее) – губы. Составьте предложения с этими словами.

4. *Тащиться* – (1) Тянуться по земле. (2) Идти, ехать медленно, с трудом. (3) Идти, ехать куда–либо (обычно далеко, без желания). (4) Повсюду следовать (за кем–либо). Сравните слова со значением движения: *идти – тащиться – мчаться*. В каких речевых ситуациях вы используете их? В письме Онегина к Татьяне *тащусь* – в значении: «хожу (еду) следом».

5. *Пени* – жалобы, упрёки.

6. Сравните слова, *хлад – холод*. Какое из них вы употребите в своей речи?

7. *Страсть* – сильное чувство. Сравните слова: *влюблённость – любовь – страсть*. Какая разница в этих значениях? Сравните словосочетания: *страсть к музыке, страсть к книгам, страсть к путешествиям*. В каком значении в них употреблено слово *страсть*?

8. Что значит *слепая любовь*? Как можно сказать о любви Ольги, Ленского, Онегина?

Лексико–стилистический комментарий:

1. *Дурачиться* – делать глупости.

2. *Дуэль* – поединок

3. *Досуг* – свободное время.

4. «*Охота к перемене мест*» – желание путешествовать

5. *Нивы* – поля.

6. *Странствование* – путешествие.

7. «*То в высшем суждено совете... То воля неба*». Татьяна Ларина верина, что жизнь, судьба человека определена Богом.

8. *Залог* – здесь: свидетельство, доказательство

9. *Ангел – хранитель*. Верующие люди думают, что у каждого человека есть ангел, который охраняет его жизнь. Их изображают маленькими детьми с крыльями.

Задание: прочитайте письма: Татьяны Онегину, Онегина – Татьяне. Сравните их. Сделайте вывод, можно ли по ним судить о силе и искренности чувств. Похожи ли они у Татьяны и Онегина?

ПИСЬМО ТАТЬЯНЫ	**ПИСЬМО ОНЕГИНА**
Я к вам пишу – чего же боле?	Предвижу всё: вас оскорбит
Что я могу ещё сказать?	Печальной тайны объясненье.
Теперь, я знаю, в вашей воле	Какое горькое презренье
Меня презреньем наказать...	Вам гордый взгляд изобразит!
Но вы, к моей несчастной доле	Чего хочу? С какою целью
Хоть каплю жалости храня,	Открою душу вам свою?
Вы не оставите меня.	Какому злобному веселью,
Сначала я молчать хотела;	Быть может, повод подаю!
Поверьте: моего стыда	Случайно вас когда–то встретя,
Вы не узнали б никогда.	В вас искру нежности заметя,
Когда б надежду я имела	Я ей поверить не посмел.
Хоть редко, хоть в неделю раз	Привычке милой не дал ходу;
В деревне нашей видеть вас.	Свою постылую свободу
Чтоб только слышать ваши речи,	Я потерять не захотел.
Вам слово молвить и потом	Ещё одно нас разлучило:
Всё думать, думать об одном	Несчастный Ленский жертвой пал.
И день и ночь до новой встречи.	Ото всего, что сердцу мило,
Но, говорят, вы нелюдим;	Тогда я сердце оторвал;
В глуши, в деревне всё вам скучно	Чужой для всех, ничем не связан,
А мы... ничем мы не блестим,	Я думал: вольность и покой
Хоть вам и рады простодушно.	Замена счастью. Боже мой!
Зачем вы посетили нас?	Как я ошибся, как наказан.
В глуши забытого селенья	Нет, поминутно видеть вас
Я никогда б не знала вас,	Повсюду следовать за вами,
Не знала б горького мученья.	Улыбку уст, движенье глаз

Души неопытной волненья
Смирив со временем (как знать?)
По сердцу я нашла бы друга
Была бы верная супруга
И добродетельная мать.
Перед тобой я слезы лью,
Твоей защиты умоляю...
Я жду тебя: единым взором
Надежды сердца оживи
Иль сон тяжёлый перерви,
Увы, заслуженным укором!
Кончаю! Страшно перечесть...
Стыдом и страхом замираю...
Но мне порукой ваша честь,
И смело ей себя вверяю...

Ловить влюблёнными глазами,
Внимать вам долго, понимать
Душой всё ваше совершенство,
Пред вами в муках замирать,
Бледнеть и гаснуть... вот блаженство!

Лексико–стилистическая работа:

1. *Боле* (устар.) – больше.
2. Сравните слова: презрение – ненависть. Какое чувство сильнее?
3. Сравните синонимы: судьба – доля – рок. В каких речевых ситуациях можно употребить эти слова? Составьте с ними словосочетания или предложения.
4. Сравните синонимы: говорить – молвить. Какое слово можно употребить в разговорной речи, какое – в книжной?
5. *Нелюдим* – нелюдимый человек, то есть любящий одиночество, избегающий общения с людьми.
6. Сравните слова: блестеть – блистать. Найдите их значение в словаре. Составьте с ними словосочетания.
7. *Отрада* – радость. Сравните эти синонимы. В каких речевых ситуациях их можно употребить?
8. *Искуситель* – образовалось от глагола искушать: соблазнять, прельщать.
9. *Суждено* – назначено судьбой.

10. Найдите в тексте синоним слову сон. Какая разница между словами сон – сновиденье? Почему поэт выбрал слово сновиденье?
11. Сравните синонимы: взгляо – взор. Какое из них можно употребить только в книжной речи?

   Получив письмо, Татьяна «тихо слезы льёт рекой». Онегин чуть свет мчится к Татьяне и находит её одну. Теперь Татьяна даёт ответ Онегиву.

Задание: прочитайте ответ Татьяны Онегину (отрывки) и скажите, почему, продолжая любить Онегина, Татьяна говорит ему о невозможности отношений. Почему Онегин «стоит, как будто громом поражён»?

Тогда – не правда ли? – в пустыне,
Вдали от суетной молвы.
Я вам не нравилась... Что ж ныне
Меня преследуете вы?
Зачем у вас я на примете?
Не потому ль, что в высшем свете
Теперь являться я должна;
Что я богата и знатна,
Что муж в сраженьях изувечен,
Что нас за то ласкает двор?..
Не потому ль, что мой позор
Теперь бы всеми был замечен
И мог бы в обществе принесть
Вам соблазнительную честь?..

А счастье было так возможно,
Так близко!... Но судьба моя
Уж решена. Неосторожно,
Быть может, поступила я:
Меня с слезами заклинаний
Молила мать; для бедной Тани
Все были жребии равны...
Я вышла замуж... Вы должны,
Я вас прошу, меня оставить;
Я знаю: в вашем сердце есть
И гордость и прямая честь...
Я вас люблю (к чему лукавить?),
Но я другому отдана;
Я буду век ему верна.

Она ушла. «Стоит Онегин, как будто громом поражён».

Вопросы и задания:

1. Почему роман «Евгений Онегин» называют лебединой песнью А.С. Пушкина?
2. Почему поэт обратился к теме лишнего человека? В чем он видит причину появления таких людей?
3. Дайте характеристику Евгению Онегину. Какие черты его характера вам нравятся, какие – нет?

4. Сравните Онегина и Ленского. Выпишите парами слова, которые относятся к Ленскому и Онегину.

   Онегин   Ленский

   _____   _____

   _____   _____

5. Почему они дружили?
6. Почему между ними произошла дуэль?

   Почему Онегин не отказался от дузли?

   Только ли личные причины сделали их врагами?

7. Сравните Ольгу и Татьяну. Почему Онегину понравилась Татьяна, а не Ольга? Каково отношение к ним А.С. Пушкина? Ответ подтвердите словами из текста. Кто из них: Ольга или Татьяна – отражает русский женский характер?
8. Почему Онегин полюбил Татьяну, увидев ее в свете?
9. Чем поразил Онегина ответ Татьяны?
10. Почему А.С. Пушкин не дописывает судьбу своих героев?
11. Вспомните, какие слова называются афоризмами (крылатыми выражениями). Прочитайте их, переведите, запомните.

    *Мы все учились понемногу чему–нибудь да как–нибудь.

    *Но труд упорный ему был тошен.

    *Попасть с корабля на бал.

2. Михаил Юрьевич Лермонтов
米·尤·莱蒙托夫 (1814—1841)

Историческая справка

Годы после восстания декабристов называли эпохой жестокой реакции. Поколение «детей», «богатого ошибками отцов», старилось в бездействии, становилось лишним в обществе. Об этом писал М. Ю. Лермонтов в романе «Герой нашего времени». Главный герой романа – Григорий Александрович Печорин, умный, желавший действовать, но видевший, что для него настоящего дела нет. Так в литературе появился еще один образ лишнего человека. Вы прочитаете главу из романа «Тамань».

ТАМАНЬ
(фрагмент)

Задание: прочитайте текст, переведите.

Тамань – самый скверный городишко из всех приморских городов России. Я там чуть – чуть не умер с голода, да еще меня хотели утопить. Я приехал поздно ночью. Было холодно, я три ночи не спал и начинал сердиться. После долгого странствия по

Рис. М.Ю. Лермонтова

тёмным переулкам мы подъехали к небольшой хате на самом берегу моря. Полный месяц светил на камышовую крышу и белые стены моего нового жилища. Берег обрывом спускался к морю почти у самых стен ее, и внизу плескались темно–синие волны.

Я стал звать хозяина – молчат; стучу – молчат... что это? Наконец из сеней выполз мальчик лет четырнадцати.

Я засветил спичку и поднес ее к носу мальчика: она озарила два белые глаза. Он был слепой.

Долго я глядел на него с невольным сожалением, как вдруг едва заметная улыбка пробежала по тонким губам его, и она произвела на меня самое неприятное впечатление. В голове моей родилось подозрение, что этот слепой не так слеп, как оно кажется.

Я вошел в хату: две лавки и стол, да огромный сундук возле печи составляли всю ее мебель. В разбитое окно врывался морской ветер.

Я не мог заснуть. Так прошло около часа. Месяц светил в окно. Вдруг на яркой полосе, пересекающей пол, промелькнула тень. Я привстал и взглянул в окно: кто-то второй раз пробежал мимо его и скрылся Бог знает куда. Я встал и тихо вышел из хаты; навстречу мне слепой мальчик. Я притаился у забора, и он прошел мимо меня. Под мышкой он нес какой-то узел и, повернув к пристани, стал спускаться по узкой и крутой тропинке. Я пошел за ним и вот вижу: он остановился, присел на землю и положил возле себя узел. Спустя несколько минут показалась белая фигура: она подошла к слепому и села возле него.

– Что, слепой? – сказал женский голос, – буря сильна; Янко не будет.

– Янко не боится бури, – ответил тот.

– В тумане лучше пробраться мимо сторожевых судов.

– А если он утонет?

– Ну что ж? В воскресенье ты пойдешь в церковь без новой ленты.

Последовало молчание.

Видишь, я прав, – сказал опять слепой, ударив в ладоши, – Янко не боится ни моря, ни ветров, ли тумана, ни береговых сторожей; прислушайся-ка: это не вода плещет, меня не обманешь, – это его длинные вёсла.

Женщина вскочила и стала смотреть в даль с видом беспокойства.

– Ты бредишь, слепой, – сказала она, – я ничего не вижу.

Так прошло минут десять; и вот показалась между горами волн чёрная точка: она то увеличивалась, то уменьшалась. Медленно приближалась к берегу лодка. Скоро она вскочила в бухту невредима. Из неё вышел человек среднего роста, он махнул рукой, и все трое принялись вытаскивать что-то из лодки. Взяв на плечи по узлу, они пошли вдоль берега, и вскоре я потерял их из виду. Надо было вернуться домой.

На следующий день я сидел у забора на камне. Прошло около часа, может быть, и боле... Вдруг я услышал песню... Тонкий свежий голосок, но откуда? Оглядываюсь – никого нет кругом; прислушиваюсь снова – звуки как будто падают с неба. Я поднял глаза: на крыше хаты моей стояла девушка в полосатом платье, с распущенными волосами, настоящая русалка. Она то всматривалась в даль, то смеялась и говорила сама с собой, то запевала снова песню.

Я вспомнил, что ночью я слышал тот же голос; я на минуту задумался и когда снова посмотрел на крышу, девушки там не было.

Я никогда подобной женщины не видел. Она была далеко не красавица. Моей певунье казалось не более восемнадцати лет. Гибкий стан, длинные русые волосы, золотой отлив кожи на шее и плечах и особенно правильный нос – всё это было для меня обворожительно.

Под вечер, остановив её в дверях, я начал с ней следующий разговор: «Скажи–ка мне, красавица, – спросил я, – что ты делала сегодня на крыше?» – «А смотрела, откуда ветер дует». – «Зачем тебе?» – «Откуда ветер, оттуда и счастье». – «Что же? разве ты песнею звала счастье?» – «Где поётся, там и счастье». – «А как напоешь себе горе?» – «Ну что ж? от худа до добра недалеко». – «Кто ж тебя научил эту песню?» – «Никто; захочу запою; кому услыхать, тот услышит; а кому не нужно слышать, тот не поймет». – «А вот я про тебя кое–что узнал».

Она не изменилась в лице, не шевельнула губами, как будто не о ней дело. «Я узнал, что ты вчера ночью ходила на берег». И тут я очень важно пересказал ей все. Она захохотала во всё горло. «Много видели, да мало знаете, а что знаете, так держите под замочком». – «А если я расскажу коменданту?» Она вдруг прыгнула, запела и скрылась, как птичка.

Только что смеркалось, я велел казаку нагреть чайник, зажёг свечу и сел у стола. Уж я допивал второй стакан чая, как вдруг вошла девушка. Она села против меня тихо и безмолвно и устремила на меня глаза свои. Этот взор показался мне чудно–нежен. Она, казалось, ждала вопроса, но я молчал. Я хотел предложить ей стакан чаю, как вдруг она вскочила, обвила руками мою шею, и огненный поцелуй прозвучал на губах моих. В глазах моих потемнело, голова закружилась, я сжал её в объятьях, но она, как змея, скользнула между моими руками, шепнув мне на ухо: «Нынче ночью, как все уснут, выходи на берег», – и стрелой выскочила из комнаты.

Часа через два я разбудил моего казака. «Если я выстрелю из пистолета, – сказал я ему, – то беги на берег». Я заткнул за пояс пистолет и вышел. Она ждала меня. «Идите за мной!» – сказала она, взяв меня за руку, и мы стали спускаться...

Она прыгнула в лодку, я за ней, и не успел я опомниться, как заметил, что мы плывём. «Что это значит?» – спросил я сердито. «Это значит, – отвечала она, обняв меня, – это значит, что я тебя люблю...» Вдруг что–то шумно упало в воду. Я хвать за пояс – пистолета нет. Оглядываюсь – мы далеко от берега, а я не умею плавать. Хочу оттолкнуть её от себя – она как кошка вцепилась в мою одежду, и вдруг сильный толчок едва не сбросил меня в море. Лодка закачалась, и между нами началась отчаянная борьба. «Чего ты хочешь?» – закричал я. «Ты видел, – отвечала она, – ты расскажешь!»

Минута была решительная. Я упёрся коленкой в дно, схватил её одной рукой за косу, другой за горло, она выпустила мою одежду, и я мгновенно сбросил её в волны.

Было уже довольно темно; голова её мелькала раза два среди морской пены, и больше я ничего не видал...

На дне лодки я нашёл половину старого весла и кое–как причалил к пристани.

Пробираясь берегом к своей хате, я невольно всматривался в ту сторону, где накануне слепой дожидался Янко. Мне показалось, что кто–то в белом сидел на берегу. Я подкрался и прилёг в траве над обрывом берега; высунув немного голову, я мог хорошо видеть, что внизу делалось, и не очень удивился, а почти обрадовался, узнав мою русалку. Скоро показалась вдали лодка, быстро приближалась она; из неё, как накануне, вышел человек. «Янко, – сказала она, – всё пропало!» Потом разговор их продолжался, но так тихо, что я ничего не мог расслышать. «А где же слепой?» – сказал наконец Янко. «Я его послала», – был ответ. Через несколько минут пришёл слепой, таща на спине мешок, который положили в лодку.

– Послушай, слепой, – сказал Янко, – ты береги то место... знаешь? Где богатые товары... скажи (имени я не расслышал), что я ему больше не слуга; дела попши худо, он меня больше не увидит.

После некоторого молчания Янко продолжал:

– Она поедет со мною; ей нельзя здесь оставаться.

– А я? – сказал слепой жалобным голосом.

– На что мне тебя? – был ответ.

Между тем девушка вскочила в лодку и махнула товарищу рукой; он положил что–то слепому в руку, сказав: «На, купи себе пряников». – «Только?» – сказал слепой. «Ну, вот тебе ещё», – и упавшая монета зазвенела, ударившись о камень. Слепой её не поднял. Янко сел в лодку, ветер дул от берега, они подняли маленький парус и быстро понеслись. Слепой всё сидел на берегу, и вот мне послышалось что-то похожее на рыдание: слепой мальчик точно плакал, и долго, долго... Мне стало грустно. И зачем было судьбе кинуть меня в мирный круг честных контрабандистов?

Лексико-стилистическая работа:

1. Какая разница в словах *месяц, луна?* Как вы понимаете выражение *полный месяц!*
2. *Сени* – коридор. Какая разница в употреблении этих слов?
3. *Выполз* (разг.) – медленно вышел.
4. *Произвести впечатление.* В каких речевых ситуациях употребляется это словосочетание? Составьте предложение с этим словосочетанием.
5. Бог знает куда – куда-то, о чем трудно сказать. Составьте предложение с этим словосочетанием.
6. Она была далеко не красавица. Какая? Определите, одинаково ли употребление: глупый – далеко не умный, злой – далеко не добрый.
7. Сторожевые суда – пограничные суда.
8. Хвать – усеченный глагол от хватать – употребляется, когда необходимо передать быстроту действия. (Сравните: прыг – прыгнуть, скок – скакнуть, толк – толкнуть).

Вопросы и задания:

1. Почему М. Ю. Лермонтов назвал контрабандистов честными? Как вы понимаете это выражение?
2. Зачем Печорин следил за контрабандистами?
3. Зачем мальчик притворялся слепым?
4. Прочитайте по ролям разговор Печорина и девушки. Объясните смысл ее иносказательных поговорок и пословиц.
5. Какая разница в употреблении слов любить и играть в любовь? Зачем девушка играла в любовь с Печориным?
6. Какую тайну он узнал?
7. Зачем он разрушил жизнь честных контрабандистов?
8. Какое впечатление произвели на вас Янко, девушка. мальчик?
9. Составьте план этой повести. Напишите сюжет по плану.

五
小人物主题

1. **Александр Сергеевич Пушкин** 亚·谢·普希金
   «СТАНЦИОННЫЙ СМОТРИТЕЛЬ» 《驿站长》
2. **Николай Васильевич Гоголь** 尼·瓦·果戈理
   «ШИНЕЛЬ» 《外套》
3. **Иван Сергеевич Тургенев** 伊·谢·屠格涅夫
   «МУМУ» 《木木》
4. **Антон Павлович Чехов** 安·巴·契诃夫
   «СМЕРТЬ ЧИНОВНИКА» 《一个官员之死》

1. Александр Сергеевич Пушкин
亚·谢·普希金 (1799—1837)

История создания

Повесть Пушкина «Станционный смотритель» является одной из самых печальных произведений из цикла «Повестей Белкина», заканчивающаяся трагическим финалом. Повесть была создана в Болдинскую осень, этот период стал для писателя самым плодотворным.

Тема

Эта повесть является первым произведением, начинающим тему «маленьких людей» в русской литературе. Пушкин достоверно описывает жизнь и быт таких людей, нужных, но незаметных. Людей, которых безнаказанно можно оскорблять и унижать, совершенно не думая о том, что это живые люди, у которых есть сердце и душа, которые так же, как и все, могут чувствовать и страдать.

Главные персонажи и их характеристика:

Иван Петрович Белкин – дворянин, от чьего имени написан рассказ о смотрителе почтовой станции.

Самсон Вырин – станционный смотритель, заботливый отец. После того, как гусар Минский хитростью увёз Дуню, дочь смотрителя, Самсон решил исправить свою оплошность. Увы, дочь так и осталась жить с гусаром. С горя Вырин запил и вскоре умер.

Второстепенные персонажи и их характеристика:

Авдотья (Дуня) Вырина – дочь смотрителя. Заботилась о порядке на станции. Уехала с Минским, позже стала его женой и матерью семейства. Вспоминала об отце, и была сильно огорчена, узнав о его смерти.

Минский – хитрый и коварный гусар. Искусно симулировал болезнь, затем увёз Дуню. Недолюбливал Самсона Вырина, а когда тот умудрился навестить дочь в неподходящий момент – просто прогнал нежеланного гостя.

Ванька – сын пивовара и его жены. От него Белкин узнал о том, что случилось после смерти Самсона Вырина.

СТАНЦИОННЫЙ СМОТРИТЕЛЬ

Коллежский регистратор, Почтовой станции диктатор.

Князь Вяземский.

Кто не проклинал станционных смотрителей кто с ними не бранивался? Кто, в минуту гнева, не требовал от них роковой книги, дабы вписать в оную свою бесполезную жалобу на притеснение, грубость и неисправность? Кто не почитает их извергами человеческого рода, равными покойным подьячим или по крайней мере муромским разбойникам? Будем, однако, справедливы, постараемся войти в их положение и, может быть, станем судить о них гораздо снисходительнее. Что такое станционный смотритель? Сущий мученик четырнадцатого класса, огражденный своим чином токмо от побоев, и то не всегда (ссылаюсь на совесть моих читателей). Какова должность сего диктатора, как называет его шутливо князь Вяземский? Не настоящая ли каторга? Покою ни днем, ни ночью. Всю досаду, накопленную во время скучной езды, путешественник вымещает на смотрителе. Погода несносная, дорога скверная, ямщик упрямый, лошади не везут – а виноват смотритель. Входя в бедное его жилище, проезжающий смотрит на него как на врага; хорошо, если удастся ему скоро избавиться от непрошеного гостя; но если не случится лошадей?.. боже! какие ругательства, какие угрозы посыплются на его голову! В дождь и слякоть принужден он бегать по дворам; в бурю, в крещенский мороз уходит он в сени, чтоб только на минуту отдохнуть от крика и толчков раздраженного постояльца. Приезжает генерал; дрожащий смотритель отдает ему две последние тройки, в том числе курьерскую. Генерал едет, не сказав ему спасибо. Чрез пять минут – колокольчик!.. и фельдъегерь бросает ему на стол свою подорожную!.. Вникнем во все это хорошенько, и вместо негодования сердце наше исполнится искренним состраданием. Еще несколько слов: в течение двадцати лет сряду изъездил я Россию по всем направлениям; почти все почтовые тракты мне известны; несколько поколений ямщиков мне знакомы; редкого смотрителя не знаю я в лицо, с редким не имел я дела; любопытный запас путевых моих наблюдений надеюсь издать в непродолжительном времени; покамест скажу только, что сословие станционных смотрителей представлено общему мнению в самом ложном виде. Сии столь оклеветанные смотрители вообще суть люди мирные, от природы услужливые, склонные к общежитию, скромные в притязаниях на почести и не слишком сребролюбивые. Из их разговоров (коими некстати пренебрегают господа проезжающие) можно почерпнуть много любопытного и поучительного. Что касается до меня, то, признаюсь, я предпочитаю их беседу речам какого–нибудь чиновника 6–го класса, следующего по казенной надобности.

Легко можно догадаться, что есть у меня приятели из почтенного сословия смотрителей. В самом деле, память одного из них мне драгоценна. Обстоятельства некогда сблизили нас, и об нем – то намерен я теперь побеседовать с любезными читателями.

В 1816 году, в мае месяце, случилось мне проезжать через ***скую губернию, по тракту, ныне уничтоженному. Находился я в мелком чине, ехал на перекладных и платил прогоны за две лошади. Вследствие сего смотрители со мною не церемонились, и часто бирал я с бою то, что, во мнении моем, следовало мне по праву. Будучи молод и вспыльчив, я негодовал на низость и малодушие смотрителя, когда сей последний отдавал приготовленную мне тройку под коляску чиновного барина. Столь же долго не мог я привыкнуть и к тому, чтоб разборчивый холоп обносил меня блюдом на губернаторском обеде. Ныне то и другое кажется мне в порядке вещей. В самом деле, что было бы с нами, если бы вместо общеудобного правила: чин чина почитай, ввелось в употребление другое, например: ум ума почитай? Какие возникли бы споры! и слуги с кого бы начинали кушанье подавать? Но обращаюсь к моей повести.

День был жаркий. В трех верстах от станции*** стало накрапывать, и через минуту проливной дождь вымочил меня до последней нитки. По приезде на станцию, первая забота была поскорее переодеться, вторая спросить себе чаю. "Эй, Дуня!– закричал смотритель, – поставь самовар да сходи за сливками". При сих словах вышла из–за перегородки девочка лет четырнадцати и побежала в сени. Красота её меня поразила. 'Это твоя дочка?" – спросил я смотрителя. "Дочка–с, – отвечал он с видом довольного самолюбия, – да такая разумная, такая проворная, вся в покойницу мать". Тут он принялся переписывать мою подорожную, а я занялся рассмотрением картинок, украшавших его смиренную, но опрятную обитель. Они изображали историю блудного сына: в первой почтенный старик в колпаке и шлафорке отпускает беспокойного юношу, который поспешно принимает его благословение и мешок с деньгами. В другой яркими чертами изображено развратное поведение молодого человека: он сидит за столом, окруженный ложными друзьями и бесстыдными женщинами. Далее, промотавшийся юноша, в рубище и в треугольной шляпе, пасет свиней и разделяет с ними трапезу; в его лице изображены глубокая печаль и раскаяние. Наконец представлено возвращение его к отцу; добрый старик в том же колпаке и шлафорке выбегает к нему навстречу: блудный сын стоит на коленях; в перспективе повар убивает упитанного тельца, и старший брат вопрошает слуг о причине таковой радости. Под каждой картинкой прочел я приличные немецкие стихи. Все это доныне сохранилось в моей памяти, также как и горшки с бальзамином, и кровать с пестрой занавескою, и прочие предметы, меня в то время окружавшие. Вижу, как теперь, самого хозяина, человека лет пятидесяти, свежего и бодрого, и его длинный зеленый сертук с тремя медалями на полинялых лентах.

Не успел я расплатиться со старым моим ямщиком, как Дуня возвратилась с самоваром. Маленькая кокетка со второго взгляда заметила впечатление, произведенное ею на меня; она потупила большие голубые глаза; я стал с нею разговаривать, она отвечала мне безо всякой робости, как девушка, видевшая свет. Я предложил отцу её стакан пуншу; Дуне подал я чашку чаю, и мы втроем начали беседовать, как будто век были знакомы.

Лошади были давно готовы, а мне все не хотелось расстаться с смотрителем и его дочкой. Наконец я с ними простился; отец пожелал мне доброго пути, а дочь проводила до телеги. В сенях я остановился и просил у ней позволения её поцеловать; Дуня согласилась... Много могу я насчитать поцелуев...

С тех пор, как этим занимаюсь, но ни один не оставил во мне столь долгого, столь приятного воспоминания.

Прошло несколько лет, и обстоятельства привели меня на тот самый тракт, в те самые места. Я вспомнил дочь старого смотрителя и обрадовался при мысли, что увижу её снова. Но, подумал я, старый смотритель, может быть, уже сменен; вероятно, Дуня уже замужем. Мысль о смерти того или другого также мелькнула в моем уме, и я приближался к станции*** с печальным предчувствием.

Лошади стали у почтового домика. Вошед в комнату, я тотчас узнал картинки, изображающие историю блудного сына; стол и кровать стояли на прежних местах; но на окнах уже не было цветов, и все кругом показывало ветхость и небрежение. Смотритель спал под тулупом; мой приезд разбудил его; он привстал... Это был точно Самсон Вырин; но как он постарел! Покамест собирался он переписать мою подорожную, я смотрел на его седину, на глубокие морщины давно небритого лица, на сгорбленную спину – и не мог надивиться, как три или четыре года могли превратить бодрого мужчину в хилого старика. "Узнал ли ты меня? – спросил я его, – мы с тобою старые знакомые". – "Может статься, – отвечал он угрюмо, – здесь дорога большая; много проезжих у меня перебывало". – "Здорова ли твоя Дуня?"–продолжал я. Старик нахмурился. "А бог ее знает",– отвечал он. "Так, видно, она замужем?" – сказал я. Старик притворился, будто бы не слыхал моего вопроса, и продолжал пошептом читать мою подорожную. Я прекратил свои вопросы и велел поставить чайник. Любопытство начинало меня беспокоить, и я надеялся, что пунш разрешит язык моего старого знакомца.

Я не ошибся: старик не отказался от предлагаемого стакана. Я заметил, что ром прояснил его угрюмость. На втором стакане сделался он разговорчив; вспомнил или показал вид, будто бы вспомнил меня, и я узнал от него повесть, которая в то время сильно меня заняла и тронула.

"Так вы знали мою Дуню? – начал он. – Кто же и не знал её? Ах, Дуня, Дуня! Что за девка–то была! Бывало, кто ни проедет, всякий похвалит, никто не осудит. Барыни дарили её, та платочком, та сережками. Господа проезжие нарочно останавливались, будто бы пообедать, аль отужинать, а в самом деле только чтоб на нее подолее поглядеть. Бывало, барин, какой бы сердитый ни был, при ней утихает и милостиво со мною разговаривает. Поверите ль, сударь: курьеры, фельдъегеря с нею по получасу заговаривались. Ею дом держался: что прибрать, что приготовить, за всем успевала. А я–то, старый дурак, не наглянусь, бывало, не нарадуюсь; уж я ли не любил моей Дуни, я ль не лелеял моего дитяти; уж ей ли не было житье? Да нет, от беды не отбожишься; что суждено, тому не миновать". Тут он стал подробно рассказывать мне свое горе.

Три года тому назад, однажды, в зимний вечер, когда смотритель разлиновывал новую книгу, а дочь его за перегородкой шила себе платье, тройка подъехала, и проезжий в черкесской шапке, в военной шинели, окутанный шалью, вошел в комнату, требуя лошадей. Лошади все были в разгоне. При сем известии путешественник возвысил было голос и нагайку; но Дуня, привыкшая к таковым сценам, выбежала из–за перегородки и ласково обратилась к проезжему с вопросом: не угодно ли будет ему чего–нибудь покушать? Появление Дуни произвело обыкновенное свое действие. Гнев проезжего прошел; он согласился ждать лошадей и заказал себе ужин. Сняв мокрую, косматую шапку, отпутав шаль и сдернув шинель, проезжий явился молодым, стройным гусаром с черными усиками. Он расположился у смотрителя, начал весело разговаривать с ним и с его дочерью. Подали ужинать. Между тем лошади пришли, и смотритель приказал, чтоб тотчас, не кормя, запрягали их в кибитку проезжего; но, возвратясь, нашел он молодого человека почти без памяти лежащего на лавке: ему сделалось дурно, голова разболелась, невозможно было ехать... Как быть! смотритель уступил ему свою кровать, и положено было, если больному не будет легче, на другой день утром послать в С*** за лекарем.

На другой день гусару стало хуже. Человек его поехал верхом в город за лекарем. Дуня обвязала ему голову платком, намоченным уксусом, и села с своим шитьем у его кровати. Больной при смотрителе охал и не говорил почти ни слова, однако ж выпил две чашки кофе и, охая, заказал себе обед. Дуня от него не отходила. Он поминутно просил пить, и Дуня подносила ему кружку ею заготовленного лимонада. Больной обмакивал губы и всякий раз, возвращая кружку, в знак благодарности слабою своей рукою пожимал Дунюшкину руку. К обеду приехал лекарь. Он пощупал пульс больного, поговорил с ним по-немецки и по-русски объявил, что ему нужно одно спокойствие и что дни через два ему можно будет отправиться в дорогу. Гусар вручил ему двадцать пять рублей за визит, пригласил его отобедать; лекарь согласился; оба ели с большим аппетитом, выпили бутылку вина и расстались очень довольны друг другом.

Прошел еще день, и гусар совсем оправился. Он был чрезвычайно весел, без умолку шутил то с Дунею, то с смотрителем; насвистывал песни, разговаривал с проезжими, вписывал их подорожные в почтовую книгу, и так полюбился доброму смотрителю, что на третье утро жаль было ему расстаться с любезным своим постояльцем. День был воскресный; Дуня собиралась к обедне. Гусару подали кибитку. Он простился с смотрителем, щедро наградив его за постой и угощение; простился и с Дунею и вызвался довезти её до церкви, которая находилась на краю деревни. Дуня стояла в недоумении..."Чего же ты боишься?– сказал ей отец, – ведь его высокоблагородие не волк и тебя не съест: прокатись-ка до церкви". Дуня села в кибитку подле гусара, слуга вскочил на облучок, ямщик свистнул, и лошади поскакали.

Бедный смотритель не понимал, каким образом мог он сам позволить своей Дуне ехать вместе с гусаром, как нашло на него ослепление, и что тогда было с его разумом. Не прошло и получаса, как сердце его начало ныть, ныть, и беспокойство овладело им до такой степени, что он не утерпел и пошёл сам к обедне. Подходя к церкви, увидел он, что народ уже расходился, но Дуни не было ни в ограде, ни на паперти.

Он поспешно вошел в церковь: священник выходил из алтаря; дьячок гасил свечи, две старушки молились еще в углу; но Дуни в церкви не было. Бедный отец насилу решился спросить у дьячка, была ли она у обедни. Дьячок отвечал, что не бывала. Смотритель пошел домой ни жив ни мертв. Одна оставалась ему надежда: Дуня по ветрености молодых лет вздумала, может быть, прокатиться до следующей станции, где жила ее крестная мать. В мучительном волнении ожидал он возвращения тройки, на которой он отпустил её. Ямщик не возвращался. Наконец к вечеру приехал он один и хмелен, с убийственным известием: "Дуня с той станции отправилась далее с гусаром".

Старик не снес своего несчастья; он тут же слег в ту самую постель, где накануне лежал молодой обманщик. Теперь смотритель, соображая все обстоятельства, догадывался, что болезнь была притворная. Бедняк занемог сильной горячкою; его свезли в С*** и на его место определили на время другого. Тот же лекарь, который приезжал к гусару, лечил и его. Он уверил смотрителя, что молодой человек был совсем здоров и что тогда еще догадывался он о его злобном намерении, но молчал, опасаясь его нагайки. Правду ли говорил немец, или только желал похвастаться дальновидностью, но он нимало тем не утешил бедного больного. Едва оправясь от болезни, смотритель выпросил у С*** почтмейстера отпуск на два месяца и, не сказав никому ни слова о своем намерении, пешком отправился за своею дочерью. Из подорожной знал он, что ротмистр Минский ехал из Смоленска в Петербург. Ямщик, который вез его, сказывал, что всю дорогу Дуня плакала, хотя, казалось, ехала по своей охоте. "Авось, – думал смотритель,–приведу я домой заблудшую овечку мою". С этой мыслью прибыл он в Петербург, остановился в Измайловском полку, в доме отставного унтер–офицера, своего старого сослуживца, и начал свои поиски. Вскоре узнал он, что ротмистр Минский в Петербурге и живет в Демутовом трактире. Смотритель решился к нему явиться.

Рано утром пришел он в его переднюю и просил доложить его высокоблагородию, что старый солдат просит с ним увидеться. Военный лакей, чистя сапог на колодке, объявил, что барин почивает и что прежде одиннадцати часов не принимает никого. Смотритель ушел и возвратился в назначенное время. Минский вышел сам к нему в халате, в красной скуфье. "Что, брат, тебе надобно?" – спросил он его. Сердце старика закипело, слезы навернулись на глазах, и он дрожащим голосом произнес только: "Ваше высокоблагородие!.. сделайте такую божескую милость!.." Минский взглянул на него быстро, вспыхнул, взял его за руку, повел в кабинет и запер за собою дверь. "Ваше высокоблагородие! – продолжал старик, – что с возу упало, то пропало; отдайте мне по крайней мере бедную мою Дуню. Ведь вы натешились ею; не погубите ж её понапрасну". –"Что сделано, того не воротишь,– сказал молодой человек в крайнем замешательстве, –виноват перед тобою и рад просить у тебя прощения; но не думай, чтоб я Дуню мог покинуть: она будет счастлива, даю тебе честное слово. Зачем тебе её? Она меня любит; она отвыкла от прежнего своего состояния. Ни ты, ни она – вы не забудете того, что случилось". Потом, сунув ему что–то за рукав, он отворил дверь, и смотритель, сам не помня как, очутился на улице.

Долго стоял он неподвижно, наконец увидел за обшлагом своего рукава сверток бумаг; он вынул их и развернул несколько пяти– и десятирублевых смятых ассигнаций. Слезы опять навернулись на глазах его, слезы негодования! Он сжал бумажки в комок, бросил их наземь, притоптал каблуком и пошел... Отошед несколько шагов, он остановился, подумал... и воротился... но ассигнаций уже не было. Хорошо одетый молодой человек, увидя его, подбежал к извозчику, сел поспешно и закричал: "Пошел!.. Смотритель за ним не погнался. Он решился отправиться домой на свою станцию, но прежде хотел хоть раз еще увидеть бедную свою Дуню. Для сего дни через два воротился он к Минскому; но военный лакей сказал ему сурово, что барин никого не принимает, грудью вытеснил его из передней и хлопнул двери ему под нос. Смотритель постоял, постоял – да и пошел.

В этот самый день, вечером, шел он по Литейной, отслужив молебен у Всех Скорбящих. Вдруг промчались перед ним щегольские дрожки, и смотритель узнал Минского. Дрожки остановились перед трехэтажным домом, у самого подъезда, и гусар вбежал на крыльцо. Счастливая мысль мелькнула в голове смотрителя. Он воротился и, поравнявшись с кучером: "Чья, брат, лошадь?– спросил он, – не Минского ли?"–"Точно так, отвечал кучер, – а что тебе?"–"Да вот что: барин твой приказал мне отнести к его Дуне записочку, а я и позабудь, где Дуня–то его живет". – "Да вот здесь, во втором этаже. Опоздал ты, брат, с твоей запиской; теперь уж он сам у неё". – "Нужды нет, – возразил смотритель с неизъяснимым движением сердца, – спасибо, что надоумил, а я свое дело сделаю". И с этим словом пошел он по лестнице.

Двери были заперты; он позвонил, прошло несколько секунд в тягостном для него ожидании. Ключ загремел, ему отворили. "Здесь стоит Авдотья Самсоновна?" – спросил он. "Здесь, – отвечала молодая служанка, – зачем тебе её надобно?"Смотритель, не отвечая, вошел в залу. "Нельзя, нельзя! – закричала вслед ему служанка, – у Авдотьи

Самсоновны гости". Но смотритель, не слушая, шел далее. Две первые комнаты были темны, в третьей был огонь. Он подошел к растворенной двери и остановился. В комнате, прекрасно убранной, Минский сидел в задумчивости. Дуня, одетая со всею роскошью моды, сидела на ручке его кресел, как наездница на своем английском седле. Она с нежностью смотрела на Минского, наматывая черные его кудри на свои сверкающие пальцы. Бедный смотритель! Никогда дочь его не казалась ему столь прекрасною; он поневоле ею любовался. "Кто там?" – спросила она, не подымая головы. Он все молчал. Не получая ответа, Дуня подняла голову... и с криком упала на ковер. Испуганный Минский кинулся ее подымать и, вдруг увидя в дверях старого смотрителя, оставил Дуню и подошел к нему, дрожа от гнева. "Чего тебе надобно? – сказал он ему, стиснув зубы, – что ты за мною всюду крадешься, как разбойник? или хочешь меня зарезать? Пошел вон!" – и, сильной рукою схватив старика за ворот, вытолкнул его на лестницу.

Старик пришел к себе на квартиру. Приятель его советовал ему жаловаться; но смотритель подумал, махнул рукой и решился отступиться. Через два дня отправился он из Петербурга обратно на свою станцию и опять принялся за свою должность. "Вот уже третий год, – заключил он, – как живу я без Дуни и как об ней нет ни слуху, ни духу. Жива ли, нет ли, бог её ведает. Всяко случается. Не ее первую, не ее последнюю сманил проезжий повеса, а там подержал, да и бросил. Много их в Петербурге, молоденьких дур, сегодня в атласе да бархате, а завтра, поглядишь, метут улицу вместе с голью кабацкою. Как подумаешь порою, что и Дуня, может быть, тут же пропадает, так поневоле согрешишь да пожелаешь ей могилы..."

Таков был рассказ приятеля моего, старого смотрителя, рассказ, неоднократно прерываемый слезами, которые живописно отирал он своею полою, как усердный Терентьич в прекрасной балладе Дмитриева. Слезы сии отчасти возбуждаемы были пуншем, коего вытянул он пять стаканов в продолжении своего повествования; но как бы то ни было они сильно тронули мое сердце. С ним расставшись, долго не мог я забыть старого смотрителя, долго думал я о бедной Дуне...

Недавно еще, проезжая через местечко ***. вспомнил я о моем приятеле; я узнал, что станция, над которой он начальствовал, уже уничтожена. На вопрос мой: "Жив ли старый смотритель?"–никто не мог дать мне удовлетворительного ответа. Я решился посетить знакомую сторону, взял вольных лошадей и пустился в село Н.

Это случилось осенью. Серенькие тучи покрывали небо; холодный ветер дул с пожатых полей, унося красные и желтые листья со встречных деревьев. Я приехал в село при закате солнца и остановился у почтового домика. В сени (где некогда поцеловала меня бедная Дуня) вышла толстая баба и на вопросы мои отвечала, что старый смотритель с год как помер, что в доме его поселился пивовар, а что она жена Пивоварова. Мне стало жаль моей напрасной поездки и семи рублей, издержанных даром. "Отчего ж он умер?"– спросил я Пивоварову жену. "Спился, батюшка", – отвечала она. "А где его похоронили?"– "За околицей, подле покойной хозяйки его".– "Нельзя ли довести меня до его могилы?"–"Почему же нельзя. Эй, Ванька! полно тебе с кошкою возиться. Проводи–ка барина на кладбище да укажи ему смотрителеву могилу".

При сих словах оборванный мальчик, рыжий и кривой, выбежал ко мне и тотчас повел меня за околицу.

–Знал ты покойника? – спросил я его дорогсй. –Как не знать! Он выучил меня дудочки вырезывать. Бывало (царство ему небесное!), идет из кабака, а мы–то за ним: "Дедушка, дедушка! орешков!" – а он нас орешками и наделяет. Все, бывало, с нами возится.

–А проезжие вспоминают ли его?

–Да ноне мало проезжих; разве заседатель завернет, да тому не до мертвых. Вот летом проезжала барыня, так та спрашивала о старом смотрителе и ходила к нему на могилу.

–Какая баръшя?– спросил я с любопытством.

–Прекрасная барыня, – отвечал мальчишка; –ехала она в карете в шесть лошадей, с тремя маленькими барчатами и с кормилицей, и с черной моською; и как ей сказали, что старый смотритель умер, так она заплакала и сказала детям: "Сидите смирно, а я схожу на кладбище". А я было вызвался довести её. А барыня сказала:"Я сама дорогу знаю". И дала мне пятак серебром– такая добрая барыня!...

Мы пришли на кладбище, голое место, ничем не огражденное, усеянное деревянными крестами, не осененными ни единым деревцом. Отроду не видал я такого печального кладбища. –Вот могила старого смо–трителя, –сказал мне мальчик, вспрыгнув на груду песку, в которую врыт был черный крест с медным образом.

–И барыня приходила сюда?–спросил я.

–Приходила, – отвечал Ванька,–я смотрел на нее издали. Она легла здесь и лежала долго. А там барыня пошла в село и призвала попа, дала ему денег и поехала, а мне дала пятак серебром – славная барыня!

И я дал мальчишке пятачок и не жалел уже ни о поездке, ни о семи рублях, мною истраченных.

Лексический комментарий:

1. *Фельдьегерь* – в старой армии военный или правительственный курьер для доставки важных, преимущественно секретных документов.
2. *Подорожная* – документ, дававший право пользоваться почтовыми лошадьми едущи «по казенной надобности»; путешествущие «по своей надобности» получали лошадей в порядке чинов.
3. *Тракт* – большая наезженная дорога.
4. *Чиновник 6–го класса* – коллежский советник; лица, имевшие этот чин, могли занимать средние руководящие должности: начальник отделения, делопроизводитель; в–военной службе чину коллежского советника соответствовал чин полковника армии и подполковника гвардии.
5. *Ехал на перекладных* – то есть менял лошадей на каждой станции.
6. *Обитель* – жилище.
7. *Бальзамин* – комнатный цветок.
8. *Облучок* – передняя часть повозки (телеги, саней, экипажа), на которой сидит возница, кучер.
9. *Унтер–офицер* – в русской армии до 1917 г. звание младшего командира из солдат (нижних чинов); лицо, носившее это звание.
10. *Скуфья* – бархатная черная или фиолетовая мягкая шапочка.

    Что с возу упало, то пропало – что потеряно, того не вернуть.

    Вольные лошади – то есть нанятых по цене, запрошенной местным ямщиком, который вез седока до следующей станции.

Вопросы по тексту:

1. В какой из циклов автора вошла повесть «Станционный смотритель»?

    A. «Проза Пушкина»;

    B. «Избранные произведения Пушкина ранних лет»;

    C. «Повести о маленьких людях»;

    D. «Повести покойного Ивана Петровича Белкина».

2. Какой является ведущая тема повести «Станционный смотритель»?

   A. Тема реализации личности;

   B. Тема «маленького человека»;

   C. Тема любви к родине;

   D. Тема природы.

3. От чьего лица ведется повествование в произведении «Станционный смотритель»?

   A. От лица Самсона Вырина;

   B. От лица Дуни;

   C. От лица рассказчика;

   D. От лица ротмистра Минского.

4. О ком идет речь в цитате: «сущий мученик четырнадцатого класса, огражденный своим чином токмо от побоев, и то не всегда»?

   A. О путешественнике;

   B. О мелком чиновнике;

   C. О держателе гостиницы;

   D. О станционном смотрителе.

5. Какие картины висели на стенах в доме у Вырина?

   A. Репродукции картин итальянских художников;

   B. Картинки, изображающие историю блудного сына;

   C. Картинки, нарисованные Дуней;

   D. Портреты семьи Выриных.

6. Почему Минский пробыл у Выриных несколько дней?

   A. В округе больше не было мест, где можно было бы остановиться на длительное время;

   B. Минский был старым другом Вырина;

   C. У гусара были дела в соседней деревне;

   D. Минский притворился больным.

7. Куда отправился Самсон за дочерью?

   A. В Петербург;

   B. В Екатеринбург;

   C. В Москву;

   D. В Новосибирск.

8. Кому из героев принадлежат слова: «она будет счастлива, даю тебе честное слово»?

   A. Рассказчику;

   B. Самсону Вырину;

   C. Минскому;

   D. Дубровскому.

9. Как отреагировала Дуня на приезд отца?

   A. Упала в обморок;

   B. Приказала выгнать Вырина на улицу;

   C. Позвала к столу;

   D. Расплакалась и начала просить прощения.

10. Кто, по словам сына пивовара, приезжал на могилу покойного Вырина?

    A. Красивая грустная женщина;

    B. Барыня с тремя барчатами;

    C. Худая барыня с барином;

    D. Молодой гусар.

Вопросы для дискуссии:

Как вы думаете, какая нравственная проблематика поднята в произведении «Станционный смотритель»?

Переведите и подумайте, чему учит это произведение?

Произведение Александра Пушкина «Станционный смотритель» является очень поучительным. Повесть заставляет задуматься каждого читателя над собственным поведением. Автор утверждает, что наивысшей жизненной ценностью является семья. Родители – самые преданные люди для каждого человека. Поэтому важно проявлять уважение, понимание и внимание к тем, кто подарил нам жизнь, пожертвовав личными амбициями, деньгами и драгоценным временем. Также важно задуматься о том, что строить свое счастье на чужом несчастье нельзя, ведь этот фундамент не позволит построить крепкую семью или стабильное положение в обществе. Рано или поздно мы не сможем двигаться на скользкой дорожке, которую избрали. Важно учитывать интересы близких людей и думать не только о себе, но и родных.

2. Николай Васильевич Гоголь
尼·瓦·果戈理 (1809—1852)

О произведении

Повесть была написана в 1841 году и увидела свет в 1843. Вошла в «Петербургские повести» (1830-е – 1840-е) и получила огромную известность в кругу просвещенных читателей. Произведение вошло в сборник «Петербургские повести» наряду с произведениями «Нос», «Невский проспект», «Портрет», «Арабески». Петербургские повести объединяют общее место действия – город Санкт-Петербург и единая проблема «маленького человека».

Тема

Тема– тема «маленького человека», несогласие с отсутствием гуманного отношения в обществе, с общественными порядками, попирающие права и свободы человека. Если у Пушкина в «Станционном смотрителе» Самсон был раскрыт не в полной мере, то у Гоголя весь сюжет посвящен одному Башмачкину. Тема маленького человека является ключом к пониманию авторского замысла: писатель хотел показать трагизм судьбы ограниченного и слабого члена общества, чтобы пробудить в наших сердцах сострадание к нему. Своё продолжение она нашла в творчестве Достоевского («Бедные люди»).

Главные герои

Акакий Акакиевич Башмачкин

Главный герой, чиновник около 50 лет.

Петрович

Портной, сосед Башмачкина.

«Значительное лицо»

«Важный» чиновник, грубый и высокомерный.

Второстепенные персонажи

Мать Башмачкина

Упоминается в повествовании вскользь, имя её неизвестно. Мать была чиновницей, женщиной очень хорошей – так описывает её автор.

Отец Башмачкина

Отца звали Акакий, в его честь было решено назвать сына. Об отце Акакия известно только то, что он, как и остальные члены семьи мужского пола, носил не башмаки, а сапоги, подмётки у которых менял три раза в год.

Жена Петровича

Простая женщина, внешне непримечательная. Носит чепчик, а не платок. По словам автора, больше о ней ничего не известно. Сам Петрович отзывается о ней пренебрежительно.

Привидение чиновника

Призрак, которым стал Бамшачкин.

Направление – критический реализм.

ШИНЕЛЬ

В департаменте... но лучше не называть, в каком департаменте. Ничего нет сердитее всякого рода департаментов, полков, канцелярий и, словом, всякого рода должностных сословий. Теперь уже всякий частный человек считает в лице своем оскорбленным все общество. Говорят, весьма недавно поступила просьба от одного капитан-исправника, не помню какого-то города, в которой он излагает ясно, что гибнут государственные постановления и что священное имя его произносится решительно всуе. А в доказательство приложил к просьбе преогромнейший том какого-то романтического сочинения, где чрез каждые десять страниц является капитан-исправник, местами даже совершенно в пьяном виде. Итак, во избежание всяких неприятностей, лучше департамент, о котором идёт дело, мы назовем одним департаментом. Итак, в одном департаменте служил один чиновник; чиновник нельзя сказать чтобы очень замечательный, низенького роста, несколько рябоват, несколько рыжеват, несколько даже на вид подслеповат, с небольшой лысиной на лбу, с морщинами по обеим сторонам щек и цветом лица что называется геморроидальным... Что ж делать! виноват петербургский климат. Что касается до чина (ибо у нас прежде всего нужно объявить чин), то он был то, что называют вечный титулярный советник, над которым, как известно, натрунились и наострились вдоволь разные писатели, имеющие похвальное обыкновенье налегать на тех, которые не могут кусаться. Фамилия чиновника была Башмачкин. Уже по самому имени видно, что она когда-то произошла от башмака; но когда, в какое время и каким образом произошла она от башмака, ничего этого не известно. И отец, и дед, и даже шурин, и все совершенно Башмачкины ходили в сапогах, переменяя только раза три в год подметки. Имя его было Акакий Акакиевич. Может быть, читателю оно покажется несколько странным и выисканным, но можно уверить, что его никак не искали, а что сами собою случились такие обстоятельства, что никак нельзя было дать другого имени, и это произошло именно вот как. Родился Акакий Акакиевич против ночи, если только не изменяет память, на 23 марта. Покойница матушка, чиновница и очень хорошая женщина, расположилась, как следует, окрестить ребенка. Матушка еще лежала на кровати против дверей, а по правую руку стоял кум, превосходнейший человек, Иван Иванович Ерошкин, служивший столоначальником в сенате, и кума, жена квартального офицера, женщина редких добродетелей, Арина Семеновна Белобрюшкова. Родильнице предоставили на выбор любое из трёх, какое она хочет выбрать: Моккия, Соссия, или назвать ребенка во имя мученика Хоздазата. "Нет, – подумала покойница, – имена-то все такие". Чтобы угодить ей, развернули календарь в другом месте; вышли опять три имени: Трифилий, Дула и Варахасий. "Вот это наказание, – проговорила старуха, – какие всь имена; я, право, никогда и не слыхивала таких. Пусть бы еще Варадат или Варух, а то Трифилий и Варахасий". Еще переворотили страницу – вышли: Павсикахий и Вахтисий. "Ну, уж я вижу, – сказала старуха, – что, видно, его такая судьба. Уж если так, пусть лучше будет он называться, как и отец его. Отец был Акакий, так пусть и сын будет Акакий". Таким образом и произошел Акакий Акакиевич. Ребенка окрестили, причем он заплакал и сделал такую гримасу, как будто бы предчувствовал, что будет титулярный советник. Итак, вот каким образом произошло все это. Мы привели потому это, чтобы читатель мог сам видеть, что это случилось совершенно по необходимости и другого имени дать было никак невозможно. Когда и в какое время он поступил в департамент и кто определил его, этого никто не мог припомнить. Сколько не переменялось директоров и всяких начальников, его видели все на одном и том же месте, в том же положении, в той же самой должности, тем же чиновником для письма, так что потом уверились, что он, видно, так и родился на свет уже совершенно готовым, в вицмундире и с лысиной на голове. В департаменте не оказывалось к нему никакого уважения. Сторожа не только не вставали с мест, когда он проходил, но даже не глядели на него, как будто бы через приемную пролетела простая муха. Начальники поступали с ним как-то холодно-деспотически. Какой-нибудь помощник столоначальника прямо совал ему под нос бумаги, не сказав даже "перепишите", или "вот интересное, хорошенькое дельце", или что-нибудь приятное, как употребляется в благовоспитанных службах. И он брал, посмотрев только на бумагу, не глядя, кто ему подложил и имел ли на то право. Он брал и тут же пристраивался писать её. Молодые чиновники подсмеивались и острились над ним, во сколько хватало канцелярского остроумия, рассказывали тут же пред ним разные составленные про него истории; про его хозяйку, семидесятилетнюю старуху, говорили, что она бьет его, спрашивали, когда будет их свадьба, сыпали на голову ему бумажки, называя это снегом. Но ни одного слова не отвечал на это Акакий Акакиевич, как будто бы никого и не было перед ним; это не имело даже влияния на занятия его: среди всех этих докук он не делал ни одной ошибки в письме. Только если уж слишком была невыносима шутка, когда толкали его под руку, мешая заниматься своим делом, он произносил: "Оставьте меня, зачем вы меня обижаете?" И что-то странное заключалось в словах и в голосе, с каким они были произнесены. В нем слышалось что-то такое преклоняющее на жалость, что один молодой человек, недавно определившийся, который, по примеру других, позволил было себе посмеяться над ним, вдруг остановился, как будто пронзенный, и с тех пор как будто все переменилось перед ним и показалось в другом виде. Какая-то неестественная сила оттолкнула его от товарищей, с которыми он познакомился, приняв их за приличных, светских людей. И долго потом, среди самых веселых минут, представлялся ему низенький чиновник с лысинкою на лбу, со своими проникающими словами: "Оставьте меня, зачем вы меня обижаете?" – и в этих проникающих словах звенели другие слова: "Я брат твой". И закрывал себя рукою бедный молодой человек, и много раз содрогался он потом на веку своем, видя, как много в человеке бесчеловечья, как много скрыто свирепой грубости в утонченной, образованной светскости, и, боже! даже в том человеке, которого свет признает благородным и честным...

Вряд ли где можно было найти человека, который так жил бы в своей должности. Мало сказать: он служил ревностно, – нет, он служил с любовью. Там, в этом переписыванье, ему виделся какой-то свой разнообразный и приятный мир. Наслаждение выражалось на лице его; некоторые буквы у него были фавориты, до которых если он добирался, то был сам не свой: и подсмеивался, и подмигивал, и помогал губами, так что в лице его, казалось, можно было прочесть всякую букву, которую выводило перо его. Если бы соразмерно его рвению давали ему награды, он, к изумлению своему, может быть, даже попал бы в статские советники; но выслужил он, как выражались остряки, его товарищи, пряжку в петлицу да нажил геморрой в поясницу. Впрочем, нельзя сказать, чтобы не было к нему никакого внимания. Один директор, будучи добрый человек и желая вознаградить его за долгую службу, приказал дать ему что–нибудь поважнее, чем обыкновенное переписыванье; именно из готового уже дела велено было ему сделать какое–то отношение в другое присутственное место; дело состояло только в том, чтобы переменить заглавный титул да переменить кое-где глаголы из первого лица в третье. Это задало ему такую работу, что он вспотел совершенно, тер лоб и наконец сказал: "Нет, лучше дайте я перепишу что–нибудь". С тех пор оставили его навсегда переписывать. Вне этого переписыванья, казалось, для него ничего не существовало. Он не думал вовсе о своем платье: вицмундир у него был не зеленый, а какого–то рыжевато–мучного цвета. Воротничок на нем был узенький, низенький, так что шея его, несмотря на то что не была длинна, выходя из воротника, казалась необыкновенно длинною, как у тех гипсовых котенков, болтающих головами, которых носят на головах целыми десятками русские иностранцы. И всегда что–нибудь да прилипало к его вицмундиру: или сенца кусочек, или какая–нибудь ниточка; к тому же он имел особенное искусство, ходя по улице, поспевать под окно именно в то самое время, когда из него выбрасывали всякую дрянь, и оттого вечно уносил на своей шляпе арбузные и дынные корки и тому подобный вздор. Ни один раз в жизни не обратил он внимания на то, что делается и происходит всякий день на улице, на что, как известно, всегда посмотрит его же брат, молодой чиновник, простирающий до того проницательность своего бойкого взгляда, что заметит даже, у кого на другой стороне тротуара отпоролась внизу панталон стремешка, — что вызывает всегда лукавую усмешку на лице его.

Но Акакий Акакиевич если и глядел на что, то видел на всем свои чистые, ровным почерком выписанные строки, и только разве если, неизвестно откуда взявшись, лошадиная морда помещалась ему на плечо и напускала ноздрями целый ветер замечал он, что он не на середине строки, а скорее на средине улицы. Приходя домой, он садился тот же час за стол, хлебал наскоро свои щи и ел кусок говядины с луком, вовсе не замечая их вкуса, ел все это с мухами и со всем тем, что ни посылал бог на ту пору. Заметивши, что желудок начинал пучиться, вставал из–за стола, вынимал баночку с чернилами и переписывал бумаги, принесенные на дом. Если же таких не случалось, он снимал нарочно, для собственного удовольствия, копию для себя, особенно если бумага была замечательна не по красоте слога, но по адресу к какому-нибудь новому или важному лицу.

Даже в те часы, когда совершенно потухает петербургское серое небо и весь чиновный народ наелся и отобедал, кто как мог, сообразно с получаемым жалованьем и собственной прихотью, – когда все уже отдохнуло после департаментского скрыпенья перьями, беготни, своих и чужих необходимых занятий и всего того, что задает себе добровольно, больше даже, чем нужно, неугомонный человек, – когда чиновники спешат предать наслаждению оставшееся время: кто побойчее, несется в театр; кто на улицу, определяя его на рассматриванье кое-каких шляпенок; кто на вечер – истратить его в комплиментах какой-нибудь смазливой девушке, звезде небольшого чиновного круга; кто, и это случается чаще всего, идет просто к своему брату в четвертый или третий этаж, в две небольшие комнаты с передней или кухней и кое-какими модными претензиями, лампой или иной вещицей, стоившей многих пожертвований, отказов от обедов, гуляний, – словом, даже в то время, когда все чиновники рассеиваются по маленьким квартиркам своих приятелей поиграть в штурмовой вист, прихлебывая чай из стаканов с копеечными сухарями, затягиваясь дымом из длинных чубуков, рассказывая во время сдачи какую-нибудь сплетню, занесшуюся из высшего общества, от которого никогда и ни в каком состоянии не может отказаться русский человек, или даже, когда не о чем говорить, пересказывая вечный анекдот о коменданте, которому пришли сказать, что подрублен хвост у лошади Фальконетова монумента, – словом, даже тогда, когда все стремится развлечься, – Акакий Акакиевич не предавался никакому развлечению. Никто не мог сказать, чтобы когда-нибудь видел его на каком-нибудь вечере. Написавшись всласть, он ложился спать, улыбаясь заранее при мысли о завтрашнем дне: что-то бог пошлет переписывать завтра? Так протекала мирная жизнь человека, который с четырьмястами жалованья умел быть довольным своим жребием, и дотекла бы, может быть, до глубокой старости, если бы не было разных бедствий, рассыпанных на жизненной дороге не только титулярным, но даже тайным, действительным, надворным и всяким советникам, даже и тем, которые не дают никому советов, ни от кого не берут их сами.

Есть в Петербурге сильный враг всех, получающих четыреста рублей в год жалованья или около того. Враг этот не кто другой, как наш северный мороз, хотя, впрочем, и говорят, что он очень здоров. В девятом часу утра, именно в тот час, когда улицы покрываются идущими в департамент, начинает он давать такие сильные и колючие щелчки без разбору по всем носам, что бедные чиновники решительно не знают, куда девать их. В это время, когда даже у занимающих высшие должности болит от морозу лоб и слезы выступают в глазах, бедные титулярные советники иногда бывают беззащитны. Все спасение состоит в том, чтобы в тощенькой шинелишке перебежать как можно скорее пять–шесть улиц и потом натопаться хорошенько ногами в швейцарской, пока не оттают таким образом все замерзнувшие на дороге способности и дарованья к должностным отправлениям. Акакий Акакиевич с некоторого времени начал чувствовать, что его как–то особенно сильно стало пропекать в спину и плечо, несмотря на то что он старался перебежать как можно скорее законное пространство. Он подумал наконец, не заключается ли каких грехов в его шинели. Рассмотрев её хорошенько у себя дома, он открыл, что в двух–трех местах, именно на спине и на плечах, она сделалась точная серпянка; сукно до того истерлось, что сквозило, и подкладка расползлась. Надобно знать, что шинель Акакия Акакиевича служила тоже предметом насмешек чиновникам; от неё отнимали даже благородное имя шинели и называли её капотом. В самом деле, она имела какое–то странное устройство: воротник ее уменьшался с каждым годом все более и более, ибо служил на подтачиванье других частей её. Подтачиванье не показывало искусства портного и выходило, точно, мешковато и некрасиво. Увидевши, в чем дело, Акакий Акакиевич решил, что шинель нужно будет снести к Петровичу, портному, жившему где–то в четвертом этаже по черной лестнице, который, несмотря на свой кривой глаз и рябизну по всему лицу, занимался довольно удачно починкой чиновничьих и всяких других панталон и фраков, – разумеется, когда бывал в трезвом состоянии и не питал в голове какого–нибудь другого предприятия. Об этом портном, конечно, не следовало бы много говорить, но так как уже заведено, чтобы в повести характер всякого лица был совершенно означен, то, нечего делать, подавайте нам и Петровича сюда. Сначала он назывался просто Григорий и был крепостным человеком у какого–то барина; Петровичем он начал называться с тех пор, как получил отпускную и стал попивать довольно сильно по всяким праздникам, сначала по большим, а потом, без разбору, по всем церковным, где только стоял в календаре крестик. С этой стороны он был верен дедовским обычаям, и, споря с женой, называл её мирскою женщиной и немкой. Так как мы уже заикнулись про жену, то нужно будет и о ней сказать слова два; но, к сожалению, о ней не много было известно, разве только то, что у Петровича есть жена, носит даже чепчик, а не платок; но красотою, как кажется, она не могла похвастаться; по крайней мере, при встрече с нею одни только гвардейские солдаты заглядывали ей под чепчик, моргнувши усом и испустивши какой–то особый голос.

Взбираясь по лестнице, ведшей к Петровичу, которая, надобно отдать справедливость, была вся умащена водой, помоями и проникнута насквозь тем спиртуозным запахом, который ест глаза и, как известно, присутствует неотлучно на всех черных лестницах петербургских домов, – взбираясь по лестнице, Акакий Акакиевич уже подумывал о том, сколько запросит Петрович, и мысленно положил не давать больше двух рублей. Дверь была отворена, потому что хозяйка, готовя какую–то рыбу, напустила столько дыму в кухне, что нельзя было видеть даже и самых тараканов. Акакий Акакиевич прошел через кухню, не замеченный даже самою хозяйкою, и вступил наконец в комнату, где увидел Петровича, сидевшего на широком деревянном некрашеном столе и подвернувшего под себя ноги свои, как турецкий паша. Ноги, по обычаю портных, сидящих за работою, были нагишом. И прежде всего бросился в глаза большой палец, очень известный Акакию Акакиевичу, с каким–то изуродованным ногтем, толстым и крепким, как у черепахи череп. На шее у Петровича висел моток шелку и ниток, а на коленях была какая–то ветошь. Он уже минуты с три продевал нитку в иглиное ухо, не попадал и потому очень сердился на темноту и даже на самую нитку, ворча вполголоса: "Не лезет, варварка; уела ты меня, шельма этакая!" Акакию Акакиевичу было неприятно, что он пришел именно в ту минуту, когда Петрович сердился: он любил что–либо заказывать Петровичу тогда, когда последний был уже несколько под куражем, или, как выражалась жена его, "осадился сивухой, одноглазый черт". В таком состоянии Петрович обыкновенно очень охотно уступал и соглашался, всякий раз даже кланялся и благодарил. Потом, правда, приходила жена, плачусь, что муж–де был пьян и потому дешево взялся; но гривенник, бывало, один прибавишь, и дело в шляпе. Теперь же Петрович был, казалось, в трезвом состоянии, а потому крут, несговорчив и охотник заламливать черт знает какие цены. Акакий Акакиевич смекнул это и хотел было уже, как говорится, на попятный двор, но уж дело было начато. Петрович прищурил на него очень пристально свой единственный глаз, и Акакий Акакиевич невольно выговорил:

–Здравствуй, Петрович!

–Здравствовать желаю, сударь, – сказал Петрович и покосил свой глаз на руки

Акакия Акакиевича, желая высмотреть, какого рода добычу тот нес.

—А я вот к тебе, Петрович, того...

Нужно знать, что Акакий Акакиевич изъяснялся большею частью предлогами, наречиями и, наконец, такими частицами, которые решительно не имеют никакого значения. Если же дело было очень затруднительно, то он даже имел обыкновение совсем не оканчивать фразы, так что весьма часто, начавши речь словами: "Это, право, совершенно того..." – а потом уже и ничего не было, и сам он позабывал, думая, что все уже выговорил.

—Что ж такое? – сказал Петрович и обсмотрел в то же время своим единственным глазом весь вицмундир его, начиная с воротника до рукавов, спинки, фалд и петлей, – что все было ему очень знакомо, потому что было собственной его работы. Таков уж обычай у портных: это первое, что он сделает при встрече.

—А я вот того, Петрович... шинель–то, сукно... вот видишь, везде в других местах, совсем крепкое, оно немножко запылилось, и кажется, как будто старое, а оно новое, да вот только в одном месте немного того... на спине, да еще вот на плече одном немного попротерлось, да вот на этом плече немножко – видишь, вот и все. И работы немного...

Петрович взял капот, разложил его сначала на стол, рассматривал долго, покачал головою и полез рукою на окно за круглой табакеркой с портретом какого–то генерала, какого именно, неизвестно, потому что место, где находилось лицо, было проткнуто пальцем и потом заклеено четвероугольным лоскуточком бумажки. Понюхав табаку, Петрович растопырил капот на руках и рассмотрел его против света и опять покачал головою. Потом обратил его подкладкой вверх и вновь покачал, вновь снял крышку с генералом, заклеенным бумажкой, и, натащивши в нос табаку, закрыл, спрятал табакерку и наконец сказал:

—Нет, нельзя поправить: худой гардероб!

У Акакия Акакиевича при этих словах екнуло сердце.

—Отчего же нельзя, Петрович? – сказал он почти умоляющим голосом ребенка, – ведь только всего что на плечах поистерлось, ведь у тебя есть же какие–нибудь кусочки...

—Да кусочки–то можно найти, кусочки найдутся, – сказал Петрович, – да нашить–то нельзя: дело совсем гнилое, тронешь иглой – а вот уж оно и ползет.

—Пусть ползет, а ты тотчас заплаточку.

—Да заплаточки не на чем положить, укрепиться ей не за что, поддержка больно велика. Только слава что сукно, а подуй ветер, так разлетится.

–Ну, да уж прикрепи. Как же этак, право, того!..

–Нет, – сказал Петрович решительно, – ничего нельзя сделать. Дело совсем плохое. Уж вы лучше, как придет зимнее холодное время, наделайте из неё себе онучек, потому что чулок не греет. Это немцы выдумали, чтобы побольше себе денег забирать (Петрович любил при случае кольнуть немцев); а шинель уж, видно, вам придется новую делать.

При слове "новую" у Акакия Акакиевича затуманило в глазах, и все, что ни было в комнате, так и пошло пред ним путаться. Он видел ясно одного только генерала с заклеенным бумажкой лицом, находившегося на крышке Петровичевой табакерки.

–Как же новую? – сказал он, все еще как будто находясь во сне, – ведь у меня и денег на это нет.

–Да, новую, – сказал с варварским спокойствием Петрович.

–Ну, а если бы пришлось новую, как бы она того...

–То есть что будет стоить?

–Да.

–Да три полсотни с лишком надо будет приложить，–сказал Петрович и сжал при этом значительно губы. Он очень любил сильные эффекты, любил вдруг как–нибудь озадачить совершенно и потом поглядеть искоса, какую озадаченный сделает рожу после таких слов.

–Полтораста рублей за шинель! – вскрикнул бедпый Акакий Акакиевич, вскрикнул, может быть, в первый раз от роду, ибо отличался всегда тихостью голоса.

–Да–с, – сказал Петрович, – да еще какова шинель. Если положить на воротник куницу да пустить капишон на шелковой подкладке, так и в двести войдет.

–Петрович, пожалуйста, – говорил Акакий Акакиевич умоляющим голосом, не слыша и нестараясь слышать сказанных Петровичем слов ивсех его эффектов, –как–нибудь поправь, чтобы хоть сколько–нибудь еще послужила.

–Да нет, это выйдет: и работу убивать и деньги попусту тратить, – сказал Петрович, и Акакий Акакиевич после таких слов вышел совершенно уничтоженный.

А Петрович по уходе его долго еще стоял, значительно сжавши губы и не принимаясь за работу, будучи доволен, что и себя не уронил, да и портного искусства тоже не выдал.

Вышед на улицу, Акакий Акакиевич был как во сне. "Этаково–то дело этакое, –

говорил он сам себе, – я, право, и не думал, чтобы оно вышло того... – а потом, после некоторого молчания, прибавил: – Так вот как! наконец вот что вышло, а я, право, совсем и предполагать не мог, чтобы оно было этак". Засим последовало опять долгое молчание, после которого он произнес: "Так этак-то! вот какое уж, точно, никак неожиданное, того... этого бы никак... этакое-то обстоятельство!" Сказавши это, он, вместо того чтобы идти домой, пошел совершенно в противную сторону, сам того не подозревая. Дорогою задел его всем нечистым своим боком трубочист и вычернил все плечо ему; целая шапка извести высыпалась на него с верхушки строившегося дома. Он ничего этого не заметил, и потом уже, когда натолкнулся на будочника, который, поставя около себя свою алебарду, натряхивал из рожка на мозолистый кулак табаку, тогда только немного очнулся, и то потому, что будочник сказал: "Чего лезешь в самое рыло, разве нет тебе трухтуара?"Это заставало его оглянуться и поворотить домой. Здесь только он начал собирать мысли, увидел в ясном и настоящем виде свое положение, стал разговаривать с собою уже не отрывисто, но рассудительно и откровенно, как с благоразумным приятелем, с которым можно поговорить о деле, самом сердечном и близком."Ну нет, – сказал Акакий Акакиевич, – теперь с Петровичем нельзя толковать: он теперь того... жена, видно, как-нибудь поколотила его. А вот я лучше приду к нему в воскресный день утром: он после канунешной субботы будет косить глазом и запавшись, так ему нужно будет опохмелиться, а жена денег не даст, а в это время я ему гривенничек и того, в руку, он и будетсговорчивее и шинель тогда итого..." Так рассудил сам с собою Акакий Акакиевич, ободрил себя и дождался первого воскресенья, и, увидев издали, что жена Петровича куда-то выходила из дому, он прямо к нему. Петрович, точно, после субботы сильно косил глазом, голову держал к полу и был совсем заспавшись; но при всем том, как только узнал, в чем дело, точно как будто его черт толкнул. "Нельзя, – сказал, – извольте заказать новую". Акакий Акакиевич тут-то и всунул ему гривенничек. "Благодарствую, сударь, подкреплюсь маленечко за ваше здоровье, – сказал Петрович, – а уж об шинели не извольте беспокоиться: она ни на какую годность не годится. Новую шинель уж я вам сошью на славу, уж на этом постоим".

Акакий Акакиевич еще было насчет починки, но Петрович не дослышал и сказал:"Уж новую я вам сошью беспримерно, в этом извольте положиться, старанье приложим. Можно будет даже так, как пошла мода: воротник будет застегиваться на серебряные лапки под аплике".

Тут-то увидел Акакий Акакиевич, что без новой шинели нельзя обойтись, и поник совершенно духом. Как же, в самом деле, на что, на какие деньги её сделать? Конечно, можно бы отчасти положиться на будущее награждение к празднику, но эти деньги давно уж размещены и распределены вперед. Требовалось завести новые панталоны, заплатить сапожнику старый долг за приставку новых головок к старым голенищам, да следовало заказать швее три рубахи да штуки две того белья, которое неприлично называть в печатном слоге, – словом, все деньги совершенно должны были разойтися; и если бы даже директор был так милостив, что вместо сорока рублей наградных определил бы сорок пять или пятьдесят, то все-таки останется какой-нибудь самый вздор, который в шинельном капитале будет капля в море. Хотя, конечно, он знал, что за Петровичем водилась блажь заломить вдруг черт знает какую непомерную цену, так что уж, бывало, сама жена не могла удержаться, чтобы не вскрикнуть: "Что ты с ума сходишь, дурак такой! В другой раз ни за что возьмет работать, а теперь разнесла его нелегкая запросить такую цену, какой и сам не стоит". Хотя, конечно, он знал, что Петрович и за восемьдесят рублей возьмется сделать; однако все же откуда взять эти восемьдесят рублей? Еще половину можно бы найти: половина бы отыскалась; может быть, даже немножко и больше; но где взять другую половину?... Но прежде читателю должно узнать, где взялась первая половина. Акакий Акакиевич имел обыкновение со всякого истрачиваемого рубля откладывать по грошу в небольшой ящичек, запертый на ключ, с прорезанною в крышке дырочкой для бросания туда денег. По истечении всякого полугода он ревизовал накопившуюся медную сумму н заменял её мелким серебром. Так продолжал он с давних пор, и, таким образом, в продолжении нескольких лет оказалось накопившейся суммы более чем на сорок рублей. Итак, половина была в руках; но где же взять другую половину? Где взять другие сорок рублей? Акакий Акакиевич думал, думал и решил, что нужно будет уменьшить обыкновенные издержки, хотя, по крайней мере, в продолжение одного года: изгнать употребление чаю по вечерам, не зажигать по вечерам свечи, а если что понадобится делать, идти в комнату к хозяйке и работать при ее свечке; ходя по улицам, ступать как можно легче и осторожнее, по камням и плитам, почти на цыпочках, чтобы таким образом не истереть скоровременно подметок; как можно реже отдавать прачке мыть белье, а чтобы не занашивалось, то всякий раз, приходя домой, скидать его и оставаться в одном только демикотоновом халате, очень давнем и щадимом даже самим временем. Надобно сказать правду, что сначала ему было несколько трудно привыкнуть к таким ограничениям, но потом как-то привыклось и пошло на лад; даже он совершенно приучился голодать по вечерам; но зато он питался духовно, нося в мыслях своих вечную идею будущей шинели. С этих пор как будто самое существование его сделалось как-то полнее, как будто бы он женился, как будто какой-то другой человек присутствовал с ним, как будто он был не один, а какая-то приятная подруга жизни согласилась с ним проходить вместе жизненную дорогу, – и подруга эта была не кто другая, как та же шинель на толстой вате, на крепкой подкладке без износу. Он сделался как-то живее, даже тверже характером, как человек, который уже определил и поставил себе цель. С лица и с поступков его исчезло само собою сомнение, нерешительность – словом, все колеблющиеся и неопределенные черты. Огонь порою показывался в глазах его, в голове даже мелькали самые дерзкие и отважные мысли: не положить ли, точно, куницу на воротник? Размышления об этом чуть не навели на него рассеянности. Один раз, переписывая бумагу, он чуть было даже не сделал ошибки, так что почти вслух вскрикнул "ух!" и перекрестился. В продолжении каждого месяца он хотя один раз наведывался к Петровичу, чтобы поговорить о шинели, где лучше купить сукна, и какого цвета, и в какую цену, и хотя несколько озабоченный, но всегда довольный возвращался домой, помышляя, что наконец придет же время, когда все это купится и когда шинель будет сделана. Дело пошло даже скорее, чем он ожидал. Противу всякого чаяния, директор назначил Акакию Акакиевичу не сорок или сорок пять, а целых шестьдесят рублей; уж предчувствовал ли он, что Акакию Акакиевичу нужна шинель, или само собой так случилось, но только у него чрез это очутилось лишних двадцать рублей. Это обстоятельство ускорило ход дела. Еще какие-нибудь два-три месяца небольшого голодания – и у Акакии Акакиевича набралось точно около восьмидесяти рублей. Сердце его, вообще весьма покойное, начало биться. В первый же день он отправился вместе с Петровичем в лавки. Купили сукна очень хорошего – и не мудрено, потому что об этом думали еще за полгода прежде и редкий месяц не заходили в лавки применяться к ценам; зато сам Петрович сказал, что лучше сукна и не бывает. На подкладку выбрали коленкору, но такого добротного и плотного, который, по словам Петровича, был еще лучше шелку м даже на вмд казистей и глянцевитей. Куницы не купили, потому что была, точно, дорога; а вместо ее выбрали кошку, лучшую, какая только нашлась в лавке, кошку, которую издали можно было всегда принять за куницу. Петрович провозился за шинелью всего две недели, потому что много было стеганья, а иначе она была бы готова раньше. За работу Петрович взял двенадцать рублей – меньше никак нельзя было: все было решительно шито на шелку, двойным мелким швом, и по всякому шву Петрович потом проходилсобственными зубами, вытесняя ими разные фигуры. Это было... трудно сказать, в который именно день, но, вероятно, в день самый торжественнейший в жизни Акакия Акакиевича, когда Петрович принес наконец шинель. Он принес её поутру, перед самым тем временем, как нужно было идти в департамент. Никогда бы в другое время не пришлась так кстати шинель, потому что начинались уже довольно крепкие морозы и, казалось, грозили еще более усилиться. Петрович явился с шинелью, как следует хорошему портному. В лице его показалось выражение такое значительное, какого Акакий Акакиевич никогда еще не видал. Казалось, он чувствовал в полной мере, что сделал немалое дело и что вдруг показал в себе бездну, разделяющую портных, которые подставляют только подкладки и переправляют, от тех, которые шьют заново. Он вынул шинель из носового платка, в котором ее принес; платок был только что от прачки, он уже потом свернул его и положил в карман для употребления. Вынувши шинель, он весьма гордо посмотрел и, держа в обеих руках, набросил весьма ловко на плеча Акакию Акакиевичу; потом потянул и осадил её сзади рукой книзу; потом драпировал ею Акакия Акакиевича несколько нараспашку. Акакий Акакиевич, как человек в летах, хотел попробовать в рукава; Петрович помог надеть и в рукава, – вышло, что и в рукава была хороша. Словом, оказалось, что шинель была совершенно и как раз впору. Петрович не упустил при сем случае сказать, что он так только, потому что живет без вывески на небольшой улице и притом давно знает Акакия Акакиевича, потому взял так дешево; а на Невском проспекте с него бы взяли за одну только работу семьдесят пять рублей. Акакий Акакиевич об этом не хотел рассуждать с Петровичем, да и боялся всех сильных сумм, какими Петрович любил запускать пыль. Он расплатился с ним, поблагодарил и вышел тут же в новой шинели в департамент. Петрович вышел вслед за ним и, оставаясь на улице, долго еще смотрел издали на шинель и потом пошел нарочно в сторону, чтобы, обогнувши кривым переулком, забежать вновь на улицу и посмотреть еще раз на свою шинель с другой стороны, то есть прямо в лицо. Между тем Акакий Акакиевич шел в самом праздничном расположении всех чувств. Он чувствовал всякий миг минуты, что на плечах его новая шинель, и несколько раз даже усмехнулся от внутреннего удовольствия. В самом деле, две выгоды: одно то, что тепло, а другое, что хорошо. Дороги он не приметил вовсе и очутился вдруг в департаменте; в швейцарской он скинул шинель, осмотрел её кругом и поручил в особенный надзор швейцару.

Неизвестно, каким образом в департаменте все вдруг узнали, что у Акакия Акакиевича новая шинель и что уже капота более не существует. Все в ту же минуту выбежали в швейцарскую смотреть новую шинель Акакия Акакиевича. Начали поздравлять его, приветствовать, так что тот сначала только улыбался, а потом сделалось ему даже стыдно. Когда же все, приступив к нему, стали говорить, что нужно вспрыснуть новую шинель и что, по крайней мере, он должен задать им всем вечер, Акакий Акакиевич потерялся совершенно, не знал, как ему быть, что такое отвечать и как отговориться. Он уже минут через несколько, весь закрасневшись, начал было уверять довольно простодушно, что это совсем не новая шинель, что это так, что это старая шнель. Наконец один из чиновников, какой–то даже помощник столоначальника, вероятно для того, чтобы показать, что он ничуть не гордец и знается даже с низшими себя, сказал: "Так и быть, я вместо Акакия Акакиевича даю вечер и прошу ко мне сегодня на чай: я же, как нарочно, сегодня именинник". Чиновники, натурально, тут же поздравили помощника столоначальника и приняли с охотою предложение. Акакий Акакиевич начал было отговариваться, но все стали говорить, что неучтиво, что просто стыд и срам, и он уж никак не мог отказаться. Впрочем, ему потом сделалось приятно, когда вспомнил, что он будет иметь чрез то случай пройтись даже и ввечеру в новой шинели. Этот весь день был для Акакия Акакиевича точно самый большой торжественный праздник. Он возвратился домой в самом счастливом расположении духа, скинул шинель и повесил её бережно на стене, налюбовавшись еще раз сукном и подкладкой, и потом нарочно вытащил, для сравненья, прежний капот свой, совершенно расползшийся. Он взглянул на него, и сам даже засмеялся: такая была далекая разница! И долго еще потом за обедом он все усмехался, как только приходило ему на ум положение, в котором находился капот. Пообедал он весело и после обеда уж ничего не писал, никаких бумаг, а так немножко посибаритствовал на постели, пока не потемнело. Потом, не затягивая дела, оделся, надел на плеча шинель и вышел на улицу. Где именно жил пригласивший чиновник, к сожалению, не можем сказать: память начинает нам сильно изменять, и всё, что ни есть в Петербурге, все улицы и домы слились и смешались так в голове, что весьма трудно достать оттуда что–нибудь в порядочном виде. Как бы то ни было, но верно, по крайней мере, то, что чиновник жил в лучшей части города, – стало быть, очень не близко от Акакия Акакиевича. Сначала надо было Акакию Акакиевичу пройти кое–какие пустынные улицы с тощим освещением, но по мере приближения к квартире чиновника улицы становились живее, населенней и сильнее освещены. Пешеходы стали мелькать чаще, начали попадаться и дамы, красиво одетые, на мужчинах попадались бобровые воротники, реже встречались ваньки с деревянными решетчатыми своими санками, утыканными позолоченными гвоздочками, – напротив, все попадались лихачи в малиновых бархатных шапках, с лакированными санками, с медвежьими одеялами, и пролетали улицу, визжа колесами по снегу, кареты с убранными козлами. Акакий Акакиевич глядел на все это, как на новость. Он уже несколько лет не выходил по вечерам на улицу. Остановился с любопытством перед освещенным окошком магазина посмотреть на картину, где изображена была какая–то красивая женщина, которая скидала с себя башмак, обнаживши, таким образом, всю ногу, очень недурную; а за спиной её, из дверей другой комнаты, выставил голову какой–то мужхшна с бакенбардами и красивой эспаньолкой под губой. Акакий Акакиевич покачнул головой и усмехнулся и потом пошел своею дорогою. Почему он усмехнулся, потому ли, что встретил вещь вовсе не знакомую, но о которой, однако же, все–таки у каждого сохраняется какое–то чутье, или подумал он, подобно многим другим чиновникам, следующее: "Ну, уж эти французы! что и говорить, уж ежели захотят что–нибудь того, так уж точно того..." А может быть, даже и этого не подумал – ведь нельзя же залезть в душу человека и узнать все, что он ни думает. Наконец достигнул он дома, в котором квартировал помощник столоначальника. Помощник столоначальника жил на большую ногу: на лестнице светил фонарь, квартира была во втором этаже. Вошедши в переднюю, Акакий Акакиевич увидел на полу целые ряды калош. Между ними, посреди комнаты, стоял самовар, шумя и испуская клубами пар. На стенах висели все шинели да плащи, между которыми некоторые были даже с бобровыми воротниками или с бархатными отворотами. За стеной был слышен шум и говор, которые вдруг сделались ясными и звонкими, когда отворилась дверь и вышел лакей с подносом, уставленным опорожненными стаканами, сливочником и корзиною сухарей. Видно, что уж чиновники давно собрались и выпили по первому стакану чаю. Акакий Акакиевич, повесивши сам шинель свою, вошел в комнату, и перед ним мелькнули в одно время свечи, чиновники, трубки, столы для карт, и смутно поразили слух его беглый, со всех сторон подымавшийся разговор и шум передвигаемых стульев. Он остановился весьма неловко среди комнаты, ища и стараясь придумать, что ему сделать. Но его уже заметили, приняли с криком, и все пошли тот же час в переднюю и вновь осмотрели его шинель. Акакий Акакиевич хотя было отчасти и сконфузился, но, будучи человеком чистосердечным, не мог не порадоваться, видя, как все похвалили шинель. Потом, разумеется, все бросили и его и шинель и обратились, как водится, к столам, назначенным для виста. Все это: шум, говор и толпа людей, – все это было как-то чудно Акакию Акакиевичу. Он просто не знал, как ему быть, куда деть руки, ноги и всю фигуру свою; наконец подсел он к игравшим, смотрел в карты, засматривал тому и другому в лица и чрез несколько времени начал зевать, чувствовать, что скучно, тем более что уж давно наступило то время, в которое он, по обыкновению, ложился спать. Он хотел проститься с хозяином, но его не пустили, говоря, что непременно надо выпить в честь обновки по бокалу шампанского. Через час подали ужин, состоявший из винегрета, холодной телятины, паштета, кондитерских пирожков и шампанского. Акакия Акакиевича заставили выпить два бокала, после которых он почувствовал, что в комнате сделалось веселее, однако ж никак не мог позабыть, что уже двенадцать часов и что давно пора домой. Чтобы как-нибудь не вздумал удерживать хозяин, он вышел потихоньку из комнаты, отыскал в передней шинель, которую не без сожаления увидел лежавшею на полу, стряхнул её, снял с неё всякую пушинку, надел на плеча и опустился по лестнице на улицу. На улице все еще было светло. Кое-какие мелочные лавчонки, эти бессменные клубы дворовых и всяких людей, были отперты, другие же, которые были заперты, показывали, однако ж, длинную струю света во всю дверную щель, означавшую, что они не лишены еще общества и, вероятно, дворовые служанки или слуги еще доканчивают свои толки и разговоры, повергая своих господ в совершенное недоумение насчет своего местопребывания. Акакий Акакиевич шел в веселом расположении духа, даже подбежал было вдруг, неизвестно почему, за какою-то дамою, которая, как молния, прошла мимо и у которой всякая часть тела была исполнена необыкновенного движения. Но, однако ж, он тут же остановился и пошел опять по-прежнему очень тихо, подивясь даже сам неизвестно откуда взявшейся рыси. Скоро потянулись перед ним те пустынные улицы, которые даже и днем не так веселы, а тем более вечером. Теперь они сделались еще глуше и уединеннее: фонари стали мелькать реже – масла, как видно, уже меньше отпускалось; пошли деревянные домы, заборы; нигде ни души; сверкал только один снег по улицам, да печально чернели с закрытыми ставнями заснувшие низенькие лачужки. Он приблизился к тому месту, где перерезывалась улица бесконечною площадью с едва видными на другой стороне её домами, которая глядела страшною пустынею.

Вдали, бог знает где, мелькал огонек в какой-то будке, которая казалась стоявшею на краю света. Веселость Акакия Акакиевича как-то здесь значительно уменьшилась.

Он вступил на площадь не без какой- то невольной боязни, точно как будто сердце его предчувствовало что-то недоброе. Он оглянулся назад и по сторонам: точное море вокруг него. "Нет, лучше и не глядеть", – подумал и шел, закрыв глаза, и когда открыл их, чтобы узнать, близко ли конец площади, увидел вдруг, что перед ним стоят почти перед носом какие-то люди с усами, какие именно, уж этого он не мог даже различить. У него затуманило в глазах и забилось в груди. "А ведь шинель-то моя!"– сказал один из них громовым голосом, схвативши его за воротник. Акакий Акакиевич хотел было уже закричать "караул", как другой приставил ему к самому рту кулак величиною в чиновничью голову, примолвив:"А вот только крикни!"Акакий Акакиевич чувствовал только, как сняли с него шинель, дали ему пинка поленом, и он упал навзничь в снег и ничего уж больше не чувствовал. Чрез несколько минут он опомнился и поднялся на ноги, но уж никого не было. Он чувствовал, что в поле холодно и шинели нет, стал кричать, но голос, казалось, и не думал долетать до концов площади. Отчаянный, не уставая кричать, пустился он бежать через площадь прямо к будке, подле которой стоял будочник и, опершись на свою алебарду, глядел, кажется, с любопытством, желая знать, какого черта бежит к нему издали и кричит человек. Акакий Акакиевич, прибежав к нему, начал задыхающимся голосом кричать, что он спит и ни за чем не смотрит, не видит, как грабят человека. Будочник отвечал, что он не видал ничего, что видел, как остановили его среди площади какие-то два человека, да думал, что то были его приятели; а что пусть он, вместо того чтобы понапрасну браниться, сходит завтра к надзирателю, так надзиратель отыщет, кто взял шинель. Акакий Акакиевич прибежал домой в совершенном беспорядке: волосы, которые еще водились у него в небольшом количестве на висках и затылке, совершенно растрепались; бок и грудь и все панталоны были в снегу. Старуха, хозяйка квартиры его, услыша страшный стук в дверь, поспешно вскочила с постели и с башмаком на одной только ноге побежала отворять дверь, придерживая на груди своей, из скромности, рукою рубашку; но, отворив, отступила назад, увидя в таком виде Акакия Акакиевича. Когда же рассказал он, в чем дело, она всплеснула руками и сказала, что нужно идти прямо к частному, что квартальный надует, пообещается и станет водить; а лучше всего идти прямо к частному, что он даже ей знаком, потому что Анна, чухонка, служившая прежде у неё в кухарках, определилась теперь к частному в няньки, что она часто видит его самого, как он проезжает мимо их дома, и что он бывает также всякое воскресенье в церкви, молится, а в то же время весело смотрит на всех, и что, стало быть, по всему видно, должен быть добрый человек. Выслушав такое решение, Акакий Акакиевич печальный побрел в свою комнату, и как он провел там ночь, предоставляется судить тому, кто может сколько-нибудь представить себе положение другого. Поутру рано отправился он к частному; но сказали, что спит; он пришел в десять – сказали опять: спит; он пришел в одиннадцать часов – сказали: да нет частного дома; он в обеденное время – но писаря в прихожей никак не хотели пустить его и хотели непременно узнать, за каким делом и какая надобность привела и что такое случилось. Так что наконец Акакий Акакиевич раз в жизни захотел показать характер и сказал наотрез, что ему нужно лично видеть самого частного, что они не смеют его не допустить, что он пришел из департамента за казенным делом, а что вот как на них пожалуется, так вот тогда они увидят. Против этого писаря ничего не посмели сказать, и один из них пошел вызвать частного. Частный принял как-то чрезвычайно странно рассказ о грабительстве шинели. Вместо того чтобы обратить внимание на плавный пункт дела, он стал расспрашивать Акакия Акакиевича: да почему он так поздно возвращался, да не заходил ли он и не был ли в каком непорядочном доме, так что Акакий Акакиевич сконфузился совершенно и вышел от него, сам не зная, возымеет ли надлежащий ход дело о шинели или нет. Весь этот день он не был в присутствии (единственный случай в его жизни). На другой день он явился весь бледный и в старом капоте своем, который сделался еще плачевнее. Повествование о грабеже шинели, несмотря на то что нашлись такие чиновники, которые не пропустили даже и тут посмеяться над Акакием Акакиевичем, однако же, многих тронуло. Решились тут же сделать для него складчину, но собрали самую безделицу, потому что чиновники и без того уже много истратились, подписавшись на директорский портрет и на одну какую-то книгу, по предложению начальника отделения, который был приятелем сочинителю, – итак, сумма оказалась самая бездельная. Один кто-то, движимый состраданием, решился, по крайней мере, помочь Акакию Акакиевичу добрым советом, сказавши, чтоб он поспел не к квартальному, потому что хоть и может случиться, что квартальный, желая заслужить одобрение начальства, отыщет каким-нибудь образом шинель, но шинель все-таки останется в полиции, если он не представит законных доказательств, что она принадлежит ему; а лучше всего, чтобы он обратился к одному значительному лицу, что значительное лицо, спишась и сносясь с кем следует, может заставить успешнее идти дело. Нечего делать, Акакий Акакиевич решился идти к значительному лицу. Какая именно и в чем состояла должность значительного лица, это осталось до сих пор неизвестным. Нужно знать, что одно значительное лицо недавно сделался значительным лицом, а до того времени он был незначительным лицом. Впрочем, место его и теперь не почиталось значительным в сравнении с другими, еще значительнейшими. Но всегда найдется такой круг людей, для которых незначительное в глазах прочих есть уже значительное. Впрочем, он старался усилить значительность многими другими средствами, именно: завел, чтобы низшие чиновники встречали его еще на лестнице, когда он приходил в должность; чтобы к нему являться прямо никто не смел, а чтоб шло все порядком строжайшим: коллежский регистратор докладывал бы губернскому секретарю, губернский секретарь – титулярному или какому приходилось другому, и чтобы уже, таким образом, доходило дело до него. Так уж на святой Руси все заражено подражанием, всякий дразнит и корчит своего начальника. Говорят даже, какой–то титулярный советник, когда сделали его правителем какой–то отдельной небольшой канцелярии, тотчас же отгородил себе особенную комнату, назвавши её "комнатой присутствия", и поставил у дверей каких–то капельдинеров с красными воротниками, в галунах, которые брались за ручку дверей и отворяли её всякому приходившему, хотя в "комнате присутствия" насилу мог уставиться обыкновенный письменный стол. Приемы и обычаи значительного лица были солидны и величественны, но не многосложны. Главным основанием его системы была строгость. "Строгость, строгость и – строгость", –говаривал он обыкновенно и при последнем слове обыкновенно смотрел очень значительно в лицо тому, которому говорил. Хотя, впрочем, этому и не было никакой причины, потому что десяток чиновников, составлявших весь правительственный механизм канцелярии, и без того был в надлежащем страхе; завидя его издали, оставлял уже дело и ожидал стоя ввытяжку, пока начальник пройдет через комнату. Обыкновенный разговор его с низшими отзывался строгостью и состоял почти из трех фраз: "Как вы смеете? Знаете ли вы, с кем говорите? Понимаете ли, кто стоит перед вами?" Впрочем, он был в душе, добрый человек, хорош с товарищами, услужлив, но генеральский чин совершенно сбил его с толку. Получивши генеральский чин, он как–то спутался, сбился с пути и совершенно не знал, как ему быть. Если ему случалось быть с ровными себе, он был еще человек как следует, человек очень порядочный, во многих отношениях даже не глупый человек; но как только случалось ему быть в обществе, где были люди хоть одним чином пониже его, там он был просто хоть из рук вон: молчал, и положение его возбуждало жалость, тем более что он сам даже чувствовал, что мог бы провести время несравненно лучше. В глазах его иногда видно было сильное желание присоединиться к какому-нибудь интересному разговору и кружку, но останавливала его мысль: не будет ли это уж очень много с его стороны, не будет ли фамильярно, и не уронит ли он чрез то своего значения? И вследствие таких рассуждений он оставался вечно в одном и том же молчаливом состоянии, произнося только изредка какие-то односложные звуки, и приобрел таким образом титул скучнейшего человека. К такому-то значительному лицу явился наш Акакий Акакиевич, и явился во время самое неблагоприятное, весьма некстати для себя, хотя, впрочем, кстати для значительного лица. Значительное лицо находился в своем кабинете и разговорился очень-очень весело с одним недавно приехавшим старинным знакомым и товарищем детства, с которым несколько лет не видался. В это время доложили ему, что пришел какой-то Башмачкин. Он спросил отрывисто:"Кто такой?" Ему отвечали: "Какой-то чиновник". – "А! может подождать, теперь не время", – сказал значительный человек. Здесь надобно сказать, что значительный человек совершенно прилгнул: ему было время, они давно уже с приятелем переговорили обо всем и уже давно перекладывали разговор весьма длинными молчаньями, слегка только потрепливая друг друга по ляжке и приговаривая: "Так-то, Иван Абрамович!" – "Этак-то, Степан Варламович!" Но при всем том, однако же, велел он чиновнику подождать, чтобы показать приятелю, человеку давно не служившему и зажившемуся дома в деревне, сколько времени чиновники дожидаются у него в передней. Наконец наговорившись, а еще более намолчавшись вдоволь и выкуривши сигарку в весьма покойных креслах с откидными спинками, он наконец как будто вдруг вспомнил и сказал секретарю, остановившемуся у дверей с бумагами для доклада:"Да, ведь там стоит, кажется, чиновник; скажите ему, что он может войти". Увидевши смиренный вид Акакия Акакиевича и его старенький вицмундир, он оборотился к нему вдруг и сказал: "Что вам угодно?" – голосом отрывистым и твердым, которому нарочно учился заране у себя в комнате, в уединении и перед зеркалом, еще за неделю до получения нынешнего своего места и генеральского чина. Акакий Акакиевич уже заблаговременно почувствовал надлежащую робость, несколько смутился и, как мог, сколько могла позволить ему свобода языка, изъяснил с прибавлением даже чаще, чем в другое время, частиц "того", что была-де шинель совершенно новая, и теперь ограблен бесчеловечным образом, и что он обращается к нему, чтоб он ходатайством своим как-нибудь того, списался бы с господином обер-полицмейстером или другим кем и отыскал шинель. Генералу, неизвестно почему, показалось такое обхождение фамильярным.

—Что вы, милостивый государь, – продолжал он отрывисто, – не знаете порядка? куда вы зашли? Не знаете, как водятся дела? Об этом вы должны были прежде подать просьбу в канцелярию; она пошла бы к столоначальнику, к начальнику отделения, потом передана была бы секретарю, а секретарь доставил бы ее уже мне...

—Но, ваше превосходительство, – сказал Акакий Акакиевич, стараясь собрать всю небольшую горсть присутствия духа, какая только в нем была, и чувствуя в то же время, что он вспотел ужасным образом, – я ваше превосходительство осмелился утрудить потому, что секретари того... ненадежный народ...

—Что, что, что? – сказал значительное лицо.– Откуда вы набрались такого духу? откуда вы мыслей таких набрались? что за буйство такое распространилось между молодыми людьми против начальников и высших!

Значительное лицо, кажется, не заметил, что Акакию Акакиевичу забралось уже за пятьдесят лет. Стало быть, если бы он и мог назваться молодым человеком, то разве только относительно, то есть в отношении к тому, кому уже было за семьдесят лет.

—Знаете ли вы, кому это говорите? понимаете ли вы, кто стоит перед вами? понимаете ли вы это, понимаете ли это? я вас спрашиваю.

Тут он топнул ногою, возведя голос до такой сильной ноты, что даже и не Акакию Акакиевичу сделалось бы страшно. Акакий Акакиевич так и обмер, пошатнулся, затрясся всем телом и никак не мог стоять: если бы не подбежали тут же сторожа поддержать его, он бы шлепнулся на пол; его вынесли почти без движения. А значительное лицо, довольный тем, что эффект превзошел даже ожидание, и совершенно упоенный мыслью, что слово его может лишить даже чувств человека, искоса взглянул на приятеля, чтобы узнать, как он на это смотрит, и не без удовольствия увидел, что приятель его находился в самом неопределенном состоянии и начинал даже с своей стороны сам чувствовать страх.

Как сошел с лестницы, как вышел на улицу, ничего уж этого не помнил Акакий Акакиевич. Он не слышал ни рук, ни ног. В жизнь свою он не был еще так сильно распечен генералом, да еще и чужим. Он шел по вьюге, свистевшей в улицах, разинув рот, сбиваясь с тротуаров; ветер, по петербургскому обычаю, дул на него со всех четырех сторон, из всех переулков. Вмиг надуло ему в горло жабу, и добрался он домой, не в силах будучи сказать ни одного слова; весь распух и слег в постель. Так сильно иногда бывает надлежащее распеканье! На другой же день обнаружилась у него сильная горячка. Благодаря великодушному вспомоществованию петербургского климата болезнь пошла быстрее, чем можно было ожидать, и когда явился доктор, то он, пощупавши пульс, ничего не нашелся сделать, как только прописать припарку, единственно уже для того, чтобы больной не остался без благодетельной помощи медицины; а впрочем, тут же объявил ему чрез полтора суток непременный капут. После чего обратился к хозяйке и сказал: "А вы, матушка, и времени даром не теряйте, закажите ему теперь же сосновый гроб, потому что дубовый будет для него дорог". Слышал ли Акакий Акакиевич эти произнесенные роковые для него слова, а если и слышал, произвели ли они на него потрясающее действие, пожалел ли он о горемычной своей жизни, – ничего это не известно, потому что он находился все время в бреду и жару. Явления, одно другого страннее, представлялись ему беспрестанно: то видел он Петровича и заказывал ему сделать шинель с какими–то западнями для воров, которые чудились ему беспрестанно под кроватью, и он поминутно призывал хозяйку вытащить у него одного вора даже из–под одеяла; то спрашивал, зачем висит перед ним старый капот его, что у него есть новая шинель; то чудилось ему, что он стоит перед генералом, выслушивая надлежащее распеканье, и приговаривает: "Виноват, ваше превосходительство!" —то, наконец, даже сквернохульничал, произнося самые страшные слова, так что старушка хозяйка даже крестилась, отроду не слыхав от него ничего подобного, тем более что слова эти следовали непосредственно за слогом "ваше превосходительство". Далее он говорил совершенную бессмыслицу, так что ничего нельзя было понять; можно было только видеть, что беспорядочные слова и мысли ворочались около одной и той же шинели. Наконец бедный Акакий Акакиевич испустил дух. Ни комнаты, ни вещей его не опечатывали, потому что, во–первых, не было наследников, а во–вторых, оставалось очень немного наследства, именно: пучок гусиных перьев, десть белой казенной бумаги, три пары носков, две–три пуговицы, оторвавшиеся от панталон, и уже известный читателю капот. Кому все это досталось, бог знает: об этом, признаюсь, даже не интересовался рассказывающий сию повесть. Акакия Акакиевича свезли и похоронили. И Петербург остался без Акакия Акакиевича, как будто бы в нем его и никогда не было. Исчезло и скрылось существо, никем не защищенное, никому не дорогое, ни для кого не интересное, даже не обратившее на себя внимания и естествонаблюдателя, не пропускающего посадить на булавку обыкновенную муху и рассмотреть её в микроскоп; существо, переносившее покорно канцелярские насмешки и без всякого чрезвычайного дела сошедшее в могилу, но для которого все же таки, хотя перед самым концом жизни, мелькнул светлый гость в виде шинели, ожививший на миг бедную жизнь, и на которое так же потом нестерпимо обрушилось несчастие, как обрушивалось на царей и повелителей мира... Несколько дней после его смерти послан был к нему на квартиру из департамента сторож, с приказанием немедленно явиться: начальник–де требует; но сторож должен был возвратиться ни с чем, давши отчет, что не может больше прийти, и на запрос "почему?" выразился словами: "Да так, уж он умер, четвертого дня похоронили". Таким образом узнали в департаменте о смерти Акакия Акакиевича, и на другой день уже на его месте сидел новый чиновник, гораздо выше ростом и выставлявший буквы уже не таким прямым почерком, а гораздо наклоннее и косее.

Но кто бы мог вообразить, что здесь еще не все об Акакии Акакиевиче, что суждено ему на несколько дней прожить шумно после своей смерти, как бы в награду за не примеченную никем жизнь. Но так случилось, и бедная история наша неожиданно принимает фантастическое окончание. По Петербургу пронеслись вдруг слухи, что у Калинкина моста и далеко подальше стал показываться по ночам мертвец в виде чиновника, ищущего какой–то утащенной шинели и под видом стащенной шинели сдирающий со всех плеч, не разбирая чина и звания, всякие шинели: на кошках, на бобрах, на вате, енотовые, лисьи, медвежьи шубы – словом, всякого рода меха и кожи, какие только придумали люди для прикрытия собственной. Один из департаментских чиновников видел своими глазами мертвеца и узнал в нем тотчас Акакия Акакиевича; но это внушило ему, однако же, такой страх, что он бросился бежать со всех ног и оттого не мог хорошенько рассмотреть, а видел только, как тот издали погрозил ему пальцем. Со всех сторон поступали беспрестанно жалобы, что спины и плечи, пускай бы еще только титулярных, а то даже самих тайных советников, подвержены совершенной простуде по причине ночного сдергивания шинелей. В полиции сделано было распоряжение поймать мертвеца во что бы то ни стало, живого или мертвого, и наказать его, в пример другим, жесточайшим образом, и в том едва было даже не успели. Именно булочник какого–то квартала в Кирюшкином переулке схватил было уже совершенно мертвеца за ворот на самом месте злодеяния, на покушении сдернуть фризовую шинель с какого–то отставного музыканта, свиставшего в свое время на флейте. Схвативши его за ворот, он вызвал своим криком двух других товарищей, которым поручил держать его, а сам полез только на одну минуту за сапог, чтобы вытащить оттуда тавлинку с табаком, освежить на время шесть раз на веку примороженный нос свой; но табак, верно, был такого рода, которого не мог вынести даже и мертвец. Не успел булочник, закрывши пальцем свою правую ноздрю, потянуть левою полгорсти, как мертвец чихнул так сильно, что совершенно забрызгал им всем троим глаза. Покамест они поднесли кулаки протереть их, мертвеца и след пропал, так что они не знали даже, был ли он, точно, в их руках. С этих пор будочники получили такой страх к мертвецам, что даже опасались хватать и живых, и только издали покрикивали: "Эй, ты, ступай своею дорогою!" – и мертвец-чиновник стал показываться даже за Калинкиным мостом, наводя немалый страх на всех робких людей. Но мы, однако же, ссеершенно оставили одно значительное лицо, который, по–настоящему, едва ли не был причиною фантастического направления, впрочем, совершенно истинной истории. Прежде всего долг справедливости требует сказать, что одно значительное лщо скоро по уходе бедного, распеченного в пух Акакия Акакиевича почувствовал что–то вроде сожаления. Сострадание было ему не чуждо; его сердцу были доступны многие добрые движения, несмотря на то что чин весьма часто мешал им обнаруживаться. Как только вышел из его кабинета приезжий приятель, он даже задумался о бедном Акакии Акакиевиче. И с этих пор почти всякий день представлялся ему бледный Акакий Акакиевич, не выдержавший должностного распеканья. Мысль о нем до такой степени тревожила его, что неделю спустя он решился даже послать к нему чиновника узнать, что он и как и нельзя ли в самом деле чем помочь ему; и когда донесли ему, что Акакий Акакиеврсч умер скоропостижно в горячке, он остался даже пораженным, слышал упреки совести и весь день был не в духе. Желая сколько–нибудь развлечься и позабыть неприятное впечатление, он отправился на вечер к одному из приятелей своих, у которого нашел порядочное общество, а что всего лучше – все там были почти одного и того же чина, так что он совершенно ничем не мог быть связан. Это имело удивительное действие на душевное его расположение. Он развернулся, сделался приятен в разговоре, любезен – словом, провел вечер очень приятно. За ужином выпил он стакана два шампанского– средство, как известно, недурно действующее в рассуждении веселости. Шампанское сообщило ему расположение к разным экстренностям, а именно: он решил не ехать еще домой, а заехать к одной знакомой даме, Каролине Ивановне, даме, кажется, немецкого происхождения, к которой он чувствовал совершенно приятельские отношения. Надобно сказать, что значительное лицо был уже человек немолодой, хороший супруг, почтенный отец семейства. Два сына, из которых один служил уже в канцелярии, и миловидная шестнадцатилетняя дочь с несколько выгнутым, но хорошеньким носиком приходили всякий день целовать его руку, приговаривая: "bonjour papa". Супруга его, еще женщина свежая и даже ничуть не дурная, давала ему прежде поцеловать свою руку и потом, переворотивши её на другую сторону, целовала его руку. Но значительное лицо, совершенно, впрочем, довольный домашними семейными нежностями, нашел приличным иметь для дружеских отношений приятельницу в другой части города. Эта приятельница была ничуть не лучше и не моложе жены его; но такие уж задачи бывают на свете, и судить об них не наше дело. Итак, значительное лицо сошел с лестницы, сел в сани и сказал кучеру: "К Каролине Ивановне", – а сам, закутавшись весьма роскошно в теплую шинель, оставался в том приятном положении, лучше которого и не выдумаешь для русского человека, то есть когда сам ни о чем не думаешь, а между тем мысли сами лезут в голову, одна другой приятнее, не давая даже труда гоняться за ними и искать их. Полный удовольствия, он слегка припоминал все веселые места проведенного вечера, все слова, заставившие хохотать небольшой круг; многие из них он даже повторял вполголоса и нашел, что они всё так же смешны, как и прежде, а потому не мудрено, что и сам посмеивался от души. Изредка мешал ему, однако же, порывистый ветер, который, выхватившись вдруг бог знает откуда и невесть от какой причины, так и резал в лицо, подбрасывая ему туда клочки снега, хлобуча, как парус, шинельный воротник или вдруг с неестественною силою набрасывая ему его на голову и доставляя, таким образом, вечные хлопоты из него выкарабкиваться. Вдруг почувствовал значительное лицо, что его ухватил кто–то весьма крепко за воротник. Обернувшись, он заметил человека небольшого роста, в старом поношенном вицмундире, и не без ужаса узнал в нем Акакия Акакиевича. Лицо чиновника было бледно, как снег, и глядело совершенным мертвецом. Но ужас значительного лица превзошел все границы, когда он увидел, что рот мертвеца покривился и, пахнувши на него страшно могилою, произнес такие речи: "А! так вот ты наконец! наконец я тебя того, поймал за воротник! твоей–то шинели мне и нужно! не похлопотал об моей, да еще и распек, – отдавай же теперь свою!" Бедное значительное лицо чуть не умер. Как ни был он характерен в канцелярии и вообще перед низшими, и хотя, взглянувши на один мужественный вид его и фигуру, всякий говорил: "У, какой характер!" – но здесь он, подобно весьма многим, имеющим богатырскую наружность, почувствовал такой страх, что не без причины даже стал опасаться насчет какого–нибудь болезненного припадка. Он сам даже скинул поскорее с плеч шинель свою и закричал кучеру не своим голосом: "Пошел во весь дух домой!" Кучер, услышавши голос, который произносится обыкновенно в решительные минуты и даже сопровождается кое-чем гораздо действительнейшим, упрятал на всякий случай голову свою в плечи, замахнулся кнутом и помчался как стрела.

Минут в шесть с небольшим значительное лицо уже был пред подъездом своего дома. Бледный, перепуганный и без шинели, вместо того чтобы к Каролине Ивановне, он приехал к себе, доплелся кое-как до своей комнаты и провел ночь весьма в большом беспорядке, так что на другой день поутру за чаем дочь ему сказала прямо: "Ты сегодня совсем бледен, папа". Но папа молчал и никому ни слова о том, что с ним случилось, и где он был, и куда хотел ехать. Это происшествие сделало на него сильное впечатление. Он даже гораздо реже стал говорить подчиненным:"Как вы смеете, понимаете ли, кто перед вами?"; если же и произносил, то уж не прежде, как выслушавши сперва, в чем дело. Но еще более замечательно то, что с этих пор совершенно прекратилось появление чиновника-мертвеца: видно, генеральская шинель пришлась ему совершенно по плечам; по крайней мере, уже не было нигде слышно таких случаев, чтобы сдергивали с кого шинели. Впрочем, многие деятельные и заботливые люди никак не хотели успокоиться и поговаривали, что в дальних частях города все еще показывался чиновник-мертвец. И точно, один коломенский будочник видел собственными глазами, как показалось из-за одного дома привидение; но, будучи по природе своей несколько бессилен, так что один раз обыкновенный взрослый поросенок, кинувшись из какого-то частного дома, сшиб его с ног, к величайшему смеху стоявших вокруг извозчиков, с которых он вытребовал за такую издевку по грошу на табак, – итак, будучи бессилен, он не посмел остановить его, а так шел за ним в темноте до тех пор, пока наконец привидение вдруг оглянулось и, остановясь, спросило: "Тебе чего хочется?"–и показало такой кулак, какого и у живых не найдешь. Будочник сказал:"Ничего",–да и поворотил тот же час назад. Привидение, однако же, было уже гораздо выше ростом, носило преогромные усы и, направив шаги, как казалось, к Обухову мосту, скрылось совершенно в ночной темноте.

Вопросы по тексту:

1. В каком году было впервые опубликовано произведение Гоголя «Шинель»?

    A. 1840

    B. 1843

    C. 1846

    D. 1849

2. Какую проблему поднял Гоголь в своем произведении «Шинель»?

   A. Проблему «маленького человека» и общества;

   B. Проблему любви и долга;

   C. Проблему отцов и детей;

   D. Проблему чести и бесчестия.

3. Кем служил Акакий Акакиевич?

   A. Дворником в гостинице;

   B. Делопроизводителем у частного адвоката;

   C. Титулярным советником;

   D. Помощником управляющего.

4. Как относились к Акакию Акакиевичу на службе?

   A. Все относились к нему с уважением;

   B. Все относились к нему с пренебрежением;

   C. Сослуживцы хорошо относились к герою только тогда, когда он приносил выпивку;

   D. Сослуживцы не знали о существовании Акакия Акакиевича.

5. В чем состояла работа Башмачкина?

   A. Акакий Акакиевич следил за порядком;

   B. Герой отвечал за архивы;

   C. Башмачкин исправлял ошибки в документах;

   D. Акакий Акакиевич переписывал документы.

6. О ком из героев идет речь в цитатах: умел «солидно пить», и «удачно чинить чиновничьи панталоны и фраки»?

   A. О Петровиче;

   B. О Башмачкине;

   C. О «Значительном лице».

   D. Об отце Петровича

7. Как Башмачкин расплатился с портным за новую шинель?

   A. Отдал все деньги из сбережений матери;

   B. Одолжил денег у соседа–сослуживца;

   C. Договорился с нетрезвым портным, чтобы тот пошил шинель дешевле, а сам всячески экономил, чтобы скопить нужную сумму.

D. Башмачкин пошел к начальству и попросил сделать крупную работу, за которую ему сразу же заплатили.

8. Какую сумму Акакий заплатил портному за шинель?

   A. 280 рублей

   B. 60 рублей

   C. 80 рублей

   D. 180 рублей

9. Сколько Акакию оставалось скопить денег, чтобы заполучить долгожданную обнову?

   A. 50 рублей

   B. 80 рублей

   C. 60 рублей

   D. 40 рублей

10. Какой была реакция сослуживцев на новую шинель?

    A. Сослуживцы заметили обновку и требовали по такому случаю устроить вечер;

    B. Сослуживцам было все равно;

    C. Сослуживцы начали критиковать фасон шинели;

    D. Башмачкин боялся износить новую шинель, поэтому не надевал ее на службу.

11. Что случилось с Акакием Акакиевичем, когда он шел домой после ужина у чиновника?

    A. Башмачкин встретился с женщиной, которая поразила его своей красотой;

    B. На Акакия Акакиевича напали бродячие собаки;

    C. Башмачкин случайно порвал новую шинель, зацепившись за гвоздь в дверях;

    D. Неизвестные люди с усами толкнули Акакия Акакиевича в снег и отобрали у него шинель.

12. Кто советовал Башмачкину обратиться к «значительному лицу, кое может поспособствовать более успешному поиску шинели»?

    A. Петрович;

    B. Частный пристав;

    C. Сослуживцы;

    D. Сосед.

13. Кто ухаживал за Акакием во время горячки?

    A. Хозяйка квартиры

    B. Портной

C. Жена Петровича

D. Мать

14. Какие события происходили возле Калинкина моста после похорон Башмачкина?

A. Проходя мимо моста, все влюблённые ссорились и расставались;

B. Возле моста начал появляться призрак, который со всех сдирал шинели;

C. Люди стали находить разбросанные по тропинкам деньги;

D. Калинов мост начали избегать животные.

15. Что случилось после исчезновения призрака титулярного советника?

A. Появляется новое

B. Пропала хозяйка квартиры

C. Шинели вернулись своим владельцам

D. Погиб портной

Вопросы для дискуссии:

Как вы думаете, какая нравственная проблематика поднята в произведении «Шинели»?

Переведите и подумайте, чему учит это произведение?

Безусловно, произведение учит нас быть отзывчивыми, добрыми, милосердными. Видя весь ужас ситуации со стороны, читатель в состоянии отличить добро от зла и осознать, что проявить желание помочь или действительно помочь – очень ценное качество. Оно может предотвратить многие беды. Таков вывод из прочитанного текста.

Автор склоняет нас к мысли, что за любое зло мир отвечает злом. Так или иначе, сделав что–то плохое, человек получит его же в двойном размере. Поэтому стоит отвечать за свои слова и поступки, а также быть готовым к тому, что возмездие обязательно придёт. И если никто не способен наказать, то уж сверхъестественные силы точно способны воздать должное вышестоящим лицам. Такова мораль в повести Гоголя «Шинель».

То, над чем смеётся Гоголь, неприятно и смешно каждому здравомыслящему человеку. Низость и ограниченность человека, его рабская покорность судьбе и окружению, его инфантильность и нежелание развиваться – всё это есть в образе маленького человека. Автор не идеализирует его, а высмеивает за слабость и потворство общественным порокам.

3. Иван Сергеевич Тургенев
伊·谢·屠格涅夫 (1818—1883)

О произведении

Рассказ Тургенева «Муму» был написан весной 1852 года. У прочитавших его он вызывал, без исключения, очень сильные, порой, противоречивые эмоции и чувства. Опубликован он был лишь в 1854 году в третьем номере журнала «Современник», после долгой борьбы с цензурой.

В основу рассказа легли реальные воспоминания Тургенева о своём детстве и юношеских годах. Мать писателя, Варвара Петровна, имела славу тяжёлой, бескомпромиссной женщины. Именно с неё была списана модель поведения барыни, вобравшая все отрицательные черты помещичьего класса.

Прототипом Герасима был крепостной Варвары Петровны, дворник Андрей по прозвищу Немой. Он также был крупным, трудолюбивым мужчиной с недюжинной силой.

Тема

Центральная тема – беспросветно тяжелая жизнь крепостных крестьян, жизнь которых находится в полной зависимости от барских прихотей. Вместе с тем в рассказе подняты темы любви, доверия, внутренней свободы.

Главные герои

Герасим

Главный герой, нелюдимый крестьянин средних лет, глухонемой

Барыня

Главный отрицательный персонаж

Муму

Собачка Герасима

Второстепенные персонажи

Татьяна

Молодая прачка при дворе барыни

Капитон

Башмачник при дворе барыни

Гаврила

Дворецкий барыни

МУМУ

В одной из отдаленных улиц Москвы, в сером доме с белыми колоннами, антресолью и покрывившимся балконом, жила некогда барыня, вдова, окруженная многочисленною дворней. Сыновья её служили в Петербурге, дочери вышли замуж; она выезжала редко и уединенно доживала последние годы своей скупой и скучающей старости. День её, нерадостный и ненастный, давно прошел; но и вечер её был чернее ночи.

Из числа всей её челяди самым замечательным лицом был дворник Герасим, мужчина двенадцати вершков роста, сложенный богатырем и глухонемой от рожденья. Барыня взяла его из деревни, где он жил один, в небольшой избушке, отдельно от братьев, и считался едва ли не самым исправным тягловым мужиком. Одаренный необычайной силой, он работал за четверых — дело спорилось в его руках, и весело было смотреть на него, когда он либо пахал и, налегая огромными ладонями на соху, казалось, один, без помощи лошаденки, взрезывал упругую грудь земли, либо о Петров день так сокрушительно действовал косой, что хоть бы молодой березовый лесок смахивать с корней долой, либо проворно и безостановочно молотил трехаршинным цепом, и как рычаг опускались и поднимались продолговатые и твердые мышцы его плечей. Постоянное безмолвие придавало торжественную важность его неистомной работе. Славный он был мужик, и не будь его несчастье, всякая девка охотно пошла бы за него замуж... Но вот Герасима привезли в Москву, купили ему сапоги, сшили кафтан на лето, на зиму тулуп, дали ему в руки метлу и лопату и определили его дворником.

Крепко не полюбилось ему сначала его новое житье. С детства привык он к полевым работам, к деревенскому быту. Отчужденный несчастьем своим от сообщества людей, он вырос немой и могучий, как дерево растет на плодородной земле." Переселенный в город, он не понимал, что с ним такое деется, — скучал и недоумевал, как недоумевает молодой, здоровый бык, которого только что взяли с нивы, где сочная трава росла ему по брюхо, – взяли, поставили на вагон железной дороги – и вот, обдавая его тучное тело то дымом с искрами, то волнистым паром, мчат его теперь, мчат со стуком и визгом, а куда мчат – бог весть! Занятия Герасима по новой его должности казались ему шуткой после тяжких крестьянских работ; в полчаса все у него было готово, и он опять то останавливался посреди двора и глядел, разинув рот, на всех проходящих, как бы желая добиться от них решения загадочного своего положения, то вдруг уходил куда–нибудь в уголок и, далеко швырнув метлу и лопату, бросался на землю лицом и целые часы лежал на груди неподвижно, как пойманный зверь. Но ко всему привыкает человек, и Герасим привык наконец к городскому житью. Дела у него было немного; вся обязанность его состояла в том, чтобы двор содержать в чистоте, два раза в день привезти бочку с водой, натаскать и наколоть дров для кухни и дома, да чужих не пускать и по ночам караулить. И надо сказать, усердно исполнял он свою обязанность: на дворе у него никогда ни щенок не валялось, ни сору; застрянет ли в грязную пору где–нибудь с бочкой отданная под его начальство разбитая кляча-водовозка, он только двинет плечом – и не только телегу, самое лошадь спихнет с места; дрова ли примется он колоть, топор так и звенит у него, как стекло, и летят во все стороны осколки и поленья; а что насчет чужих, так после того, как он однажды ночью, поймав двух воров, стукнул их друг о дружку лбами, да так стукнул, что хоть в полицию их потом не води, все в околотке очень стали уважать его; даже днем проходившие, вовсе уже не мошенники, а просто незнакомые люди при виде грозного дворника отмахивались и кричали на него, как будто он мог слышать их крики. Со всей остальной челядью Герасим находился в отношениях не то чтобы приятельских – они его побаивались, – а коротких: он считал их за своих. Они с ним объяснялись знаками, и он их понимал, в точности исполнял все приказания, но права свои тоже знал, и уже никто не смел садиться на его место в застолице. Вообще Герасим был нрава строгого и серьезного, любил во всем порядок; даже петухи при нем не смели драться, – а то беда! Увидит, тотчас схватит за ноги, повертит раз десять на воздухе колесом и бросит врозь. На дворе у барыни водились тоже гуси; но гусь, известно, птица важная и рассудительная; Герасим чувствовал к ним уважение, ходил за ними и кормил их; он сам смахивал на степенного гусака. Ему отвели над кухней каморку; он устроил ее себе сам, по своему вкусу, соорудил в ней кровать из дубовых досок на четырех чурбанах, – истинно богатырскую кровать; сто пудов можно было положить на неё – не погнулась бы; под кроватью находился дюжий сундук; в уголку стоял столик такого же крепкого свойства, а возле столика стул на трех ножках, да такой прочный и приземистый, что сам Герасим, бывало, поднимет его, уронит и ухмыльнется. Каморка запиралась на замок, напоминавший своим видом калач, только черный; ключ от этого замка Герасим всегда носил с собой на пояске. Он не любил, чтобы к нему ходили.

Так прошел год, по окончании которого с Герасимом случилось небольшое происшествие.

Старая барыня, у которой он жил в дворниках, во всем следовала древним обычаям и прислугу держала многочисленную; в доме у ней находились не только прачки, швеи, столяры, портные и портнихи, был даже один шорник, он же считался ветеринарным врачом и лекарем для людей, был домашний лекарь для госпожи, был, наконец, один башмачник, по имени Капитон Климов, пьяница горький. Климов почитал себя существом обиженным и не оцененным по достоинству, человеком образованным и столичным, которому не в Москве бы жить, без дела, в каком–то захолустье, и если пил, как он сам выражался с расстановкой и стуча себя в грудь, то пил уже именно с горя. Вот зашла однажды о нем речь у барыни с её главным дворецким, Гаврилой, человеком, которому, судя по одним его желтым глазкам и утиному носу, сама судьба, казалось, определила быть начальствующим лицом. Барыня сожалела об испорченной нравственности Капитона, которого накануне только что отыскали где–то на улице.

–А что, Гаврила, – заговорила вдруг она,– не женить ли нам его, как ты думаешь? Может, он остепенится.

–Отчего же не женить–с! Можно–с, – ответил Гаврила, – и очень даже будет хорошо–с.

–Да; только кто за него пойдет?

–Конечно–с. А впрочем, как вам будет угодно–с. Все же он, так сказать, на что-нибудь может быть потребен; из десятка его не выкинешь.

–Кажется, ему Татьяна нравится?

Гаврила хотел было что–то возразить, да сжал губы.

–Да!., пусть посватает Татьяну, – решила барыня,с удовольствием понюхивая табачок, – слышишь?

–Слушаю–с, – произнес Гаврила и удалился.

Возвратясь в свою комнату (она находилась во флигеле и была почти вся загромождена коваными сундуками), Гаврила сперва выслал вон свою жену, а потом подсел к окну и задумался. Неожиданное распоряжение барыни его, видимо, озадачило. Наконец он встал и велел кликнуть Капитона. Капитон явился... Но прежде чем мы передадим читателям их разговор, считаем нелишш–ш рассказать в немногих словах, кто была эта Татьяна, на которой приходилось Капитону жениться, и почему повеление барыни смутило дворецкого.

  Татьяна, состоявшая, как мы сказали выше, в должности прачки (впрочем, ей, как искусной и ученой прачке, поручалось одно тонкое белье), была женщина лет двадцати осьми, маленькая, худая, белокурая, с родинками на левой щеке. Родинки на левой щеке почитаются на Руси худой приметой – предвещанием несчастной жизни... Татьяна не могла похвалиться своей участью. С ранней молодости её держали в черном теле; работала она за двоих, а ласки никакой никогда не видала; одевали её плохо, жалованье она получала самое маленькое; родни у ней все равно что не было: один какой–то старый ключник, оставленный за негодностью в деревне, доводился ей дядей, да другие дядя у ней в мужиках состояли, – вот и все. Когда–то она слыла красавицей, но красота с нее очень скоро соскочила. Нрава она была весьма смирного, или, лучше сказать, запуганного, к самой себе она чувствовала полное равнодушие, других боялась смертельно; думала только о том, как бы работу к сроку кончить, никогда ни с кем не говорила и трепетала при одном имени барыни, хотя та её почти в глаза не знала. Когда Герасима привезли из деревни, она чуть не обмерла от ужаса при виде его громадной фигуры, всячески старалась не встречаться с ним, даже жмурилась, бывало, когда ей случалось пробегать мимо него, спеша из дома в прачечную. Герасим сперва не обращал на нее особенного внимания, потом стал посмеиваться, когда она ему попадалась, потом и заглядываться на нее начал, наконец и вовсе глаз с нее не спускал. Полюбилась она ему; кротким ли выражением лица, робостью ли движений – бог его знает! Вот однажды пробиралась она по двору, осторожно поднимая на растопыренных пальцах накрахмаленную барынину кофту... кто–то вдруг сильно схватил её за локоть; она обернулась и так и вскрикнула: за ней стоял Герасим. Глупо смеясь и ласково мыча, протягивал он ей пряничного петушка, с сусальным золотом на хвосте и крыльях. Она было хотела отказаться, но он насильно впихнул его ей прямо в руку, покачал головой, пошел прочь и, обернувшись, еще раз промычал ей что–то очень дружелюбное. С того дня он уж ей не давал покоя: куда, бывало, она ни пойдет, он уж тут как тут, идет ей навстречу, улыбается, мычит, махает руками, ленту вдруг вытащит из–за пазухи и всучит ей, метлой перед ней пыль расчистит. Бедная девка просто не знала, как ей быть и что делать. Скоро весь дом узнал о проделках немого дворника; насмешки, прибауточки, колкие словечки посыпались на Татьяну. Над Герасимом, однако, глумиться не все решались: он шуток не любил; да и ее при нем оставляли в покое. Рада не рада, а попала девка под его покровительство. Как все глухонемые, он очень был догадлив и очень хорошо понимал, когда над ним или над ней смеялись. Однажды за обедом кастелянша, начальница Татьяны, принялась ее, как говорится, шпынять и до того ее довела, что та, бедная, не знала куда глаза деть и чуть не плакала с досады. Герасим вдруг приподнялся, протянул свою огромную ручищу, наложил ее на голову кастелянши и с такой угрюмой свирепостью посмотрел ей в лицо, что та так и пригнулась к столу. Все умолкли. Герасим снова взялся за ложку и продолжал хлебать щи. «Вишь, глухой черт, леший!» – пробормотали все вполголоса, а кастелянша встала да ушла в девичью. А то в другой раз, заметив, что Капитон, тот самый Капитон, о котором сейчас шла речь, как-то слишком любезно раскалякался с Татьяной, Герасим подозвал его к себе пальцем, отвел в каретный сарай да, ухватив за конец стоявшее в углу дышло, слегка, но многозначительно погрозил ему им. С тех пор уж никто не заговаривал с Татьяной. И все это ему сходило с рук. Правда, кастелянша, как только прибежала в девичью, тотчас упала в обморок и вообще так искусно действовала, что в тот же день довела до сведения барыни грубый поступок Герасима; но причудливая старуха только рассмеялась, несколько раз, к крайнему оскорблению кастелянши, заставила ее повторить, как, дескать, он принагнул тебя своей тяжелой ручкой, и на другой день выслала Герасиму целковый. Она его жаловала как верного и сильного сторожа. Герасим порядком ее побаивался, но все-таки надеялся на ее милость и собирался уже отправиться к ней с просьбой, не позволит ли она ему жениться на Татьяне. Он только ждал нового кафтана, обещанного ему дворецким, чтоб в приличном виде явиться перед барыней, как вдруг этой самой барыне пришла в голову мысль выдать Татьяну за Капитона.

Читатель теперь легко сам поймет причину смущения, овладевшего дворецким Гаврилой после разговора с госпожой. «Госпожа, – думал он, посиживая у окна, – конечно, жалует Герасима (Гавриле хорошо это было известно, и оттого он сам ему потакал), все же он существо бессловесное; не доложить же госпоже, что вот Герасим, мол, за Татьяной ухаживает. Да и наконец, оно и справедливо, какой он муж? А с другой стороны, стоит этому, прости господи, лешему узнать, что Татьяну выдают за Капитона, ведь он все в доме переломает, ей-ей. Ведь с ним не столкуешь; ведь его, черта этакого, согрешил я, грешный, никаким способом не уломаешь... право!..»

Появление Капитона прервало нить Гаврилиных размышлений. Легкомысленный башмачник вошел, закинул руки назад и, развязно прислонясь к выдающемуся углу стены подле двери, поставил правую ножку крестообразно перед левой и встряхнул головой. «Вот, мол, я. Чего вам потребно?»

Гаврила посмотрел на Капитона и застучал пальцами по косяку окна. Капитон только прищурил немного свои оловянные глазки, но не опустил их, даже усмехнулся слегка и провел рукой по своим белесоватым волосам, которые так и ерошились во все стороны. «Ну да, я, мол, я. Чего глядишь?»

– Хорош, – проговорил Гаврила и помолчал.– Хорош, нечего сказать!

Капитон только плечиками передернул. «А ты небось лучше?» – подумал он про себя.

– Ну, посмотри на себя, ну, посмотри,– продолжал с укоризной Гаврила, – ну, на кого ты похож?

Капитон окинул спокойным взором свой истасканный и оборванный сюртук, свои заплатанные панталоны, с особенным вниманием осмотрел он свои дырявые сапоги, особенно тот, о носок которого так щеголевато опиралась его правая ножка, и снова уставился на дворецкого.

– А что-с?

– Что-с? – повторил Гаврила. – Что-с? Еще ты говоришь: что-с? На черта ты похож, согрешил я, грешный, вот на кого ты похож.

Капитон проворно замигал глазками.

«Ругайтесь, мол, ругайтесь, Гаврила Андреич», – подумал он опять про себя.

– Ведь вот ты опять пьян был, – начал Гаврила, –ведь» опять? А? ну, отвечай же.

– По слабости здоровья спиртным напиткам подвергался действительно, – возразил Капитон.

– По слабости здоровья!.. Мало тебя наказывают –вот что; а в Питере еще был в ученье... Многому ты выучился в ученье! Только хлеб даром ешь.

– В этом случае, Гаврила Андреич, один мне судья: сам господь бог, и больше никого. Тот один знает, каков я человек на сем свете суть и точно ли даром хлеб ем. А что касается в соображении до пьянства, то и в этом случае виноват не я, а более один товарищ; сам же меня он сманул, да и сполитиковал, ушел то есть, а я...

—А ты остался, гусь, на улице. Ах ты, забубённый человек! Ну, да дело не в том, — продолжал дворецкий, — а вот что. Барыне... — тут он помолчал, —барыне угодно, чтоб ты женился. Слышишь? Оне полагают, что ты остепенишься, женившись. Понимаешь?

—Как не понимать–с.

—Ну, да. По–моему, лучше бы тебя хорошенько в руки взять. Ну, да это уж их дело. Что ж? ты согласен?

Капитон осклабился.

—Женитьба дело хорошее для человека, Гаврила Андреич; и я, с своей стороны, с очень моим приятным удовольствием.

—Ну, да, — возразил Гаврила и подумал про себя: «Нечего сказать, аккуратно говорит человек». —Только вот что,— продолжал он вслух, — невесту– то тебе приискали неладную.

—А какую, позвольте полюбопытствовать?..

—Татьяну.

—Татьяну?

И Капитон вытаращил глаза и отделился от стены.

—Ну, чего ж ты всполохнулся?.. Разве она тебе не по нраву?

—Какое не по нраву, Гаврила Андреич! Девка она ничего, работница, смирная девка... Да ведь вы сами знаете, Гаврила Андреич, ведь тот–то, леший, кикимора–то степная, ведь он за ней...

—Знаю, брат, все знаю, — с досадой прервал его дворецкий, — да ведь...

—Да помилуйте, Гаврила Андреич! ведь он меня убьет, ей–богу убьет, как муху какую–нибудь прихлопнет; ведь у него рука, ведь вы изволите сами посмотреть, что у него за рука; ведь у него просто Минина и Пожарского рука. Ведь он глухой, бьет и не слышит, как бьет! Словно во сне кулачищами–то махает. И унять его нет никакой возможности; почему? потому, вы сами знаете, Гаврила Андреич, он глух и, вдобавок, глуп, как пятка. Ведь это какой-то зверь, идол, Гаврила Андреич, — хуже идола... осина какая–то; за что же я теперь от него страдать должен? Конечно, мне уже теперь все нипочем: обдержался, обтерпелся человек, обмаслился, как коломенский горшок, —все же я, однако, человек, а не какой–нибудь в самом деле ничтожный горшок.

—Знаю, знаю, не расписывай...

—Господи боже мой! — с жаром продолжал башмачник, — когда же конец? когда, господи! Горемыка я, горемыка неисходная! Судьба–то, судьба–то моя, подумаешь! В младых летах был я бит через немца хозяина; в лучший сустав жизни моей бит от своего же брата, наконец в зрелые годы вот до чего дослужился…

—Эх ты, мочальная душа, – проговорил Гаврила. – Чего распространяешься, право!

—Как чего, Гаврила Андреич! Не побоев я боюсь, Гаврила Андреич. Накажи меня господин в стенах, да подай мне при людях приветствие, и все я в числе человеков, а тут ведь от кого приходится…

—Ну, пошел вон, – нетерпеливо перебил его Гаврила.

Капитон отвернулся и поплелся вон.

—А положим, его бы не было, – крикнул ему вслед дворецкий, – ты–то сам согласен?

—Изъявляю, – возразил Капитон и удалился.

Красноречие не покидало его даже в крайних случаях.

Дворецкий несколько раз прошелся по комнате.

—Ну, позовите теперь Татьяну, – промолвил он наконец.

Через несколько мгновений Татьяна вошла чуть слышно и остановилась у порога.

—Что прикажете, Гаврила Андреич? – проговорила она тихим голосом.

Дворецкий пристально посмотрел на нее.

—Ну, – промолвил он, – Танюша, хочешь замуж идти? Барыня тебе жениха сыскала.

—Слушаю, Гаврила Андреич. А кого они мне в женихи назначают? – прибавила она с нерешительностью.

—Капитона, башмачника.

—Слушаю–с.

—Он легкомысленный человек – это точно. Но госпожа в этом случае на тебя надеется.

—Слушаю–с.

—Одна беда… ведь этот глухарь–то, Гараська, он ведь за тобой ухаживает. И чем ты этого медведя к себе приворожила? А ведь он убьет тебя, пожалуй, медведь этакой…

—Убьет, Гаврила Андреич, беспременно убьет.

—Убьет… Ну, это мы увидим. Как это ты говоришь: убьет! Разве он имеет право тебя убивать, посуди сама.

—А не знаю, Гаврила Андреич, имеет ли, нет ли.

—Экая! Ведь ты ему этак ничего не обещала…

—Чего изволите–с?

Дворецкий помолчал и подумал:

«Безответная ты душа!» – Ну, хорошо,– прибавил он, – мы еще поговорим с тобой, а теперь ступай, Танюша; я вижу, ты точно смиренница.

Татьяна повернулась, оперлась легонько о притолку и ушла.

«А может быть, барыня-то завтра и забудет об этой свадьбе, – подумал дворецкий, – я-то из чего растревожился? Озорника-то мы этого скрутим; коли что – в полицию знать дадим...»

– Устинья Федоровна! – крикнул он громким голосом своей жене, – поставьте-ка самоварчик, моя почтенная...

Татьяна почти весь тот день не выходила из прачечной. Сперва она всплакнула, потом утерла слезы и принялась по-прежнему за работу. Капитон до самой поздней ночи просидел в заведении с каким-то приятелем мрачного вида и подробно ему рассказал, как он в Питере проживал у одного барина, который всем бы взял, да за порядками был наблюдателен и притом одной ошибкой маленечко произволялся: хмелем гораздо забирал, а что до женского пола, просто во все качества доходил... Мрачный товарищ только поддакивал; но когда Капитон объявил наконец, что он, по одному случаю, должен завтра же руку на себя наложить, мрачный товарищ заметил, что пора спать. И они разошлись грубо и молча.

Между тем ожидания дворецкого не сбылись. Барыню так заняла мысль о Капитоновой свадьбе, что она даже ночью только об этом разговаривала с одной из своих компаньонок, которая держалась у ней в доме единственно на случай бессонницы и, как ночной извозчик, спала днем. Когда Гаврила вошел к ней после чаю с докладом, первым её вопросом было: а что наша свадьба, идет? Он, разумеется, отвечал, что идет как нельзя лучше и что Капитон сегодня же к ней явится с поклоном. Барыне что-то нездоровилось; она недолго занималась делами. Дворецкий возвратился к себе в комнату и созвал совет. Дело точно требовало особенного обсуждения. Татьяна не прекословила, конечно; но Капитон объявлял во всеуслышание, что у него одна голова, а не две и не три... Герасим сурово и быстро на всех поглядывал, не отходил от девичьего крыльца и, казалось, догадывался, что затевается что-то для него недоброе. Собравшиеся (в числе их присутствовал старый буфетчик, по прозвищу дядя Хвост, к которому все с почтеньем обращались за советом, хотя только и слышали от него, что: вот оно как, да; да, да, да) начали с того, что на всякий случай, для безопасности, заперли Капитона в чуланчик с водоочистительной машиной и принялись думать крепкую думу. Конечно, легко было прибегнуть к силе; но боже сохрани! выйдет шум, барыня обеспокоится – беда! Как быть? Думали, думали и выдумали наконец. Неоднократно было замечено, что Герасим терпеть не мог пьяниц... Сидя за воротами, он всякий раз, бывало, с негодованием отворачивался, когда мимо его неверными шагами и с козырьком фуражки на ухе проходил какой-нибудь нагрузившийся человек. Решили научить Татьяну, чтобы она притворилась хмельной и прошла бы, пошатываясь и покачиваясь, мимо Герасима. Бедная девка долго не соглашалась, но ее уговорили; притом она сама видела, что иначе она не отделается от своего обожателя. Она пошла. Капитона выпустили из чуланчика: дело все-таки до него касалось. Герасим сидел на тумбочке у ворот и тыкал лопатой в землю... Из-за всех углов, из-под штор за окнами глядели на него...

 Хитрость удалась как нельзя лучше. Увидев Татьяну, он сперва, по обыкновению, с ласковым мычаньем закивал головой; потом вгляделся, уронил лопату, вскочил, подошел к ней, придвинул свое лицо к самому ее лицу... Она от страха еще более зашаталась и закрыла глаза... Он схватил ее за руку, помчал через весь двор ж, войдя с нею в комнату, где заседал совет, толкнул её прямо к Капитону. Татьяна так и обмерла... Герасим постоял, поглядел на нее, махнул рукой, усмехнулся и пошел, тяжело ступая, в свою каморку... Целые сутки не выходил он оттуда. Форейтор Антипка сказывал потом, что он сквозь щелку видел, как Герасим, сидя на кровати, приложив к щеке руку, тихо, мерно и только изредка мыча – пел, то есть покачивался, закрывал глаза и встряхивал головой, как ямщики или бурлаки, когда они затягивают свои заунывные песни. Антипке стало жутко, и он отошел от щели. Когда же на другой день Герасим вышел из каморки, в нем особенной перемены нельзя было заметить. Он только стал как будто поугрюмее, а на Татьяну и на Капитона не обращал ни малейшего внимания. В тот же вечер они оба с гусями под мышкой отправились к барыне и через неделю женились. В самый день свадьбы Герасим не изменил своего поведения ни в чем; только с реки он приехал без воды: он как-то на дороге разбил бочку; а на ночь в конюшне он так усердно чистил и тер свою лошадь, что та шаталась, как былинка на ветру, и переваливалась с ноги на ногу под его железными кулаками.

 Все это происходило весною. Прошел еще год, в течение которого Капитон окончательно спился с кругу и, как человек решительно никуда негодный, был отправлен с обозом в дальнюю деревню, вместе с своею женой. В день отъезда он сперва очень храбрился и уверял, что куда его ни пошли, хоть туда, где бабы рубахи моют да вальки на небо кладут, он все не пропадет; но потом упал духом, стал жаловаться, что его везут к необразованным людям, и так ослабел наконец, что даже собственную шапку на себя надеть не мог; какая–то сострадательная душа надвинула ее ему на лоб, поправила козырек и сверху ее прихлопнула. Когда же все было готово и мужики уже держали вожжи в руках и ждали только слов: «С богом!», Герасим вышел из своей каморки, приблизился к Татьяне и подарил ей на память красный бумажный платок, купленный им для нее же с год тому назад. Татьяна, с великим равнодушием переносившая до того мгновения все превратности своей жизни, тут, однако, не вытерпела, прослезилась и, садясь в телегу, по–христиански три раза поцеловалась с Герасимом. Он хотел проводить ее до заставы и пошел сперва рядом с ее телегой, но вдруг остановился на Крымском броду, махнул рукой и отправился вдоль реки.

Дело было к вечеру. Он шел тихо и глядел на воду. Вдруг ему показалось, что что–то барахтается в тине у самого берега. Он нагнулся и увидел небольшого щенка, белого с черными пятнами, который, несмотря на все свои старания, никак не мог вылезть из воды, бился, скользил и дрожал всем своим мокреньким и худеньким телом. Герасим поглядел на несчастную собачонку, подхватил её одной рукой, сунул её к себе в пазуху и пустился большими шагами домой. Он вошел в свою каморку, уложил спасенного щенка на кровати, прикрыл его своим тяжелым армяком, сбегал сперва в конюшню за соломой, потом в кухню за чашечкой молока. Осторожно откинув армяк и разостлав солому, поставил он молоко на кровать. Бедной собачонке было всего недели три, глаза у ней прорезались недавно; один глаз даже казался немножко больше другого; она еще не умела пить из чашки и только дрожала и щурилась. Герасим взял её легонько двумя пальцами за голову и принагнул её мордочку к молоку. Собачка вдруг начала пить с жадностью, фыркая, трясясь и захлебываясь. Герасим глядел, глядел да как засмеется вдруг... Всю ночь он возился с ней, укладывал её, обтирал и заснул наконец сам возле нее каким–то радостным и тихим сном.

Ни одна мать так не ухаживает за своим ребенком, как ухаживал Герасим за своей питомицей. (Собака оказалась сучкой.) Первое время она была очень слаба, тщедушна и собой некрасива, но понемногу справилась и выровнялась, а месяцев через восемь, благодаря неусыпным попечениям своего спасителя, превратилась в очень ладную собачку испанской породы, с длинными ушами, пушистым хвостом в виде трубы и большими выразительными глазами. Она страстно привязалась к Герасиму и не отставала от него ни на шаг, все ходила за ним, повиливая хвостиком.

Он и кличку ей дал – немые знают, что мычанье их обращает на себя внимание других, – он назвал её Муму. Все люди в доме её полюбили и тоже кликали Мумуней. Она была чрезвычайно умна, ко всем ласкалась, но любила одного Герасима. Герасим сам её любил без памяти... и ему было неприятно, когда другие её гладили: боялся он, что ли, за нее, ревновал ли он к ней – бог весть! Она его будила по утрам, дергая его за полу, приводила к нему за повод старую водовозку, с которой жила в, большой дружбе, с важностью на лице отправлялась вместе с ним на реку, караулила его метлы и лопаты, никого не подпускала к его каморке. Он нарочно для нее прорезал отверстие в своей двери, и она как будто чувствовала, что только в Герасимовой каморке она была полная хозяйка, и потому, войдя в нее, тотчас с довольным видом вскакивала на кровать. Ночью она не спала вовсе, но не лаяла без разбору, как иная глупая дворняжка, которая, сидя на задних лапах и подняв морду и зажмурив глаза, лает просто от скуки, так, на звезды, и обыкновенно три раза сряду, – нет! тонкий голосок Муму никогда не раздавался даром: либо чужой близко подходил к забору, либо где–нибудь поднимался подозрительный шум или шорох... Словом, она сторожила отлично. Правда, был еще, кроме её, на дворе старый пес желтого цвета, с бурыми крапинами, по имени Волчок, но того никогда, даже ночью, не спускали с цепи, да и он сам, по дряхлости своей, вовсе не требовал свободы – лежал себе свернувшись в своей конуре и лишь изредка издавал сиплый, почти беззвучный лай, который тотчас же прекращал, как бы сам чувствуя всю его бесполезность. В господский дом Муму не ходила и, когда Герасим носил в комнаты дрова, всегда оставалась назади и нетерпеливо его выжидала у крыльца, навострив уши и поворачивая голову то направо, то вдруг налево, при малейшем стуке за дверями...

Так прошел еще год. Герасим продолжал свои дворнические занятия и очень был доволен своей судьбой, как вдруг произошло одно неожиданное обстоятельство... а именно:

В один прекрасный летний день барыня с своими приживалками расхаживала по гостиной. Она была в духе, смеялась и шутила; приживалки смеялись и шутили тоже, но особенной радости они не чувствовали: в доме не очень–то любили, когда на барыню находил веселый час, потому что, во–первых, она тогда требовала от всех немедленного и полного сочувствия и сердилась, если у кого–нибудь лицо не сияло удовольствием,а во–вторых, эти вспышки у ней продолжались недолго и обыкновенно заменялись мрачным и кислым расположением духа. В тот день она как–то счастливо встала; на картах ей вышло четыре валета: исполнение желаний (она всегда гадала по утрам) – и чай ей показался особенно вкусным, за что горничная получила на словах похвалу и деньгами гривенник. С сладкой улыбкой на сморщенных губах гуляла барыня по гостиной и подошла к окну. Перед окном был разбит палисадник, и на самой средней клумбе, под розовым кусточком, лежала Муму и тщательно грызла кость. Барыня увидала её.

–Боже мой! – воскликнула она вдруг, – что это за собака?

Приживалка, к которой обратилась барыня, заметалась, бедненькая, с тем тоскливым беспокойством, которое обыкновенно овладевает подвластным человеком, когда он еще не знает хорошенько, как ему понять восклицание начальника.

–Н... н...е знаю–с, – пробормотала она, – кажется, немого.

–Боже мой! – прервала барыня, – да она премиленькая собачка! Велите ее привести. Давно она у него? Как же я это ее не видала до сих пор?.. Велите ее привести.

Приживалка тотчас порхнула в переднюю.

–Человек, человек! – закричала она, – приведите поскорей Муму! Она в палисаднике.

–А её Муму зовут, – промолвила барыня,– очень хорошее имя.

–Ах, очень–с! – возразила приживалка.– Скорей, Степан!

Степан, дюжий парень, состоявший в должности лакея, бросился сломя голову в палисадник и хотел было схватить Муму, но та ловко вывернулась из–под его пальцев и, подняв хвост, пустилась во все лопатки к Герасиму, который в то время у кухни выколачивал и вытряхивал бочку, перевертывая её в руках, как детский барабан. Степан побежал за ней вслед, начал ловить её у самых ног её хозяина; но проворная собачка не давалась чужому в руки, прыгала и увертывалась. Герасим смотрел с усмешкой на всю эту возню; наконец Степан с досадой приподнялся и поспешно растолковал ему знаками, что барыня, мол, требует твою собаку к себе. Герасим немного изумился, однако подозвал Муму, поднял её с земли и передал Степану. Степан принес её в гостиную и поставил на паркет. Барыня начала её ласковым голосом подзывать к себе. Муму, отроду еще не бывавшая в таких великолепных покоях, очень испугалась и бросилась было к двери, но, оттолкнутая услужливым Степаном, задрожала и прижалась к стене.

–Муму, Муму, подойди же ко мне, подойди к барыне, – говорила госпожа, – подойди, глупенькая... не бойся...

—Подойди, подойди, Муму, к барыне,— твердили приживалки, — подойди.

Но Муму тоскливо оглядывалась кругом и не трогалась с места.

—Принесите ей что–нибудь поесть, – сказала барыня. – Какая она глупая! К барыне не идет. Чего боится?

—Оне не привыкли еще, – произнесла робким и умильным голосом одна из приживалок.

Степан принес блюдечко с молоком, поставил перед Муму, но Муму даже и не понюхала молока и все дрожала и озиралась по–прежнему.

—Ах, какая же ты! – промолвила барыня, подходя к ней, нагнулась и хотела погладить её, порог ее кабинета, – что это за собака у нас на дворе всю ночь лаяла? мне спать не дала! Но Муму судорожно повернула голову и оскалила зубы. Барыня проворно отдернула руку...

Произошло мгновенное молчание. Муму слабо визгнула, как бы жалуясь и извиняясь... Барыня отошла и нахмурилась. Внезапное движение собаки ее испугало.

—Ах! – закричали разом все приживалки, – не укусила ли она вас, сохрани бог! (Муму в жизнь свою никого никогда не укусила.) Ах, ах!

—Отнести её вон, – проговорила изменившимся голосом старуха. – Скверная собачонка! Какая она злая!

И, медленно повернувшись, направилась она в свой кабинет. Приживалки робко переглянулись и пошли было за ней, но она остановилась, холодно посмотрела на них, промолвила: «Зачем это? ведь я вас не зову», – и ушла.

Приживалки отчаянно замахали руками на Степана; тот подхватил Муму и выбросил её поскорей за дверь, прямо к ногам Герасима, – а через полчаса в доме уже царствовала глубокая тишина, и старая барыня сидела на своем диване мрачнее грозовой тучи.

Какие безделицы, подумаешь, могут иногда расстроить человека!

До самого вечера барыня была не в духе, ни с кем не разговаривала, не играла в карты и ночь дурно провела. Вздумала, что одеколон ей подали не тот, который обыкновенно подавали, что подушка у ней пахнет мылом, и заставила кастелянщу все белье перенюхать, – словом, волновалась и «горячилась» очень. На другое утро она велела позвать Гаврилу часом ранее обыкновенного.

—Скажи, пожалуйста, – начала она, как только тот, не без некоторого внутреннего лепетания, переступил порог её кабинета, –что это за собака у нас на дворе всю ночь лаяла? Мне спать не дала!

–Собака–с... какая–с... может быть, немого собака–с, – произнес он не совсем твердым голосом.

–Не знаю, немого ли, другого ли кого, только спать мне не дала. Да я и удивляюсь, на что такая пропасть собак! Желаю знать. Ведь есть у нас дворная собака?

–Как же–с. есть–с. Волчок–с.

–Ну чего еще, на что нам еще собака? Только одни беспорядки заводить. Старшего нет в доме – вот что. И на что немому собака? Кто ему позволил собак у меня на дворе держать? Вчера я подошла к окну, а она в палисаднике лежит, какую–то мерзость притащила, грызет, – а у меня там розы посажены...

Барыня помолчала.

–Чтоб ее сегодня же здесь не было... слышишь?

–Слушаю–с.

–Сегодня же. А теперь ступай. К докладу я тебя потом позову.

Гаврила вышел.

Проходя через гостиную, дворецкий для порядка переставил колокольчик с одного стола на другой, втихомолочку высморкал в зале свой утиный нос и вышел в переднюю. В передней на конике спал Степан, в положении убитого воина на батальной картине, судорожно вытянув обнаженные ноги из–под сюртука, служившего ему вместо одеяла. Дворецкий растолкал его и вполголоса сообщил ему какое–то приказание, на которое Степан отвечал полузевком, полухохотом. Дворецкий удалился, а Степан вскочил, натянул на себя кафтан и сапоги, вышел и остановился у крыльца. Не прошло пяти минут, как появился Герасим с огромной вязанкой дров за спиной, в сопровождении неразлучной Муму. (Барыня свою спальню и кабинет приказывала протапливать даже летом.) Герасим стал боком перед дверью, толкнул её тплечом и ввалился в дом с своей ношей. Муму, по обыкновению, осталась его дожидаться. Тогда Степан, улучив удобное мгновение, внезапно бросился на нее, как коршун на цыпленка, придавил её грудью к земле, сгреб в охапку и, не надев даже картуза, выбежал с нею на двор, сел на первого попавшегося извозчика и поскакал в Охотный ряд. Там он скоро отыскал покупщика, которому уступил её за полтинник, с тем только, чтобы он по крайней мере неделю продержал её на привязи, и тотчас вернулся; но, не доезжая до дому, слез с извозчика и, обойдя двор кругом, с заднего переулка, через забор перескочил на двор; в калитку–то он побоялся идти, как бы не встретить Герасима.

Впрочем, его беспокойство было напрасно: Герасима уже не было на дворе. Выйдя из дому, он тотчас хватился Муму; он еще не помнил, чтоб она когда-нибудь не дождалась его возвращения, стал повсюду бегать, искать её, кликать по-своему... бросился в свою каморку, на сеновал, выскочил на улицу – туда-сюда... Пропала! Он обратился к людям, с самыми отчаянными знаками спрашивал о ней, показывая на пол-аршина от земли, рисовал ее руками...Иные точно не знали, куда девалась Муму, и только головами качали, другие знали и посмеивались ему в ответ, а дворецкий принял чрезвычайно важный вид и начал кричать на кучеров. Тогда Герасим побежал со двора долой.

Уже смеркалось, как он вернулся. По его истомленному виду, по неверной походке, по запыленной одежде его можно было предполагать, что он успел обежать пол-Москвы. Он остановился против барских окон, окинул взором крыльцо, на котором столпилось человек семь дворовых, отвернулся и промычал еще раз: «Муму!» – Муму не отозвалась. Он пошел прочь. Все посмотрели ему вслед, но никто не улыбнулся, не сказал слова... а любопытный форейтор Антипка рассказывал на другое утро в кухне, что немой-де всю ночь охал.

Весь следующий день Герасим не показывался, так что вместо его за водой должен был съездить кучер Потап, чем кучер Потап очень остался недоволен. Барыня спросила Гаврилу, исполнено ли ее приказание. Гаврила отвечал, что исполнено. На другое утро Герасим вышел из своей каморки на работу. К обеду он пришел, поел и ушел опять, никому не поклонившись. Его лицо, и без того безжизненное, как у всех глухонемых, теперь словно окаменело. После обеда он опять уходил со двора, но ненадолго, вернулся и тотчас отправился на сеновал. Настала ночь, лунная, ясная. Тяжело вздыхая и беспрестанно поворачиваясь, лежал Герасим и вдруг почувствовал, как будто его дергают за полу; он весь затрепетал, однако не поднял головы, даже зажмурился; но вот опять его дернули, сильнее прежнего; он вскочил... Перед ним, с обрывком на шее, вертелась Муму. Протяжный крик радости вырвался из его безмолвной груди; он схватил Муму, стиснул её в своих объятьях; она в одно мгновенье облизала ему нос, глаза, усы и бороду... Он постоял, подумал, осторожно слез с сенника, оглянулся и, удостоверившись, что никто его не увидит, благополучно пробрался в свою каморку. Герасим уже прежде догадался, что собака пропала не сама собой, что её, должно быть, свели по приказанию барыни; люди-то ему объяснили знаками, как его Муму на неё окрысилась, – и он решился принять свои меры. Сперва он накормил Муму хлебушком, обласкал её, уложил, потом начал соображать, да всю ночь напролет и соображал, как бы получше ее спрятать. Наконец он придумал весь день оставлять её в каморке и только изредка к ней наведываться, а ночью выводить. Отверстие в двери он плотно заткнул старым своим армяком и чуть свет был уже на дворе, как ни в чем не бывало, сохраняя даже (невинная хитрость!) прежнюю унылость на лице. Бедному глухому в голову не могло прийти, что Муму себя визгом своим выдаст: действительно, все в доме скоро узнали, что собака немого воротилась и сидит у него взаперти, но, из сожаления к нему и к ней, а отчасти, может быть, и из страху перед ним, не давали ему понять, что проведали его тайну. Дворецкий один почесал у себя в затылке, да махнул рукой. «Ну, мол, бог с ним! Авось до барыни не дойдет!» Зато никогда немой так не усердствовал, как в тот день: вычистил и выскреб весь двор, выполол все травки до единой, собственноручно повыдергивал все колышки в заборе палисадника, чтобы удостовериться, довольно ли они крепки, и сам же их потом вколотил, — словом, возился и хлопотал так, что даже барыня обратила внимание на его радение. В течение дня Герасим раза два украдкой ходил к своей затворнице; когда же наступила ночь, он лег спать вместе с ней в каморке, а не на сеновале, и только во втором часу вышел погулять с ней на чистом воздухе. Походив с ней довольно долго по двору, он уже было собирался вернуться, как вдруг за забором, со стороны переулка, раздался шорох. Муму навострила уши, зарычала, подошла к забору, понюхала и залилась громким и пронзительным лаем. Какой-то пьяный человек вздумал там угнездиться на ночь. В это самое время барыня только что засыпала после продолжительного «нервического волнения»: эти волнения у ней всегда случались после слишком сытного ужина. Внезапный лай ее разбудил; сердце у ней забилось и замерло. «Девки, девки! — простонала она. — Девки!» Перепуганные девки вскочили к ней в спальню. «Ох, ох, умираю! — проговорила она, тоскливо разводя руками. — Опять, опять эта собака!.. Ох, пошлите за доктором. Они меня убить хотят... Собака, опять собака! Ох!» — и она закинула голову назад, что должно было означать обморок. Бросились за доктором, то есть за домашним лекарем Харитоном. Этот лекарь, которого все искусство состояло в том, что он носил сапоги с мягкими подошвами, умел деликатно браться за пульс, спал четырнадцать часов в сутки, остальное время все вздыхал да беспрестанно потчевал барыню лавровишневыми каплями, — этот лекарь тотчас прибежал, покурил жжеными перьями и, когда барыня открыла глаза, немедленно поднес ей на серебряном подносике рюмку с заветными каплями. Барыня приняла их, но тотчас же слезливым голосом стала опять жаловаться на собаку, на Гаврилу, на свою участь, на то, что ее, бедную, старую женщину, все бросили, что никто о ней не сожалеет, что все хотят её смерти. Между тем несчастная Муму продолжала лаять, а Герасим напрасно старался отозвать ее от забора. «Вот... вот... опять...» – пролепетала барыня и снова подкатила глаза под лоб. Лекарь шепнул девке, та бросилась в переднюю, растолкала Степана, тот побежал будить Гаврилу, Гаврила сгоряча велел поднять весь дом.

Герасим обернулся, увидал замелькавшие огни и тени в окнах и, почуяв сердцем беду, схватил Муму под мышку, вбежал в каморку и заперся. Через несколько мгновений пять человек ломились в его дверь, но, почувствовав сопротивление засова, остановились. Гаврила прибежал в страшных попыхах. приказал им всем оставаться тут до утра и караулить, а сам потом ринулся в девичью и через старшую компаньонку Любовь Любимовну, с которой вместе крал и учитывал чай, сахар и прочую бакалею, велел доложить барыне, что собака, к несчастью, опять откуда–то прибежала, но что завтра же её в живых не будет и чтобы барыня сделала милость не гневалась и успокоилась. Барыня, вероятно, не так–то бы скоро успокоилась, да лекарь второпях вместо двенадцати капель налил целых сорок: сила лавровишенья и подействовала – через четверть часа барыня уже почивала крепко и мирно; а Герасим лежал, весь бледный, на своей кровати и сильно сжимал пасть Муму.

На следующее утро барыня проснулась довольно поздно. Гаврила ожидал ее пробуждения для того, чтобы дать приказ к решительному натиску на Герасимово убежище, а сам готовился выдержать сильную грозу. Но грозы не приключилось. Лежа в постели, барыня велела позвать к себе старшую приживалку.

–Любовь Любимовна, – начала она тихим и слабым голосом; она иногда любила прикинуться загнанной и сиротливой страдалицей; нечего и говорить, что всем людям в доме становилось тогда очень неловко, – Любовь Любимовна, вы видите, каково мое положение; подите, душа моя, к Гавриле Андреичу, поговорите с ним: неужели для него какая–нибудь собачонка дороже спокойствия, самой жизни его барыни? Я бы не желала этому верить, – прибавила она с выражением глубокого чувства, – подите, душа моя, будьте так добры, подите к Гавриле Андреичу.

Любовь Любимовна отправилась в Гаврилину комнату. Неизвестно, о чем происходил у них разговор; но спустя некоторое время целая толпа людей подвигалась через двор в направлении каморки Герасима: впереди выступал Гаврила, придерживая рукою картуз, хотя ветру не было; около него шли лакеи и повара; из окна глядел дядя

Хвост и распоряжался, то есть только так руками разводил; позади всех прыгали и кривлялись мальчишки, из которых половина набежала чужих. На узкой лестнице, ведущей к каморке, сидел один караульщик; у двери стояли два других, с палками. Стали взбираться по лестнице, заняли её во всю длину Гаврила подошел к двери, стукнул в нее кулаком, крикнул:

—Отвори.

Послышался сдавленный лай; но ответа не было.

—Говорят, отвори! – повторил он.

—Да, Гаврила Андреич, – заметил снизу Степан, – ведь он глухой – не слышит.

Все рассмеялись.

—Как же быть? – возразил сверху Гаврила.

—А у него там дыра в двери, – отвечал Степан, –так вы палкой–то пошевелите.

Гаврила нагнулся.

—Он ее армяком каким–то заткнул, дыру–то.

—А вы армяк пропихните внутрь.

Тут опять раздался глухой лай.

—Вишь, вишь, сама сказывается, – заметили в толпе и опять рассмеялись.

Гаврила почесал у себя за ухом.

—Нет, брат, – продолжал он наконец, – армяк–то ты пропихивай сам, коли хочешь.

—А что ж, извольте!

И Степан вскарабкался наверх, взял палку, просунул внутрь армяк и начал болтать в отверстии палкой, приговаривая: «Выходи, выходи!» Он еще болтал палкой, как вдруг дверь каморки быстро распахнулась – вся челядь тотчас кубарем скатилась с лестницы, Гаврила прежде всех. Дядя Хвост запер окно.

—Ну, ну, ну, ну, – кричал Гаврила со двора,– смотри у меня, смотри!

Герасим неподвижно стоял на пороге. Толпа собралась у подножия лестницы. Герасим глядел на всех этих людишек в немецких кафтанах сверху, слегка уперши руки в бока; в своей красной крестьянской рубашке он казался каким–то великаном перед ними. Гаврила сделал шаг вперед.

—Смотри, брат, – промолвил он, – у меня не озорничай.

И он начал ему объяснять знаками, что барыня, мол, непременно требует твоей собаки: подавай, мол, ее сейчас, а то беда будет.

Герасим посмотрел на него, указал на собаку, сделал знак рукою у своей шеи, как бы затягивая петлю, и с вопросительным лицом взглянул на дворецкого.

– Да, да, – возразил тот, кивая головой, – да, непременно.

Герасим опустил глаза, потом вдруг встря–хнулся, опять указал на Муму. которая все время стояла возле него, невинно помахивая хвостом и с любопытством поводя ушами, повторил знак удушения над своей шеей и значительно ударил себя в грудь, как бы объявляя, что он сам берет на себя уничтожить Муму.

– Да ты обманешь, – замахал ему в ответ Гаврила.

Герасим поглядел на него, презрительно усмехнулся, опять ударил себя в грудь и захлопнул дверь.

Веб молча переглянулись.

– Что ж это такое значит? – начал Гаврила.– Он заперся?

– Оставьте его, Гаврила Андреич, – промолвил Степан, – он сделает, коли обещал. Уж он такой... Уж коли он обещает, это наверное. Он на это не то, что наш брат. Что правда, то правда. Да.

– Да, – повторили все и тряхнули головами. – Это так. Да.

Дядя Хвост отворил окно и тоже сказал: «Да».

– Ну, пожалуй, посмотрим, – возразил Гаврила, – а караул все–таки не снимать. Эй ты, Брошка! – прибавил он, обращаясь к какому–то бледному человеку, в желтом нанковом казакине, который считался садовником, – что тебе делать? Возьми палку да сиди тут, и чуть что, тотчас ко мне беги!

Ерошка взял палку и сел на последнюю ступеньку лестницы. Толпа разошлась, исключая немногих любопытных и мальчишек, а Гаврила вернулся домой и через Любовь Любимовну велел доложить барыне, что все исполнено, а сам на всякий случай послал форейтора к хожалому. Барыня завязала в носовом платке узелок, налила на него одеколону, понюхала, потерла себе виски, накушалась чаю и, будучи еще под влиянием лавровишневых капель, заснула опять.

Спустя час после всей этой тревоги дверь каморки растворилась и показался Герасим. На нем был праздничный кафтан; он вел Муму на веревочке. Ерошка посторонился и дал ему пройти. Герасим направился к воротам. Мальчишки и все бывшие на дворе проводили его глазами, молча. Он даже не обернулся; шапку надел только на улице. Гаврила послал вслед за ним того же Ерошку в качестве наблюдателя. Брошка увидал издали, что он вошел в трактир вместе с собакой, и стал дожидаться его выхода.

В трактире знали Герасима и понимали его знаки. Он спросил себе щей с мясом и сел, опершись руками на стол. Муму стояла подле его стула, спокойно поглядывая на него своими умными глазками. Шерсть на ней так и лоснилась: видно было, что её недавно вычесали. Принесли Герасиму щей. Он накрошил туда хлеба, мелко изрубил мясо и поставил тарелку на пол. Муму принялась есть с обычной своей вежливостью, едва прикасаясь мордочкой до кушанья. Герасим долго глядел на нее; две тяжелые слезы выкатились вдруг из его глаз: одна упала на крутой лобик собачки, другая – во щи. Он заслонил лицо свое рукой. Муму съела полтарелки и отошла, облизываясь. Герасим встал, заплатил за щи и вышел вон, сопровождаемый несколько недоумевающим взглядом полового. Брошка, увидав Герасима, заскочил за угол и, пропустив его мимо, опять отправился вслед за ним.

Герасим шел не торопясь и не спускал Муму с веревочки. Дойдя до угла улицы, он остановился, как бы в раздумье, и вдруг быстрыми шагами отправился прямо к Крымскому броду. На дороге он зашел на двор дома, к которому пристроивался флигель, и вынес оттуда два кирпича под мышкой. От Крымского брода он повернул по берегу, дошел до одного места, где стояли две лодочки с веслами, привязанными к колышкам (он уже заметил их прежде), и вскочил в одну из них вместе с Муму. Хромой старичишка вышел из–за шалаша, поставленного в углу огорода, и закричал на него. Но Герасим только закивал головой и так сильно принялся грести, хотя и против теченья реки, что в одно мгновенье умчался саженей на сто. Старик постоял, постоял, почесал себе спину сперва левой, потом правой рукой и вернулся, хромая, в шалаш.

А Герасим все греб да греб. Вот уже Москва осталась назади. Вот уже потянулись по берегам луга, огороды, поля, рощи, показались избы. Повеяло деревней. Он бросил весла, приник головой к Муму, которая сидела перед ним на сухой перекладинке – дно было залито водой – и остался неподвижным, скрестив могучие руки у ней на спине, между тем как лодку волной помаленьку относило назад к городу. Наконец Герасим выпрямился, поспешно, с каким–то болезненным озлоблением на лице, окутал веревкой взятые им кирпичи, приделал петлю, надел ее на шею Муму, поднял ее над рекой, в последний раз посмотрел на нее... Она доверчиво и без страха поглядывала на него и слегка махала хвостиком. Он отвернулся, зажмурился и разжал руки... Герасим ничего не слыхал, ни быстрого визга падающей Муму, ни тяжкого всплеска воды; для него самый шумный день был безмолвен и беззвучен, как ни одна самая тихая ночь не беззвучна для нас, и когда он снова раскрыл глаза, по–прежнему спешили по реке, как бы гоняясь друг за дружкой, маленькие волны, по–прежнему поплескивали они о бока лодки, и только далеко назади к берегу разбегались какие–то широкие круги.

Ерошка, как только Герасим скрылся у него из виду, вернулся домой и донес все, что видел.

–Ну, да, – заметил Степан, – он её утопит. Уж можно быть спокойным. Коли он что обещал...

В течение дня никто не видел Герасима. Он дома не обедал. Настал вечер; собрались к ужину все, кроме его.

–Экой чудной этот Герасим! – пропищала толстая прачка, – можно ли эдак из–за собаки прок лажаться!.. Право!

–Да Герасим был здесь, – воскликнул вдруг Степан, загребая себе ложкой каши.

–Как? когда?

–Да вот часа два тому назад. Как же. Я с ним в воротах повстречался; он уж опять отсюда шел, со двора выходил. Я было хотел спросить его насчет собаки–то, да он, видно, не в духе был. Ну, и толкнул меня; должно быть, он так только отсторонить меня хотел: дескать, не приставай, –да такого необыкновенного леща мне в становую жилу поднес, важно так, что ой–ой–ой! – И Степан с невольной усмешкой пожался и потер себе затылок.

Все посмеялись над Степаном и после ужина разошлись спать.

А между тем в ту самую пору по Т...у шоссе усердно и безостановочно шагал какой–то великан, с мешком за плечами и с длинной палкой в руках. Это был Герасим. Он спешил без оглядки, спешил домой, к себе в деревню, на родину. Утопив бедную Муму, он прибежал в свою каморку, проворно уложил кой–какие пожитки в старую попону, связал её узлом, взвалил на плечо да и был таков. Дорогу он хорошо заметил еще тогда, когда его везли в Москву; деревня, из которой барыня его взяла, лежала всего в двадцати пяти верстах от шоссе. Он шел по нем с какой–то несокрушимой отвагой, с отчаянной и вместе радостной решимостью. Он шел; широко распахнулась его грудь; глаза жадно и прямо устремились вперед. Он торопился, как будто мать–старушка ждала его на родине, как будто она звала его к себе после долгого странствования на чужой стороне, в чужих людях... Только что наступившая летняя ночь была тиха и тепла; с одной стороны, там, где солнце закатилось, край неба еще белел и слабо румянился последним отблеском исчезавшего дня, – с другой стороны уже вздымался синий, седой сумрак. Ночь шла оттуда. Перепела сотнями гремели кругом, взапуски переклинивались коростели... Герасим не мог их слышать, не мог он слышать также чуткого ночного шушуканья деревьев, мимо которых его проносили сильные его ноги, но он чувствовал знакомый запах поспевающей ржи, которым так и веяло с темных полей, чувствовал, как ветер, летевший к нему навстречу – ветер с родины – ласково ударял в его лицо, играл в его волосах и бороде; видел перед собой белеющую дорогу – дорогу домой, прямую как стрела; видел в небе несчетные звезды, светившие его пути, и как лев выступал сильно и бодро, так что когда восходящее солнце озарило своими влажно–красными лучами только что расходившегося молодца, между Москвой и им легло уже тридцать пять верст...

Через два дня он уже был дома, в своей избенке, к великому изумлению солдатки, которую туда поселили. Помолясь перед образами, тотчас же отправился он к старосте. Староста сначала было удивился; но сенокос только что начинался; Герасиму, как отличному работнику, тут же дали косу в руки – и пошел косить он по–старинному, косить так, что мужиков только пробирало, глядя на его размахи да загребы...

А в Москве, на другой день после побега Герасима, хватились его. Пошли в его каморку, обшарили ее, сказали Гавриле. Тот пришел, посмотрел, пожал плечами и решил, что немой либо бежал, либо утоп вместе с своей глупой собакой. Дали знать полиции, доложили барыне. Барыня разгневалась, расплакалась, велела отыскать его во что бы то ни стало, уверяла, что она никогда не приказывала уничтожать собаку, и наконец такой дала нагоняй Гавриле, что тот целый день только потряхивал головой да приговаривал: «Ну!», пока дядя Хвост его не урезонил, сказав ему: «Ну–у!». Наконец пришло известие из деревни о прибытии туда Герасима. Барыня несколько успокоилась; сперва было отдала приказание немедленно вытребовать его назад в Москву, потом, однако, объявила, что такой неблагодарный человек ей вовсе не нужен. Впрочем, она скоро сама после того умерла; а наследникам ее было не до Герасима: они и остальных–то матушкиных людей распустили по оброку.

И живет до сих пор Герасим бобылем в своей одинокой избе; здоров и могуч по–прежнему, и работает за четверых по–прежнему, и по–прежнему важен и степенен. Но соседи заметили, что со времени своего возвращения из Москвы он совсем перестал водиться с женщинами, даже не глядит на них, и ни одной собаки у себя не держит. «Впрочем, – толкуют мужики, – его же счастье, что ему не надобеть бабья; а собака – на что ему собака? к нему на двор вора оселом не затащить!» Такова ходит молва о богатырской силе немого.

Вопросы по тексту:

1. В каком году был написан рассказ И. С. Тургенева «Муму»?

    A. 1850;

    B. 1852;

    C. 1853;

    D. 1856.

2. К какому литературному направлению относится рассказ Тургенева «Муму»?

    A. Исторический классицизм;

    B. Французский сентиментализм;

    C. Ранний романтизм;

    D. Критический реализм.

3. Пороки какого общественного явления Тургенев показал в рассказе «Муму»?

    A. Смены религии;

    B. Крепостничества;

    C. Ростовщичества;

    D. Сиротства.

4. Какой физический недостаток был у Герасима?

    A. Он был хромым;

    B. Он был слепым;

    C. Он был глухонемым;

    D. Он был слабоумным.

5. За кого барыня хотела выдать замуж прачку Татьяну?

    A. За Капитона;

    B. За Герасима;

    C. За Степана;

    D. За Гаврилу.

6. Как относилась Татьяна к Герасиму?

    A. Боялась Герасима;

    B. Любила Герасима;

    C. Считала Герасима названым братом;

    D. Относилась к Герасиму как к отцу.

7. Что придумал Гаврила, чтобы Герасим передумал жениться на Татьяне?

    A. Попросил Татьяну сильно обидеть Герасима;

B. Попросил Татьяну притвориться пьяной и прийти так к Герасиму;

C. Рассказал Герасиму, что Татьяна изменила ему с Капитоном;

D. Тайно увез Татьяну в другую деревню

8. Что Герасим подарил Татьяне на прощание?

   A. Оловянное колечко;

   B. Голубую ленту;

   C. Маленькую ладанку;

   D. Красный платок.

9. Какое животное спас Герасим?

   A. Щенка;

   B. Котенка;

   C. Теленка;

   D. Волчонка.

10. Как Муму отреагировала на то, что барыня пыталась ее погладить?

    A. Начала громко лаять и бросаться на слуг;

    B. Укусила барыню за руку;

    C. Оскалила на барыню зубы;

    D. Завиляла добродушно хвостом.

11. Что сделал с Муму лакей Степан?

    A. Продал собачку в Охотничьем ряду;

    B. Утопил собачку в реке;

    C. Обменял у соседей на три курицы;

    D. Отвез к родителям в деревню.

12. О ком из героев идет речь в цитате: «[он] ничего не слыхал, ни быстрого визга падающей Муму, ни тяжкого всплеска воды»?

    A. О Семене;

    B. О Гавриле;

    C. О Герасиме;

    D. О Капитоне.

13. Куда ушел Герасим со двора барыни после смерти Муму?

    A. В родную деревню;

    B. В Петербург;

C. Сбежал в леса;

D. В соседнее поместье.

14. Какой образ воплотил Тургенев в главном герое рассказа – Герасиме?

A. Образ великомученика;

B. Образ убийцы;

C. Образ типичного крепостного;

D. Образ русского народа.

Вопросы для дискуссии:

1. Почему Герасим топит Муму?
2. Как вы думаете, что символизирует уход Герасима из города, от барыни–самодурки?
3. Какие проблемы подняты в рассказе «Муму»?

Переведите и подумайте, чему учит это произведение?

Автор в рассказе «Муму» осуждает жестокость, эгоистичность, легкомыслие и пьянство. Вырисовывая порочное общество, где царят неравенство, озлобление и невежество, Тургенев показывает, как жить не нужно. Его вывод таков: человек не имеет морального права полностью управлять другим человеком.

Рассказ учит нас доброте и отзывчивости. Автор рассказывает нам о том, как важно ценить жизнь не только человека, но даже жизнь животного. В этом гуманизме и заключается его мораль.

4. Антон Павлович Чехов
安·巴·契诃夫 (1860—1904)

Наверное, были писатели крупнее Чехова, но, кажется, не было в мировой литературе ни одного честнее, совестливее, правдивее его, и в этом объяснение неослабевающей любви к нему читателей.

Илья Эренбург

А. П. Чехов родился в Таганроге в небогатой купеческой семье. Отец и дед его были крепостными, но дед выкупил себя и свою семью на волю, а отец открыл в Таганроге лавку. Из крепостных были и родители матери Чехова. Отец хотел дать детям хорошее образование. Они обучались языкам, музыке. Помогая отцу в лавке, Чехов общался с разными людьми, присматривался к их характерам.

Когда А.П. Чехову было 16 лет, его отец разорился и переехал в Москву, а вскоре перебралась и семья. Антон остался в Таганроге, зарабатывая себе на хлеб репетиторством. Окончив гимназию, он также переезжает в Москву, поступает на медицинский факультет Московского университета. В 1880 году появляются его первые рассказы в юмористическом журнале «Стрекоза». В них он высмеивал пошлость пошлого человека.

В середине 80-х годов в творчестве Чехова наступил перелом. Главные темы его творчества – одиночество, духовное оскудение человека. В 1890 году Чехов путешествует по Сахалину. В то время это место было глухим, заброшенным. Туда ссылали осуждённых. Эта поездка показала гражданское мужество писателя. Он впервые сделал перепись населения, живущего на Сахалине. Для этого Чехов заходил в каждый дом, беседовал подолгу с людьми. После поездки он написал книгу «Остров Сахалин». В ней писатель рассказал о тяжёлом положении каторжников.

Чехов известен и как драматург. Он написал пьесы «Вишнёвый сад», «Чайка», «Три сестры», «Дядя Ваня». В них можно увидеть ту же атмосферу неблагополучия, в то же время чувствуется тонкое понимание драматизма жизни. Причиной всех несчастий становится сама жизнь, с её нелепостями и неурядицей. Зло скрывается в самом устройстве жизни.

Так показывал Россию Чехов. В ней – предчувствие грядущих перемен, но духовно к ним люди не готовы и боятся их. А. П. Чехов умер рано, в 44 года, от туберкулеза.

Словарно–стилистический комментарий:

1. *Разориться* – потерять свое имущество, состояние, обеднеть.
2. *Репетитор* – тот, кто помогает кому–либо пройти какой–либо курс, усвоить какие–либо знания.

    Репетировать – (1) Помогать пройти какие–либо знания.

    (2) Проводить репетиции.
3. *Пошлость пошлого человека* – такое употребление слов – художественный приём, который заключается в намеренном повторении слов с целью привлечь внимание к характеристике человека.

    Пошлый – (1) Низкий, ничтожный в нравственном отношении.

    (2) Неоригинальный, надоевший, избитый, банальный.

    Пошлость – существительное от прилагательного пошлый.

    Пошло – наречие.

    Пошляк – пошлый человек.
4. *Оскудение* – существительное от глагола «оскудеть».
5. *Оскудеть* – обеднеть. Оскудение человека – состояние от духовности к духовной бедности.
6. *Неурядица* – беспорядок, неустройства.

Вопросы и задания:

1. Что значит «выкупить себя на волю»?
2. Какая главная тема рассказов А. П. Чехова?
3. Прочитайте о поездке А. П. Чехова на Сахалин. Как это характеризует писателя?

4. Какие пьесы писал А. П. Чехов? Какие из них известны в Китае?

5. Расскажите об А. П. Чехове.

О произведении

Рассказ «Смерть чиновника» Чехова, написанный в 1883 году, отражает одну из важных проблем человеческого общества – страх перед вышестоящими людьми. Так, мелкий чиновник в буквальном смысле умирает от сильных переживаний, не выдержав гнева начальника.

Тема – тема маленького человека, самоуничижения и чинопреклонения.

Главные герои

Иван Дмитрич Червяков – мелкий чиновник, экзекутор, подобострастный, услужливый и вместе с тем совершенно бестактный человек.

Бризжалов – генерал, служащий по ведомству путей сообщения, высокий начальник, добродушный мужчина преклонных лет.

Другие персонажи

Жена Червякова – женщина простая, глупая, такая же угодливая и раболепная, как и её муж.

СМЕРТЬ ЧИНОВНИКА

В один прекрасный вечер не менее прекрасный экзекутор, Иван Дмитрич Червяков, сидел во втором ряду кресел и глядел в бинокль на "Корневильские колокола". Он глядел и чувствовал себя на верху блаженства. Но вдруг... В рассказах часто встречается это "но вдруг". Авторы правы: жизнь так полна внезапностей! Но вдруг лицо его поморщилось, глаза подкатились, дыхание остановилось... он отвел от глаз бинокль, нагнулся и... апчхи!!! Чихнул, как видите. Чихать никому и нигде не возбраняется. Чихают и мужики, и полицеймейстеры, и иногда даже и тайные советники. Все чихают. Червяков нисколько не сконфузился, утерся платочком и, как вежливый человек, поглядел вокруг себя: не обеспокоил ли он кого–нибудь своим чиханьем? Но тут же пришлось сконфузиться. Он увидел, что старичок, сидевший впереди него, в первом ряду кресел, старательно вытирал свою лысину и шею перчаткой и бормотал что–то. В старичке Червяков узнал статского генерала Бризжалова, служащего по ведомству путей сообщения.

"Я его обрызгал! – подумал Червяков.– Не мой начальник, чужой, но все–таки неловко. Мзвиниться надо".

Червяков кашлянул, подался туловищем вперед и зашептал генералу на ухо:

–Извините, ваше–ство, я вас обрызгал... я нечаянно...

–Ничего, ничего...

–Ради бога, извините. Я ведь... я не желал!

–Ах, сидите, пожалуйста! Дайте слушать!

Черняков сконфузился, глупо улыбнулся и начал глядеть на сцену. Глядел он, но уж блаженства больше не чувствовал. Его начало помучивать беспокойство. В антракте он подошел к Бризжалову, походил возле него и, поборовши робость, пробормотал:

–Я вас обрызгал, ваше–ство. Простите... Я ведь... не то чтобы...

–Ах, полноте... Я уже забыл, а вы все о том же! – сказал генерал и нетерпеливо шевельнул нижней губой.

"Забыл, а у самого ехидство в глазах, – подумал Червяков, подозрительно поглядывая на генерала. –И говорить не хочет. Надо бы ему объяснить, что я вовсе не желал... что это закон природы, а то подумает, что я плюнуть хотел. Теперь не подумает, так после подумает!.."

Придя домой, Черняков рассказал жене о своем невежестве. Жена, как показалось ему, слишком легкомысленно отнеслась к происшедшему; она только испугалась, а потом, когда узнала, что Бризжалов "чужой", успокоилась.

–А все–таки ты сходи, извинись, – сказала она. – Подумает, что ты себя в публике держать не умеешь!

–То–то вот и есть!

Я извинился, да он как–то странно... Ни одного слова путного не сказал. Да и некогда было разговаривать.

На другой день Червяков надел новый вицмундир, подстригся и пошел к Бризжалову объяснить... Войдя в приемную генерала, он увидел там много просителей, а между просителями и самого генерала, который уже начал прием прошений. Опросив несколько просителей, генерал поднял глаза и на Червякова.

– Вчера в "Аркадии", ежели припомните, ваше–ство, – начал докладывать экзекутор, – я чихнул–с и... нечаянно обрызгал... Изв...

–Какие пустяки...Бог знает что! Вам что угодно? –обратился генерал к следующему просителю.

"Говорить не хочет! – подумал Червяков, бледнея. – Сердится, значит... Нет, этого нельзя так оставить... Я ему объясню..."

Когда генерал кончил беседу с последним просителем и направился во внутренние апартаменты, Червяков шагнул за ним и забормотал:

– Ваше–ство! Ежели я осмеливаюсь беспокоить ваше–стю, то именно из чувства, могу сказапь, раскаяния!.. Не нарочно, сами изволите знать–с!

Генерал состроил плаксивое лицо и махнул рукой.

– Да вы просто смеетесь, мило–стисдарь! – сказал он, скрываясь за дверью.

"Какие же тут насмешки? – подумал Червяков. – Вовсе тут нет никаких насмешек! Генерал, а не может понять! Когда так, не стану же я больше извиняться перед этим фанфароном! Черт с ним! Напишу ему письмо, а ходить не стану! Ей–богу, не стану!"

Так думал Червяков, идя домой. Письма генералу он не написал. Думал, думал, и никак не выдумал этого письма. Пришлось на другой день идти самому объяснять.

– Я вчера приходил беспокоить вашество, –забормотал он, когда генерал поднял на него вопрошающие глаза, – не для того, чтобы смеяться, как вы изволили сказать. Я извинялся за то, что, чихая, брызнул–с... а смеяться я и не думал. Смею ли я смеяться? Ежели мы будем смеяться, так никакого тогда, значит, и уважения к персонам... не будет...

– Пошел вон!!! – гаркнул вдруг посиневший и затрясшийся генерал.

– Что–с? – спросил шепотом Червяков, млея от ужаса.

– Пошел вон!! – повторил генерал, затопав ногами.

В животе Червякова что–то оторвалось. Ничего не видя, ничего не слыша, он попятился к двери, вышел на улицу и поплелся... Придя машинально домой, не снимая вицмундира, он лег на диван и... помер.

Лексический комментарий:

1. Экзекутор – чиновник, ведающий хозяйственными делами учреждения.
2. "Корневильские колокола" – оперетта французского композитора Р. –Ж. –Л. Планкета.

Тест по произведению

1. Кто является автором произведения «Смерть чиновника»?

    A. Чехов

    B. Достоевский

    C. Горький

    D. Бунин

2. Где начинается действие рассказа?

   A. Городской парк

   B. Театр

   C. Канцелярия

   D. Дом

3. Что сделал Червяков в театре?

   A. Чихнул

   B. Громко икнул

   C. Захрапел

   D. Начал петь

4. Кого случайно обрызгал Червяков?

   A. Генерал

   B. Жена

   C. Графиня

   D. Директор театра

5. Кому Червяков рассказал о случившемся в театре?

   A. Мать

   B. Жена

   C. Сестра

   D. Дочь

6. Куда на следующий день отправился Червяков?

   A. На работу

   B. В театр

   C. Домой к генералу

   D. В приёмную к генералу

7. Что решил сделать Червяков, идя по дороге домой от генерала?

   A. Повеситься

   B. Переехать в другой город

   C. Написать генералу письмо

8. Как отреагировал Червяков на агрессивный выпад генерала?

   A. Начал кричать

   B. Вызвал полицию

C. Принялся успокаивать генерала

D. Умер

Найдите сюжетные элементы в рассказе.

1. Экспозиция. Иван Червяков в театре.
2. Завязка. Чиновник чихнул и обрызгал генерала.
3. Развитие действия. Червяков ходит извиняться к генералу.
4. Кульминация. Генерал закричал и затопал ногами.
5. Развязка. Чиновник умер.

Ответьте на вопросы:

1. Как вы думаете, почему у героя фамилия Червяков?
2. Прочитайте первое предложение рассказа: «В один прекрасный вечер не менее прекрасный экзекутор Иван Дмитрич Червяков сидел в театре во втором ряду кресел и глядел в бинокль на сцену». В каком случае слово «прекрасный» использовано в ироническом значении?
3. Прочитайте еще раз этот эпизод: «Я его обрызгал! – подумал Червяков. – Не мой начальник, чужой, но все–таки нехорошо. Извиниться надо». Как вы думаете, почему автор использует слово «все–таки»? Почему герой считает, что получилась некрасивая ситуация?
4. Прочитайте еще раз следующее предложение: «Придя домой, не снимая мундира, он лег на диван и… умер». Как вы думаете, почему Чехов обращает внимание на то, что герой умер, не снимая мундира?

Переведите и подумайте, чему учит рассказ?

Чехов показал актуальную проблему общества – лизоблюдство нижестоящих перед вышестоящими. Его вывод прост: надо выдавливать из себя раба, иначе жизнь будет ничтожной попыткой преуспеть, а сам человек – заложником общественной иерархии и своих собственных страхов. Лишиться места, в конце концов, не так страшно, как лишиться времени и сил на ту жизнь, которую Вы для себя избрали. Нельзя терять и предавать себя, что бы ни случилось.

Автор намеренно преувеличивает детали, так ситуация выглядит абсурднее, зато мораль в рассказе «Смерть чиновника» понятна каждому. Произведение учит всегда оставаться личностью, уважать себя, несмотря ни на что, ведь все мы – достойные уважения люди, независимо от чина, титула и общественного мнения.

六

其他主题

1. **Денис Иванович Фонвизин** 杰·伊·冯维辛
   «НЕДОРОСЛЬ» (фрагмент) 《纨绔少年》（节选）

2. **Александр Сергеевич Грибоедов** 亚·谢·格里鲍耶陀夫
   «ГОРЕ ОТ УМА» (фрагмент) 《聪明误》（节选）

3. **Александр Сергеевич Пушкин** 亚·谢·普希金
   «ЕСЛИ ЖИЗНЬ ТЕБЯ ОБМАНЕТ» 《假如生活欺骗了你》

4. **Иван Андреевич Крылов** 伊·安·克雷洛夫
   «ВОРОНА И ЛИСИЦА» 《乌鸦与狐狸》
   «СТРЕКОЗА И МУРАВЕЙ» 《蜻蜓与蚂蚁》

5. **Лев Николаевич Толстой** 列·尼·托尔斯泰
   «КАВКАЗСКИЙ ПЛЕННИК» (фрагмент) 《高加索的俘虏》（节选）
   «ВОЙНА И МИР» (фрагмент) 《战争与和平》（节选）
   «ПОСЛЕ БАЛА» 《舞会之后》

6. **Антон Павлович Чехов** 安·巴·契诃夫
   «ХАМЕЛЕОН» (фрагмент) 《变色龙》（节选）
   «ТОЛСТЫЙ И ТОНКИЙ» (фрагмент) 《胖子与瘦子》（节选）
   «ВИШНЁВЫЙ САД» (действие четвёртое) 《樱桃园》（第四幕）

7. **Александр Александрович Блок** 亚·亚·勃洛克
   «НЕЗНАКОМКА» 《陌生女郎》

8. **Алексей Максимович Горький** 阿·马·高尔基
   «СТАРУХА ИЗЕРГИЛЬ» (фрагмент) 《伊则吉尔老婆子》（节选）

1. Денис Иванович Фонвизин
杰·伊·冯维辛 (1744—1792)

*То был писатель знаменитый,
Известный русский весельчак.
А.С. Пушкин*

Денис Иванович Фонвизин родился в Москве в 1745 году в семье бедного дворянина. Учился в гимназии при Московском университете. Очень любил театр, играл в пьесах, пробовал писать сам. Его первая трагедия не имела успеха, потому что в Фонвизине был дар подмечать в людях смешное. Он написал всего две комедии: «Бригадир» и «Недоросль», но стал знаменитым. Его боялась сама царица Екатерина II. Сейчас мы говорим, что русский театр начинается с Фонвизина.

Лексико– стилистическая работа:

1. *Дворяне* – господствующий класс, который имел привилегии в дореволюционной России. 贵族——十月革命前在俄罗斯拥有特权的统治阶级
2. *Гимназия* – школа.
3. Иметь успех (Вин. п.)

   Не иметь успеха (Род. п.)

   Составьте предложения с этими словосочетаниями.

_____

_____

4. *Дар* – талант, способность. Составьте предложения с этими словами.

5. Стать (каким?) знаменитым (Тв. п.); быть (каким?) красивым.

Составьте предложение со словосочетаниями. Поставьте прилагательное в нужном падеже.

Стать (каким?) интересный;

(каким?) известный;

Быть (каким?) образованный;

(каким?) культурный.

НЕДОРОСЛЬ

(фрагмент)

Задание: прочитайте, переведите, перескажите текст.

Комедия «Недоросль» была написана в 1872 году. Действие пьесы происходит в доме госпожи Простаковой. Она хозяйка дома. Её все боятся, даже муж. Он говорит: «Мои глаза при твоих ничего не видят». Не боится её только её сын Митрофанушка, которого она слепо любит. Митрофанушка знает, что его мать всеми командует, поэтому научился ей льстить. Он рассказывает сон, будто матушка била батюшку и ему стало жалко. «Кого?» – спрашивает госпожа Простакова. «Тебя, матушка, ты так устала, когда била батюшку», – говорит Митрофанушка. Митрофанушка – недоросль. Так называли в России молодых людей. Когда в семье дворян рождался сын, его записывали в армию солдатом. Мальчик считался в отпуске, пока рос и учился, а в это время его учили разным наукам. Когда молодому человеку нужно было служить в армии, он уже был офицером. Митрофанушке тоже нашли учителей, но они сами были необразованными, ничего не знали, да и Митрофанушка был ленивым, не хотел учиться.

Задание: прочитайте, переведите сцену из комедии. Прочитайте её по ролям. Ответьте на вопрос: что кажется смешным в этой сцене?

ГОСПОЖА ПРОСТАКОВА. Друг мой, ты хоть для виду поучись.

МИТРОФАН. Ну! А там что?

ГОСПОЖА ПРОСТАКОВА. А там и женишься.

МИТРОФАН. Слушай, матушка. Поучусь. Только чтоб это было в последний раз. Не хочу учиться, хочу жениться.

МИТРОФАН (обращаясь к учителю). Ну, давай доску, крыса! Задавай, что писать.

УЧИТЕЛЬ. Всегда без дела ругаетесь.

МИТРОФАН. Задавай же зады, поворачивайся.

УЧИТЕЛЬ. Всё зады. Ведь с задами–то век назади и останешься.

ГОСПОЖА ПРОСТАКОВА.

Мне очень мило, что Митрофанушка вперёд шагать не любит.

С его умом, да залетать далёко, да и Боже избави!

УЧИТЕЛЬ. Задача. Хочешь ты, например, идти по дороге со мной, хоть возьмем с собой Сидорыча, нашли мы трое...

МИТРОФАН (пишет). Трое.

УЧИТЕЛЬ. На дороге, например, триста рублей.

МИТРОФАН (пишет). Триста.

УЧИТЕЛЬ. Стали делить. Сообрази, по сколько на каждого?

МИТРОФАН. Одиножды три – три. Одиножды нуль – нуль. Одиножды нуль – нуль. ГОСПОЖА ПРОСТАКОВА. Что, что разделить?

МИТРОФАН. Видишь, триста рублей, что нашли, тройм разделить.

ГОСПОЖА ПРОСТАКОВА. Врёт он, друг мой сердечный. Найдя деньги, ни с кем не делись.

Всё себе возьми, Митрофанушка. Не учись этой дурацкой науке.

МИТРОФАН. Слышишь, задавай другую.

УЧИТЕЛЬ. Пиши, за ученье платите мне в год десять рублей.

МИТРОФАН. Десять.

УЧИТЕЛЬ. Теперь, правда, не за что. А если бы ты, Митрофанушка, чему–нибудь у меня научился, тогда можно бы было и ещё прибавить десять.

МИТРОФАН (пишет). Ну, ну, десять.

УЧИТЕЛЬ. Сколько ж бы на год?

МИТРОФАН. Нуль да нуль – нуль. Один да один... (Задумался.)

ГОСПОЖА ПРОСТАКОВА. Не трудись зря, друг мой! Копейки не прибавлю, да и не за что. Только тебе мученье. Денег нет – что считать? Деньги есть – сосчитаем и без учителя.

МИТРОФАН. Все, конец. Две задачи решены. Ведь проверять не станут.

Лексико–стилистическая работа:

1. В русском языке обычно употребляются словосочетания:

   быть + (кем?) учителем, офицером. Составьте предложения с этими словами

   _____

   _____

2. *Не хочу учиться, хочу жениться* – это крылатое выражение (выражение, которое употребляется как пословица). Опишите ситуацию, когда можно так сказать: «Не хочу учиться, хочу жениться».

3. *Зады* – повторение.

4. *Друг мой сердечный* – так обращаются к тому, кто очень дорог.

5. *Сидорыч* – в русском языке старых людей часто в разговорной речи называют только по отчеству.

6. *Герой* – (1) Человек, совершивший подвиг мужества, доблести, самоотверженности.

   (2) Лицо, чем–либо отличившееся и привлекшее к себе внимание.

   (3) Лицо, являющееся для кого–либо предметом поклонения, восхищения, образом для подражания.

   (4) Лицо, воплощающее в себе характерные, типичные черты своей эпохи, среды.

   (5) Главное действующее лицо в романе, пьесе, фильме.

   Какое значение вы выберете, чтобы назвать тех, о ком идет речь в комедии? У слова *герой* есть синоним: персонаж.

7. Прочитайте группу слов:

   герой

   геройски

   геройчески

   геройство

   геройствовать.

Определите, какими частями речи они являются, в каком значении употребляется. Составьте с ними предложения.

Так с первого действия названа очень важная для Фонвизина тема – воспитание человека. Слово *недоросль* после комедии стало иметь другой смысл: невоспитанный и необразованный человек. Митрофанушка, госпожа Простакова, господин Простаков, её муж, –отрицательные герои. В пьесе есть и положительные герои – племянница Простаковой, Софья, её дядя Стародум, Правдин, жених Софьи, Милон, и другие. Эти люди думают и живут по–другому. Вот что говорит Стародум: «Принёс неповреждённо мою душу, мою честь, мои правила». Он старался жить честно.

Между положительными и отрицательными героями происходит борьба. Госпожа Простакова, узнав, что дядя Софьи, Стародук, заработал много денег и теперь Софья – богатая наследница, хочет женить на ней своего сыша Митрофанушку. А в это время в деревню, где живут Простаковы, приехали жених Софьи – Милон, и Правдин. Правдин должен ограничить власть госпожи Простаковой и говорит ей об этом. Для неё это большое горе. Она бросается к сыну и говорит ему: «Один ты остался у меня, мой сердечный друг, Митрофанушка!» А он отвечает: «Да отвяжись ты, матушка!» Стародум говорит, что Митрофанушке пора служить в армии.

Вопросы и задания:

1. Перескажите сюжет комедии, ответив на вопросы:

    (1) Кто главная героиня пьесы?

    (2) Почему её все боятся?

    (3) Как к ней относится Митрофан?

    (4) Как он относится к учению?

    (5) Почему госпожа Простакова хочет женить Митрофанушку на Софье?

    (6) Зачем приехал в деревню Правдин?

    (7) К кому обратилась мать за помощью?

    (8) Что сделал Митрофанушка?

2. Расскажите о характере Митрофанушки, выбрав нужные слова:

    льстивый, ленивый, эгоистичный, невежливый, невежда, равнодушный, невоспитанный, простой, примитивный.

3. Сравните слова *невежливый и невежда*. Какое из них будет более точным по отношению к Митрофанушке?

4. Одинаковы ли по значению слова *простой и примитивный!* Какое из них вы выберете для характеристики Митрофанушки?

5. Кого можно назышать НЕДОРОСЛЕМ? Почему это слово стало нарицательным?

6. Какую тему раскрыл в комедии Д. И. Фонвизин?

7. Назовите смешные ситуации в комедии.

8. Прочитайте понятия: *юмор* и *сатира*.

Юмор (англ.humor) – в художественном произведении изображение каких–либо явлений действительности в комическом, смешном виде.

Сатира (лат.satira) – злая насмешка, резкое обличение.

9. Комедию можно назвать комической или сатирической?

2. Алексадр Сергеевич Грибоедов
亚·谢·格里鲍耶陀夫 (1795—1829)

*Грибоедов сделал свое дело –
он уже написал «Горе от ума».*
А. С. Пушкин

А.С. Грибоедов – великий русский драматург. Но он мог стать великим художником, великим музыкантом, известным дипломатом. Природа одарила его щедро.

Он родился в Москве в дворянской семье. Отец его был человеком неинтересным. Мать – умная, но с тяжёлым и деспотичным характером. Она дала сыну прекрасное домашнее образование. В 12 лет он поступил в университет сразу на три факультета. В 17 лет он готовился сдавать экзамен, был очень образованным, знал 8 языков. Началась война России с Наполеоном. Грибоедов оставил университет и пошёл на войну.

В 1818 году он уехал в Персию, где был дипломатом. В это время Россия воевала с Персией и Турцией за земли Кавказа.

В 1818 году А. С. Грибоедов женился на дочери грузинского поэта Нине Чавчавадзе, которой было тогда всего 15 лет. Он мечтал о том, чтобы уехать в Россию, заняться литературой, но был убит.

Тело Грибоедова было перевезено в Тифлис. Жена его на могиле написала: «Ум и дела твои бессмертны в памяти русской, но для чего пережила тебя любовь моя». Она осталась вдовой, когда ей было всего 16 лет, пережила мужа на 28 лет, но второй раз замуж не вышла. Для неё не было имени выше Грибоедова.

Историческая справка :

Наполеон – император Франции конца XVIII – начала XVIII веков. Одержал победы в Египте, завоевал Европу, в короткий срок сделал карьеру от капрала до императора. В 1812 году напал на Россию. После поражения в 1814 году был сослан на остров Святой Елены в Средиземном море, где и умер.

Словарное стилистическая работа:

1. Сравните синонимы: *злой – жестокий – деспотичный*. Одинаково ли их значение?
2. *Пережить* – 1. Прожить дольше кого–то, остаться жить после смерти, гибели кого–то.
3. Остаться в живых, выжить, преодолеть трудности, невзгоды.
4. Испытать что–то.
5. Проникнуться мыслями и чувствами изображаемого персонажа, содержанием произведения.
6. Прожить, просуществовать какое–то время.
7. Какое из этих значений дано в тексте об А. С. Грибоедове?
8. *Биография – био – «жизнь» и графос – «пишу» – описание жизни. Автобиография – авто – «сам», бмо – «жизнь», графос – «пишу»* – описание своей жизни.

Вопросы и задания:

1. Расскажите о родителях А. С. Грибоедова.
2. Где и на каких факультетах он учился?
3. Сколько языков знал А. С. Грибоедов?
4. Кем служил в армии А. С. Грибоедов?
5. Расскажите, что в судьбе А. С. Грибоедова вам показалось интересным.
6. Расскажите биографию А. С. Грибоедова.

ГОРЕ ОТ УМА

(фрагмент)

Задание: прочитайте, переведите, перескажите текст.

Гениальный писатель остался в истории литературы автором всего одной комедии. Она была написана в 1824 году.

Действие комедии происходит в доме московского барина Фамусова. У него есть дочь Софья, девушка неглупая, воспитанная на французских романах. «Чуть свет» к ним приезжает Александр Андреич Чацкий. Это умнейший человек, он много путешествовал, читал, пробовал сам писать.

Чацкий и Софья росли вместе, и теперь он спешит с ней увидеться, потому что любит её. Но Софья встречает его холодно, потому что любит другого человека, секретаря своего отца, Молчалина, недалёкого ума, но исполнительного и аккуратного. Главное правило его жизни – всем угождать: «хозяину, где будешь жить, дворнику, собаке дворника, чтоб ласкова была». Молчалин беден, поэтому думает, что только так можно добиться хорошего положения в жизни. Он не любит Софью, но ухаживает за ней, потому что она – дочь его начальника. В доме Фамусова готовится бал, приезжают гости. Они все пустые, неинтересные, любят деньги, ненавидят свободу, просвещение. В Чацком они сразу увидели врага, потому что он друг свободы, всего нового. Гости раздражены его появлением, поэтому с удовольствием пускают сплётню о том, что Чацкий сумасшедший. Он, узнав, что сумасшедшим его назвала Софья, уезжает из этого дома навсегда.

Лексический комментарий:

1. *Угождать* – делать приятное, нужное, желаемое.
2. *Дворник* – человек, который следит за чистотой двора.
3. *Просвещение* – образование, обучение.

Ответьте на вопросы:

1. Где происходит действие комедии?
2. Как зовут дочь Фамусова? Каков её характер?
3. Кто приезжает в дом Фамусова? Почему?
4. Почему Софья встречает Чацкого холодно?
5. Сравните Чацкого и Молчалина. Кто более достоин любви Софьи?
6. Почему Софья любит Молчалина?
7. Почему Молчалин ухаживает за Софьей? В каком значении употреблено здесь слово ухаживать?
8. Почему гости Фамусова увидели в Чацком врага?

9. Почему они назвали его сумасшедшим?

Кто первый сказал об этом?

Почему Чацкий уехал из дома Фамусова?

Задание: Прочитайте, переведите отрывок из комедии А. И. Грибоедова «Горе от ума». Прочитайте по ролям.

Г. Н. (подходит к Софье). Вы в размышленьи.

СОФЬЯ. Об Чацком. Он не в своём уме.

Г. Н. Неужели с ума сошёл?

СОФЬЯ, (помолчав). Не то, чтобы совсем...

Г. Н. Однако есть приметы?

СОФЬЯ, (смотрит на него пристально). Мне кажется.

Г. Н. Как можно в эти леты!

СОФЬЯ. Как быть!

Готов он верить!

А, Чацкий! Любите вы всех в шуты рядить,

Угодно ль на себе примерить? (Уходит).

Г. Н. С ума сошёл! Ей кажется! Вот на!

Недаром! Стало быть... с чего б взяла она!

Ты слышал?

Г.Д. Что?

Г. Н. Об Чацком.

Г. Д. Что такое?

Г. Д. С ума сошёл!

Г. Д. Пустое.

Г. Н. Не я сказал, другие говорят.

Г. Д. А ты расславить это рад?

Г. Н. Пойду, спрошу. Наверно кто-нибудь да знает. (Уходит).

Г. Д. Верь болтуну! Услышит вздор и тотчас повторяет!

(входит ЗАГОРЕЦКИЙ, Г.Д. обращается к нему)

Ты знаешь ли о Чацком?

ЗАГОРЕЦКИЙ. Ну?

Г. Д. С ума сошел!

ЗАГОРЕЦКИЙ. А, знаю, помню, слышал,

        Как мне не знать? примерный случай вышел;

        Его в безумные упрятал дядя–плут...

        Схватили, в жёлтый дом, и на цепь посадили.

Г. Д. Помилуйте, он сейчас здесь в комнате был, тут.

ЗАГОРЕЦКИЙ. Так с цепи, стало быть, спустили.

Г. Д. Ну, милый друг, с тобой не надобно газет,

        Пойду–ка я, расправлю крылья,

        У всех повыспрошу; однако, чур! секрет.

ЗАГОРЕЦКИЙ (Входит).

ЗАГОРЕЦКИЙ. Который Чацкий тут? – Известная фамилия.

        С каким–то Чацким я когда–то был знаком.

        (входит Графиня внучка, Загорецкий обращается к ней).

        Вы слышали об нём?

ГРАФИНЯ ВНУЧКА. Об ком?

ЗАГОРЕЦКИЙ. Об Чацком, он сейчас здесь в комнате был.

ГРАФИНЯ ВНУЧКА. Знаю. Я говорила с ним.

ЗАГОРЕЦКИЙ. Так я вас поздравляю:

        Он сумасшедший...

ГРАФИНЯ ВНУЧКА. Что?

ЗАГОРЕЦКИЙ. Да, он с ума сошёл.

ГРАФИНЯ ВНУЧКА. Представьте, я заметила сама;

        И хоть пари держать, со мной в одно вы слово.

        (гости оживленно обсуждают повоетъ.)

ЗАГОРЕЦКИЙ. Безумный по всему.

ФАМУСОВ. По матери пошёл, по Анне Алексеевне.

ХЛЁСТОВА. Пил не по летам. Шампанское стаканами тянул.

НАТАЛЬЯ ДМИТРИЕВНА. Бутылками, и пребольшими.

ЗАГОРЕЦКИЙ. Нет, бочками сороковыми.

ФАМУСОВ. Ну вот! великая беда,

        Что выпьет лишнее мужчина!

        Ученье – вот чума, учёность – вот причина.

ХЛЁСТОВА. И впрямь сойдёшь с ума от этих, от одних От пансионов, школ, лицеев...

КНЯГИНЯ. Нет, в Петербурге институт Пе–да–гогический, так, кажется, зовут.

ФАМУСОВ. Уж если зло пресечь:
Забрать все книги бы да сжечь.

Лексический комментарий:

1. *Не в своём уме* – сумасшедший.
2. *Леты* – годы.
3. *Стало быть* – значит.
4. *С чего б взяла она* – разговорное выражение, которое часто мы говорим в устной речи. *С чего ты взял* – откуда ты знаешь.
5. *Расславить* – рассказать всем.
6. *Болтун* – здесь в значении: человек, который не умеет хранить тайну.
7. *Вздор* – глупость.
8. *Примерный* – подобный, одинаковый.
9. *Плут* – хитрый человек, обманщик.
10. *Жёлтый дом* – сумасшедший дом.
11. *Не надобно* – не надо.
12. *Чур* – не трогать.
13. *Держать пари* – спорить.
14. *Со мной в одно вы слово* – так же говорите.
15. *По матери пошёл* – унаследовал от матери.
16. *Пребольшими* – очень большими.
17. *Бочками сороковыми* – бочками сорок литров.
18. *Пансион* – частное учебное заведение закрытого типа, в котором воспитанники находятся на полном обеспечении.
19. *Лицей* – привилегированное мужское среднее или высшее учебное заведение в дореволюционной России.

Вопросы и задания:

1. Найдите значение слова сплетня. Расскажите, как рождаются сплетни.

2. Подумайте и скажите, почему гости с удовольствием заговорили о сумасшествии Чацкого.

3. В чём видят причину сумасшествия Чацкого гости Фамусова?

4. Как они хотят избавиться от умных людей?

5. Почему комедия называется «Горе от ума»?

6. Расскажите сюжет комедии, ответив на вопросы.

   (1) Кто главный герой комедии?

   (2) Почему он приезжает в дом Фамусова?

   (3) Почему Софья встречает его холодно?

   (4) Кто такой Молчалин?

   (5) Почему он ухаживает за Софьей?

   (6) Почему Софья называет Чацкого сумасшедшим?

   (7) Что делает Чацкий, узнав, что это Софья назвала его сумасшедшим?

7. Прочитайте выражения, объясните их смысл, выучите. Такие выражения называются крылатыми, или афоризмами. Прочитайте определение:

Афоризм (греч. aporiopos) – выражение, в котором заключена оригинальная (неповторимая, свежая, точная) мысль. Крылатое выражение.

Комедия «Горе от ума» была высоко оценена современниками А. С. Грибоедова. А.С. Пушкин писал: «О языке не говорю. Добрая половина войдёт в пословицы!»

1. Свежо предание, а верится с трудом.

2. И дым отечества нам сладок и приятен.

3. Подумаешь, как счастье своенравно.

4. Счастливые часов не наблюдают.

5. Чуть свет – уж на ногах.

6. Ведь нынче (сейчас) любят бессловесных.

7. А судьи кто?

8. Уж как не порадеть (позаботиться) родному человечку.

9. Дома новы, но предрассудки стары.

10. Герой не моего романа.

3. Александр Сергеевич Пушкин
亚·谢·普希金 (1799—1837)

ЕСЛИ ЖИЗНЬ ТЕБЯ ОБМАНЕТ

Если жизнь тебя обманет,
Не печалься, не сердись!
В день уныния смирись:
День веселья, верь, настанет.

Сердце в будущем живет;
Настоящее уныло:
Все мгновенно, все пройдет;
Что пройдет, то будет мило.

(1828)

假如生活欺骗了你

假如生活欺骗了你，
不要悲伤，不要心急！
忧郁的日子里须要镇静：
相信吧，快乐的日子将会来临。
心儿永远向往着未来，
现在却常是忧郁：
一切都是瞬息，一切都将会过去；
而那过去了的，就会成为亲切的怀恋。

（戈宝权译）

Вопросы и задания:

1. Выучите наизусть это стихотворение.
2. В чем проявляется пушкинский оптимизм в стихотворении «Если жизнь тебя обманет»? С помощью каких приемов поэт добивается мажорного, оптимистического звучания стихотворения?

4. Иван Андреевич Крылов
伊·安·克雷洛夫 (1769—1844)

В нем «какое-то веселое лукавство ума, насмешливость и живописный способ выражаться»

А.С. Пушкин

Крылов мог бы стать замечательным актером, выдающимся художником. Он прекрасно рисовал. Очень рано, почти самоучкой, научился играть на скрипке, и позднее музыканты изумлялись его мастерской игре. У него были большие способности к математике которую он превосходно знал. Но Крылов решил стать писателем.

Его пьесы «Модная лавка», «Урок дочкам» имели успех необычайный. Но писателя все больше привлекала басня – маленький стихотворный рассказ, на первый взгляд совсем невинный: действующие лица –звери, птицы, деревья, вся природа.

Одна за другой начинают появляться в журналах басни Крылова: «Ворона и Лисица», «Лягушка и Вол», «Музыканты», «Волк и Ягненок» …А в 1809 году выходит первая его книга – «Басни Ивана Крылова». В нее вошли двадцать три басни.

Вслед за первой книгой, через два года, вышла вторая, потом третья, четвертая … Всего при жизни Крылова было издано девять книг его басен – около сорока тысяч экземпляров .

В одном из своих стихотворений Крылов писал: «Люблю, где случай есть, пороки пощипать». Он писал о злых и завистливых людях, о взяточниках и ворах,

И вместе с тем он верил в талантливый, трудолюбивый русский народ, который умеет горячо любить и защищать родную землю. Басней «Листы и Корни» Крылов напомнил своим соотечественникам, что цари меняются, как листья на дереве, в то время как народ – основа жизни – вечен.

Задание: составьте план текста, перескажите по плану.

Что такое басня

Басня – нравоучительный жанр, краткое аллегорическое повествование и поучение (мораль). Персонажами обычно выступают животные. Это образы, которые становились символами нравственных свойств и отношений людей, приобретали в иносказательном смысле общепринятое значение, делались аллегориями. В баснях лиса воспринимается как средство иносказательного изображения хитрого человека, лев и вояк – кровожадного, жестокого, змея – коварного, ворона – глупого, пчела и муравей – трудолюбивого.

Лексико–стилистический комментарий:

1. *Аллегория* – иносказание.
2. *Символ* – художественный образ, условно передающий какую–нибудь мысль, переживание.
3. *Приобретать* – стать обладателем кого–либо, чего–либо.

ВОРОНА И ЛИСИЦА

Уж сколько раз твердили миру,
Что лесть гнусна, вредна; но только всё не впрок,
И в сердце льстец всегда отыщет уголок.
Вороне где–то бог послал кусочек сыру;
На ель Ворона взгромоздясь, Позавтракать было совсем уж собралась,
Да призадумалась, а сыр во рту держала.
На ту беду Лиса близехонько бежала;
Вдруг сырный дух Лису остановил:
Лисица видит сыр, Лисицу сыр пленил.
Плутовка к дереву на цыпочках подходит,
Вертит хвостом, с Вороны глаз не сводит

И говорит так сладко, чуть дыша:
«Голубушка, как хороша!
Ну что за шейка, что за глазки!
Рассказывать, так, право, сказки!
Какие перушки! Какой носок!
И верно, ангельский быть должен голосок!
Спой, светик, не стыдись! Что, ежели, сестрица,
При красоте такой и петь ты мастерица,–
Ведь ты б у нас была царь–птица!»
Вещуньла с похвал вскружилась голова,
От радости в зобу дыханье сперло,
И на приветливы Лисицыны слова
Ворона каркнула во все воронье горло:
Сыр выпал – с ним была плутовка такова.

Лексико стилистический комментарий:

1. *Твердить* – постоянно говорить, повторять одно и то же: твердить урок.
2. *Гнусна* (кр, прил.), образовано от слова *гнусный* – вызывающий отвращение, гадкий.
3. *Не впрок* (нар.) – не на пользу.
4. *Взгромоздясь* (деепр.), образовано от глагола *взгромоздиться* (взгромождаться и громоздиться) – взобраться и устроиться с трудом на чем–либо, на верху чего–либо.
5. *Пленить* – покорить, очаровать.
6. *Плутовка* (разг.) – ловкая и хитрая обманщица. М. р. – обманщик.
7. *Светик* – обращение от слова *свет*. Сравните; *свет мой солнышко*.
8. *Ежели* (устаревшее) – если.
9. *Сестрица, мастерица* – в русском языке в разговорной речи часто употребляется форма с уменьшительно–ласкательным суффиксом.
10. *Вещуныша* — прилагательное, образовано от существительного *вещунья* — предсказательница,
11. *От радости в зобу дыханье сперло* – перехватило дыхание. Так бывает, когда кто–либо очень волнуется. Это выражение стало, благодаря И.А. Крылову, фразеологизмом.
12. *С ним была плутовка такова* (фразеологизм) – исчезла, скрылась.

Вопросы и задания:

➢ Используя слова басни, расскажите историю о Вороне и Лисице,

➢ Какие черты характера высмеивает И. А. Крылов в Вороне?

➢ Почему автор Ворону называет Вещуньей? Как это отражает народное представление о вороне?

➢ Какие черты характера высмеивает автор в Лисице?

➢ Прочитайте мораль басни. Чему она учит?

➢ Прочитайте басню по ролям.

СТРЕКОЗА И МУРАВЕЙ

Попрыгунья Стрекоза
Лето красное пропела;
Оглянуться не успела,
Как зима катит в глаза.
Помертвело чисто поле;
Нет уж дней тех светлых боле,
Как под каждым ей листком
Был готов и стол, и дом.
Все прошло: с зимой холодной
Нужда, голод настаёт;
Стрекоза уж не поёт:
И кому же в ум пойдёт
На желудок петь голодный!
Злой тоской удручена,
К Муравью ползёт она:
«Не оставь меня, кум милой!
Дай ты мне собраться с силой
И до вешних только дней
Прокорми и обогрей!» –
«Кумушка, мне странно это:
Да работала ль ты в лето?» –
Говорит ей Муравей.
«До того ль, голубчик, было?

В мягких муравах у нас
Песни, резвость всякий час,
Так, что голову вскружило».
«А, так ты...» – «Я без души
Лето целое все пела».–
«Ты все пела? это дело:
Так поди же, попляши!»

Лексико–стилистический комментарий:
1. *Боле* (устар.) – более,
2. *Удручена* (причастие), образовано от глагола *удручить* – отяготить, огорчить.
3. *Вешний* (книж.) – весенний.
4. *Мурава* – трава.
5. *Резвость* – веселье
6. *Плясать* – танцевать.
7. *Поди* (разг.) – пойди, пойти.

Вопросы и задания:
- Используя слова из басни, расскажите сюжет.
- Найдите слова и выражения, которыми баснописец (человек, который пишет басни) описывает яето – зиму
- Найдите выражения, противоположные по значению, с помощью которых И.А. Крылов показывает состояние Стрекозы летом, зимой.
- Какие черты характера человека показаны в Стрекозе? В Муравье?
- Найдите и прочитайте слова, в которых выражена мораль басни. Какова она?
- В какой речевой ситуации можно сказать: «Ты все пела? Это дело: так поди же попляши»

5. Лев Николаевич Толстой
列·尼·托尔斯泰 (1828—1910)

Искусство есть микроскоп, который наводит художник на тайны своей души и показывает эти общие всем тайны людям.
—*Л.Н.Толстой*

Лев Николаевич Толстой родился в усадьбе Ясная Поляна под Тулой. Его отец, граф Николай Ильич Толстой, был участником Отечественной войны 1812 года. В семье сохранились рассказы родных и близких о войне с Наполеоном, о восстании декабристов. Мать, Мария Николаевна, умерла, когда Толстому было два года. Жизнь в усадьбе оказала большое влияние на творчество будущего писателя. «Без своей Ясной Поляны я трудно могу представить себе Россию и свое отношение к ней», – писал Толстой в молодости.

В 16 лет он поступил в Казанский университет. Там он изучал много иностранных языков, готовился к дипломатической карьере. В эти годы Толстой вел образ жизни молодого богатого аристократа, которому доступны все жизненные удовольствия. На третьем курсе он не сдал экзамен, что заставило его впервые по-настоящему задуматься о своём назначении. Так началась его духовная работа, которая продолжалась до конца его жизни. Всё это можно увидеть в его дневниках.

Он оставил университет и решил пойти на войну. Это была война с Турцией за земли Крыма, которая началась в 1853 году. Толстой участвовал в обороне Севастополя. То, что он увидел и понял там, описал в «Севастопольских рассказах».

Первыми произведениями Л.Н. Толстого были автобиографические повести «Детство», «Отрочество», «Юность».

Вернулся Толстой в Петербург после войны уже известным писателем. Он много путешествовал за границей. В 1862 году женился на Софье Андреевне Берс и окончательно поселился в Ясной Поляне. Здесь им была открыта школа для крестьянских детей. Ему помогала его жена, а потом его дети и его ученики. Для них он написал азбуку, рассказы, продолжал литературную работу. Здесь были написаны лучшие романы: «Война и мир», «Анна Каренина», «Воскресение».

Последнее десятилетие жизни было особенно тяжело для Толстого. Он понимал, что народ не сможет освободиться от бедности. Сам Толстой отказался от роскоши, от помощи слуг. Он сам пахал землю, носил воду, колол дрова.

В октябре 1910 года Толстой тайно уехал из Ясной Поляны, чтобы уже не возвращаться туда. Он хотел пойти по России, нести свое учение людям. В это время ему было 82 года. В дороге он заболел воспалением лёгких. Через неделю, 7 ноября, он умер. Лев Николаевич Толстой похоронен в яснополянском парке.

На могиле Толстого нет памятника, она очень проста и скромна, её не сразу найдёшь среди могучих деревьев.

Задание: Переведите. Составьте конспект текста, перескажите.

Что такое быль

Быль – рассказ о действительном происшествии. Например: Я. бывало, хранила в памяти немало старинных былей, небылиц. (А.С. Пушкин. Евгений Онегин.)

КАВКАЗСКИЙ ПЛЕННИК

(фрагмент)

1

Служил на Кавказе офицером один барин. Звали его Жилин.

Пришло раз ему письмо нз дома. Пишет его старуха мать: «Стара я уж стала, и хочется перед смертью повидать любимого сынка. Приезжай со мной проститься, похорони, а там и с Богом, поезжай опять на службу. А я тебе и ненесту нашла: и умная, и хорошая, и именье есть. Может, и женишься и совсем останешься».

Жилин и подумал: «И в самом деле: плоха уж старуха стала; может, и не придется увидать. Поехать; а если невеста хороша – и жениться можно».

Пошел он к полковнику, взял отпуск, простился с товарищами, поставил своим солдатам четыре ведра водки на прощанье и собрался ехать.

На Кавказе тогда война была. По дорогам ни днем ни ночью не было проезда. И было заведено, что два раза в неделю из крепости в крепость ходили провожатые солдаты. Спереди и сзади идут солдаты, а в середине едет народ.

Дело было летом. Собрались на зорьке обозы за крепостью, вышли провожатые солдаты и тронулись по дороге. Жилин ехал верхом, а телега с его вещами шла в обозе.

Ехать было 25 верст. Обоз щел тихо; то солдаты остановятся, то в обозе колесо у кого соскочит, или лошадь станет, и все стоят – ждут.

Солнце уже и за полден перешло, а обоз только половину дороги прошел. Пыль, жара, солнце так и печёт, а укрыться негде. Голая степь, ни деревца, ни кустика по дороге.

Выехал Жилин вперед, остановился и ждёт, пока пойдет обоз. Слышит, сзади на рожке заиграли, – опять стоять. Жилин и полумал: «А не усхать ли одному, без солдат? Лошадь подо мпой добрая, если и наткнусь на татар – ускачу. Или не ездить?..»

Остановился, раздумывает. И подьсзжает к нему на лошади другой офицер, Костылин, с ружьем, и говорит:

– Поедем, Жилин, одни. Сил нет, есть хочется, да и жара. На мне рубаху хоть выжми.

А Костылин – мужчина грузный, толстый, весь красный, а пот с него так и льет. Подумал Жилин и говорит:

– А ружье заряжено?

– Заряжено.

– Ну, так поедем. Только уговор – не разъезжаться.

И поехали они вперёд по дороге. Едут степью, разговаривают да поглядывают по сторонам. Кругом далеко видно.

Только кончилась степь, пошла дорога между двух гор в ущелье, Жилин и говорит.

– Надо выехать на гору, поглядеть, а то тут, пожалуй, выскочат из–за горы и не увидишь.

А Костылин говорит:

– Что смотреть? Поедем вперед.

Жилин не послушал его.

– Нет, говорит, – ты подожди внизу, а я только взгляну.

И пустил лошадь налево, на гору. Только выскакал, глядь – а перед самым им стоят татары верхами, – человек тридцать. Он увидал, стал назад поворачивать; и татары его увидали, пустились к нему, сами на скаку выхватывают ружья из чехлов. Поскакал Жилин во все лошадиные ноги, кричит Костылину:

– Вынимай ружье! – а сам думает на лошадь свою: «Матушка, вынеси, не зацепись ногой, споткнешься – пропал. Доберусь до ружья, я им не дамся».

А Костылин, вместо того чтобы подождать, только увидал татар – поскакал что есть духу к крепости. Плетью лошадь то с того бока, то с другого. Только в пыли видно, как лошадь хвостом вертит.

Жилин видит – дело плохо. Ружье уехало, с одной шашкой ничего не сделаешь. Поскакал он назад к солдатам – думал уйти. Видит, ему наперерез катят шестеро. Под ним лошадь добрая, а под теми еще добрее, да и наперерез скачут. Хотел он назад повернуть, да лошадь не удержит, прямо на них летит. Видит – близится к нему с красной бородой татарин на сером коне. Визжит, зубы оскалил, ружье наготове.

«Ну, – думает Жилин, – знаю вас, чертей, если живого возьмут, посадят в яму, будут бить. Не дамся же живой».

А Жилин хоть невелик ростом, а удал был. Выхватил шапку, пустил лошадь прямо на красного татарина.

Выстрелили по нем сзади из ружей и попали в лошадь. Упала лошадь со всего маху и навалилась Жилину на ногу.

Хотел он подняться, а уж на нём два татарина вонючие, крутят ему назад руки. Рванулся он, скинул с себя татар, – да еще соскакали с коней на него, начали бить прикладами по голове. Схватили его татары, закрутили ему руки, завязали татарским узлом, поволокли к седлу. Шапку с него сбили, сапоги стащили, все обыскали, деньги, часы вынули, платье все изорвали. Оглянулся Жилин на свою лошадь. Она, сердечная, как упала на бок, так и лежит, только бьется ногами, – до земли не достает, в голове дыра, и из дыры так и свищет кровь черная.

Один татарин подошел к лошади, стал седло снимать. Она все бьется, – он вынул кинжал, прорезал ей глотку.

Сел татарин с красной бородой на лошадь, а другие подсадили Жилина к нему на седло и повезли в горы.

Сидит Жилин за татарином, покачивается, тычется лицом в вонючую татарскую спину. Только и видит перед собой здоровенную татарскую спину, да шею жилистую, да бритый затылок из–под шапки синеется. Голова у Жилипа разбита, кровь запеклась над глазами. И нельзя ему ни поправиться на лошади, ни кровь обтереть. Руки так закручены, что в клочице ломит.

Ехали они долго с горы на гору, переехали вброд реку, выехали на дорогу и поехали лощиной.

Хотел Жилин примечать дорогу, куда его везут, – да глаза замазаны кровью, а повернуться нельзя.

Стало смеркаться. Переехали еще речку, стали подниматься по каменной горе, запахло дымом, залаяли собаки.

Приехали в аул. Послезали с лошадей татары, собрались ребята татарские, окружили Жилипа, пищат, радуются, стали камнями бросать в него.

Татарин отогнал ребят, снял Жилита с лошади и позвал работника. Приказал что–то ему татарин. Принес работник колодку.

Развязали Жилину руки, падели колодку и повели в сарай: голкнули его туда и заперли дверь. Жилин упал на навоз. Полежал, ощупал в темноте, где помягче, и лег.

Лексико–стилистический комментарий:

1. *Барин* – дворянин, помещик в царской России.
2. *Провожатый* – тот, кто сопровождает кого–либо для охраны, для указания пути.
3. *Обоз* – несколько подвод, повозок, следующих друг за другом.
4. *Верста* – мера длины, равная 1,06 км.
5. *Рожок* – название различного рода духовых музыкальных инструментов.
6. *Татарин* – так называли в XIX веке кавказский народ.
7. *Уговор* (разговорное) – взаимное соглашение по поводу чего–либо, условие.
8. *Пуститься* (разговорное) – отправиться куда–либо. Здесь: быстро поскакали.
9. *Чехол* – покрышка из материи или другого материала, сделанная по форме предмета и защищающая его от порчи, загрязнения.
10. *Во все лошадиные ноги* – очень быстро.
11. *Шашка* – рубящее и колющее холодное оружие с длинпым, слегка изогнутым клином.
12. *Катить* – быстро, стремительно двигаться.
13. *Соскаками* – соскакнуть – спрыгнуть.
14. *Платье* – здесь в значении: одежда.

15. *Сердечная* – здесь в значении: бедная.
16. *Свистать* – здесь в значении: идти сильным потоком.
17. *Тычется* – тыкаться – зарываться лицом, носом во что–либо.
18. *Запеклась* – запечься – свернуться, загустеть.
19. *Ключица* – парная кость плечевого пояса, соединяющая лопатку с грудной костью.
20. *Идти вброд* – двигаться по дну реки, озера в неглубоком месте.
21. *Лощина* – овраг с пологими склонами.
22. *Аул* – татарская деревня. (Примечание Л. Н. Толстого).
23. *Колодка* – тяжелые деревянные оковы, одевавшиеся в старину на шею, руки или ноги.

Вопросы и задания:

1. Кто главный герой рассказа?
2. Где происходят события?
3. Почему он решил поехать в отпуск?
4. Почему обоз двигался медленно?
5. Что предложил ему Костылин?
6. Почему татары поймали Жилипа?
7. Почему Костылин не помог Жилину?
8. Почему татарские дети бросали в Жилита камнями?

Почти всю эту ночь це спал Жилин. Ночи короткие были. Видит – в шёлке светиться стало. Встал Жилин, раскопал щелку побольше, стал смотреть.

А Жилицу пить хочется, в горле пересохло; думает хоть бы пришли проведать. Слышит – отпирают сарай. Пришел красный татарин, а с ним другой, поменьше ростом, черноватенький. Глаза черные, светлые, румяный, бородка маленькая, подстрижена; лицо веселое, все смеется. Одет черноватый ещё лучше.

Красный татарин вошел, проговорил что–то, точно ругается, и стал; облокотился на притолоку, кинжалом пошевеливает, как волк исподлобья косится на Жилина. А черноватый, – быстрый, живой, – подошел прямо к Жилину, сел на корточки, оскаливается, потрепал его по плечу, что–то начал часто–часто по–своему лопотать, глазами подмигивает, языком прищелкивает, все приговаривает: «Корошо урус! Корошо урус!»

Ничего не понял Жилин и говорит: «Пить, воды пить дайте!» Черный смеётся. «Корошо урус», – все по–своему лопочет. Жилин губами и руками показал, чтоб пить ему дали. Черный понял, засмеялся, выглянул в дверь, кликнул кого–то: «Дина!»

Прибежала девочка – тоненькая, худенькая, лет тринадцати и лицом на чёрного похожа. Видно, что дочь. Тоже – глаза чёрные, светлые и лицом красивая. Одета в рубаху длинную, синюю, с широкими рукавами и без пояса. На ногах штаны и башмачки, а на бапмачках другие с высокими каблуками; на шее монисто, все из русских денег. Голова непокрытая, коса черная, и в косе лента, а на ленте привешан рубль серебряный.

Велел ей что–то отец. Убежала и опять пришла, принесла кувшинчик жестяной. Подала воду, сама села на корточки, глядит на Жилина, как он пьет, как на зверя какого.

Подал Жилин назад кувшин. Как она прыгнет прочь, как коза дикая. Даже отец засмеялся. Послал ее еще куда–то. Она взяла кувшин, побежала. Принесла хлеба пресного на дощечке круглой и опять села.

Ушли татары, заперли опять дверь.

Погодя немного, приходит к Жилину работник и говорит:

–Айда, хозяин, айда!

Тоже не знает по–русски. Только понял Жилин, что велит ндти куда–то.

Пошел Жилин с колодкой, хромает, ступить нельзя. Вышел Жилин за работником. Видит – деревня татарская, домов десять, и церковь ихняя, с башенкой, У одного дома стоят три лошади в седлах. Выскочил из этого дома черноватый татарин, замахал рукой, чтоб к нему шел Жилин. Сам смеётся, все говорят что–то по–своему и ушел в дверь. Пришёл Жилин в дом. На коврах сидят татары: чёрный, красный и трое гостей.

Вскочил чёрный, велел посадить Жилина в сторонке, не на ковер, а на голый пол. Посадил работник Жилина на место.

Поговорили татары по–своему. Потом один из гостей–татар повернулся к Жилину, стал говорить по–русски.

– Тебя, – говорит, – взял Кази–Мугамед, – сам показывает на красного татарина, – и отдал тебя Абдул–Мурату, показывает на черноватого. – Абдул–Мурат теперь твой хозяин.

Жилин молчит.

Заговорил Аблул–Мурат, и всё показывает на Жилина, и смеется, и приговаривает: «Солдат урус, корошо урус».

Переводчик говорит: «Он тебе велит домой письмо писать, чтоб за тебя выкуп прислали. Как пришлют деньги, от тебя отпустит».

Жилин подумал и говорит: «А много ли он хочет выкупа?»

Поговорили татары, переводчик и говорит:

– Три тысячи.

– Нет, – говорит Жилин, – я этого заплатить не могу.

Вскочил Абдула, начал руками махать, что-то говорит Жилину, – всё думает, что он поймет. Перевёл переводчик, говорит: «Сколько же ты дашь?» Жилин подумал и товорит: «Пятьсот рублей».

Тут татары заговорили часто, все вдруг. Начал Абдул кричать на красного. Замолчали они; переводчик и говорит:

– Хозяину выкупу мало пятьсот рублей. Он сам за тебя двести рублей заплатил. Ему Кази-Мутамед был должен. Он тебя за долг взял. Три тысячи рублей, меньше нельзя. А не напишешь, в яму посадят, наказывать будут плетью.

«Эх, – думает Жилин, – с ними, что робеть, то хуже». Вскочил на ноги и говорит:

– А ты ему, собаке, скажи, что если он меня пугать хочет, так ни копейкине дам, да и писать не стану. Не боялся, да и не буду бояться вас, собак!

Пересказал переводчик, опять заговорили все вдруг. Долго лопотали, вскочил чёрный, подошёл к Жилину.

– Урус, – говорит, – джигит, джигит урус!

Джигит значит «молодец». И сам смеется; сказал что-то переводчику, а переводчик говорит:

– Тысячу рублей дай.

Жилин стал на своем: «Больше пятисот рублей не дам. А убьёте, – ничего не возьмёте».

Поговорили татары, послали куда-то работника, а сами то на Жилина, то на дверь поглядывают. Пришёл работник, и идет за ним человек какой-то, толстый, босиком и ободранный; на ноге тоже колодка.

Так и ахнул Жилин, – узнал Костылина. И его поймали. Посадили их рядом, стали они рассказывать друг другу, а татары молчат, смотрят. Рассказал Жилин, как с ним делто было. Костылин рассказал, что лошадь под ним стала и ружье осеклось и что этот самый Абдул догнал его и взял.

Вскочил Абдул, показывает на Костылина, что-то говорит.

Перевёл переводчик, что они теперь оба одного хозяина, и кто прежде выкуп даст, того раньше и отпустят.

– Вот, – говорит Жилину, – ты все сердишься, а товарищ твой смирный; он написал письмо домой, пять тысяч пришлют. Вот его и кормить будут хорошо и обижать не будут, Жилин и говорит:

– Товарищ как хочет; он, может, богат, а я не богат. Я, – говорит, – как сказал, так и будет. Хотите – убивайте, – пользы вам не будет, а больше пятисот рублей не напишу.

Помолчали. Вдруг как вскочит Абдула, достал сундук, вынул перо, бумаги лоскут и чернила, сунул Жилину, хлопнул по плечу, показывает: «Пиши». Согласился на 500 рублей.

– Погоди ещё, – говорит Жилин переводчику, – скажи ты ему, чтоб он нас кормил хорошо, одел–обул как следует, чтоб держал вместе, – нам веселей будет, и чтобы колодку снял.

Сам смотрит на хозяина и смеётся. Смеётся и хозяин. Выслушал и говорит:

– Одежду самую лучшую дам. Кормить буду, как князей. А если хотят жить вместе пускай живут в сарае. А колодку нельзя снять – уйдут. На ночь только снимать будут. Подскочил, треплет по плечу:

– Твоя хорошо, моя хорош!

Написал Жилин письмо, а на письме не так написал, чтоб не дошло. Сам думает: «Я уйду».

Отвели Жилина с Костылиным в сарай, принесли им соломы кукурузной, воды в кувшине, хлеба и сапоги солдатские. Видно, с убитых солдат стащили. На ночь сняли с них колодки и заперли в сарай.

Лексико–стилистический ком.ментарий:

1. *Отпирать* – открывать.

2. *Оскаливатьси* – широко улыбаться.

3. *Лопотать* – говорить неясно, несвязно, неясно произнося слова.

4. *Башмачки* – закрытая обувь

5. *Монисто* – ожерелье из бус, монет или каких–либо разноцветных камней.

6. *Айда* – пойдем.

7. *Урус* (искажённое) – русский.

8. *Карош* (искажённое) – хороший.

Вопросы и задания:

1. Рассмотрите иллюстрацию «Жилин в сарае». Какая неточность допущена художником?
2. Опишите внешность Дины. Какие детали национальцой одежды вы увидели?
3. Прочтите эпизод «В доме Абдулы» по ролям. Как вел себя Жилин с татарами? Что он узнал о Костылине?
4. Почему Жилин вызвал уважение татар?
5. Почему он написал неправильный адрес?
6. Почему Костылин согласился написать письмо?

Жил Жилин с товарищем месяц целый. Хозяин все смеётся:

— Твоя, Иван, хорош, моя, Абдул, хорош.

А кормил плохо, — только и давал, что хлеб пресный, а то и вовсе тесто непечёное.

Костылин еще раз писал домой, все ждал денег и скучал. По целым дням сидит в сарае и считает дни, когда письмо придет, или спит. А Жилин знал, что его письмо не дойдет, а другого не цисал.

«Где, — думаег, — матери столько денег взять, за меня заплатить. И то она тем больше жила, что я посылал ей. Если ей пятьсот рублей собрать, надо разориться вкоцец. Бог дасг — и сам выберусь».

А сам все высматривает, выспрашивает, как ему бежать. Ходит по аулу, насвистывает; а то сидит, что–нибудь рукодельничает или из глины кукол лепит, или плетёт плетёнки из прутьев. А Жилин на всякое рукоделье масгер был. Слепил он раз куклу, с носом, с руками, с ногами и в татарской рубахе, и поставил куклу на крышу. Пошли татарки за водой. Хозяйская дочь Динка увидела куклу, позвала татарок. Составили кувшины, смотрят, смеюются. Жилии снял куклу, подает им. Они смеютея, а боятся взять. Оставил оп куклу, ушёл в сарай и смотрит, что будет? Подбежала Дина, оглянулась, схватила куклу и убежата.

Наутро смотрит, на зорьке Дина вышла на порог с куклой. А куклу уж лоскутками красными убрала и качаст, как ребёнка, сама по–своему прибаюкивает. Вышла старуха, заругалась на пее, выхватила куклу, разбила её, усгала куда–то Дину на работу.

Сделал Жилин другую куклу, ещё лучше, — отдат Дине. Припесла раз Дина кувшинчик, поставила, села и смотрит на него, сама смеётся, показывает на кувшин. «Чего она радуется?» — думает Жилин. Взял кувшин, стат пить. Думает, вода, а там молоко. Выпит он молоко, «хорошо», – говорит. Как взрадуется Дина!

– Хорошо, Иван, хорошо! – и вскочила, забила в ладоши, вырвала кувшин и убежала.

И с тех пор стала она ему каждый день, тайком, молоко носить. А то делают татары из козьего молока лепёшки сырные и сушат их на крышах, – так она эти лепёшки ему тайком носила. А то раз резал хозяин барана, – так она ему кусок баранины принесла в рукаве. Бросит и убежит.

Была раз гроза сильная, и дождь час целый как из ведра лил. Вот так прошла гроза, везде по деревне ручьи бегут. Жилин выпросил у хозяина ножик, вырезал валик, дощечки, колесо, а к колесу на двух концах кукол приделал. Принесли ему девчонки лоскуточков, – одел он кукол; одна – мужик, другая – баба; закрепил их, поставил колесо на ручей. Колесо вертится, а куколки прыгают. Собралась вся деревня: мальчишки, девчонки, бабы; и татары пришли, языком щёлкают.

– Ай, урус! ай, Иван!

Были у Абдула часы русские, сломанные. Позвал он Жилина, показывает, языком щёлкает. Жилин говорит:

– Давай, сделаю.

Взял, разобрал ножичком, разложил; опять собрал, отдал. Идут часы. Обрадовался хозяин.

С тех пор пошла про Жилина слава, что он мастер. Стали к нему из дальних деревень приезжать: кто замок на ружьё или пистолет сделать принесёт, кто часы.

Заболел раз татарин, пришли к Жилину: «Поди, полечи». Жилин ничего не знает, как лечить. Пошёл, посмотрел, думает: «Авось поздоровеет сам». Ушёл в сарай, взял воды, песку, помешал. При татарах нашептал на воду, дал выпить. Выздоровел на его счастье татарин. Стал Жилин немножко понимать по-татарски. И которые татары привыкли к нему, – когда нужно, зовут: «Иван, Иван!» – а которые все, как на зверя, косятся. Красный татарин не любил Жилина. Как увидит, нахмурится и отвернётся либо обругает. Был ещё у них старик. Жил он не в ауле, а приходил из-под горы. Видал его Жилин только, когда он в церковь приходил Богу молиться. Он был ростом маленький, на папке у него белое полотенце обмотано, бородка и усы подстрижены, – белые, как пух; а лицо сморщенное и красное, как кирпич. Нос крючком, как у ястреба, а глаза серые, злые и зубов нет – только два клыка. Идёт, бывало, костылём подпирается, как волк, озирается. Как увидит Жилина, так захрапит и отвернётся.

Стал Жилин спрашивать хозяина: что это за старик? Хозяин и говорит:

– Это большой человек! Он первый джигит был, много русских побил, богатый был. У него было три жены и восемь сыновей. Все жили в одной деревне. Пришли русские разорили деревню и семь сыновей убили. Один сын остался и передался русским. Старик поехал и сам передался русским. Пожил у них три месяца, нашёл там своего сына, сам убил его и убежал. С тех пор он бросил воевать. Не любит он вашего брата. Он велит тебя убить; да мне нельзя убивать, – я за тебя деньги заплатил; да я тебя, Иван, полюбил, я тебя не то что убить, я бы тебя и выпускать не стал, кабы слова не дал. – Смеётся, сам приговаривает по–русски: «Твоя, Иван, хорош, моя, Абдул, хорош!»

Лексико–стилистический комментарий:

1. *Плетёнки* – плетёные вещи: сумки, корзины.
2. *Прибиюкивает* – баюкать – укачивать ребенка, напевая «баю–баю–баю–бай».
3. *Коситься* – относиться недружелобпо, с подозрением, неодобренисм.
4. *Разориться* – погерять сное имущество, состояние, обеднеть.

Вопросы и задания:

1. Как вели себя в плену Костылин и Жилин?
2. Почему Дина помогала Жилину?
3. Почему Жилина уважали татары?
4. Все ли татары уважали его?
5. За что старик–татарин не любил Жилина?
6. Подготовьте историю жизни старика–татарина (со слов: «Это был большой человек...» до слов: «Не любит он вашего брата»).

Прожил так Жилин месяц. Днём ходит по аулу или рукодельничает, а как ночь придёт, затихнет в ауле, так у себя в сарае копает. «Только бы, – думает, – мне место хорошенько узнать, в какую сторону идти».

Вот он выбрал время, как хозяин уехал; пошёл после обеда за аул на гору, – хотел оттуда место посмотреть. А когда хозяин уезжал, он приказал малому за Жилиным ходить глаз с него не спускать. Бежит малой за Жилиным, кричит: «Не ходи! Отец не велел. Сейчас народ позову!»

Стал его Жилин уговаривать.

— Я, — говорит, — далеко не уйду, — только на ту гору поднимусь: мне траву нужно найти — ваш народ лечить. Пойдём со мной; я с колодкой не убегу. А тебе завтра лук сделаю и стрелы.

Уговорил малого, пошли. Смотреть на гору — не далеко, а с колодкой трудно; шёл, шёл, насилу взобрался. Сел Жилин, стал место разглядывать.

Вернулись они домой. «Ну, — думает Жилин, — теперь место знаю; надо бежать». Хотел он бежать в ту же ночь. Ночи были тёмные. На беду, к вечеру вернулись татары. Бывало, приезжают они — гонят с собой скотину и приезжают весёлые. А на этот раз ничего не пригнали, а привезли на седле своего убитого татарина, брата рыжего.

Наутро видит Жилин — ведёт красный кобылу за деревню, а за ним трое татар идут. Разрубили кобылу, стащили в избу. И вся деревня собралась к рыжему поминать покойника. Три дня ели кобыту, пиво пили, покойника поминали. Все татары дома были. На четвертый день, видит Жилин, в обед куда-то собираются. Привели лошадей, и посхали человек десять, и красный поехал: только Абдул дома остался. Ночи еще тёмные были.

«Ну, — думает Жилин, — нышче бежать надо», — и говорит Костылину. А Костылин заробел.

— Да как же бежать? Мы и дороги не знаем.

— Я знаю дорогу.

— Да и не дойдём в ночь.

— А не дойдём — в лесу переночуем. Я вот лепёшки набрал. Что ж ты будешь сидеть? Хорошо, пришлют денег, а то ведь и не соберут. А татары теперь злые — за то, что ихнего русские убили. Поговаривают — нас убить хотят.

Подумал, подумал Костылин.

— Ну, пойдём.

Полез Жилин в дыру, раскопал пошире, чтоб и Костылину пролезть, и сидят они — ждут, чтоб затихло в ауле.

Только затих народ в ауле, Жилин полез под стену, выбрался. Шепчет Костылину: «Полезай». Полез и Костылин, да зацепил камень ногой, загремел. А у хозяина залаяла собака — злая-презлая; звали ее Уляшин. Жилин уже раньше прикормил ее. Услыхал Уляшип — кинулся, а за ним другие собаки. Жилин чуть свистнул, кинул лепёшки кусок, Уляшин узнал, замахал хвостом и перестал лаять.

Посидели они за углом. Затихлю всё; поднялся Жилин.

– Ну, с Богом! – Перекрестились, пошли. Туман густой, да пизом стоит, а над головой звёзды. Жилин по звездам примсчает, в какую сторону идти. В тумане свежо, идти легко, только сапоги неловки – стоптались. Жилин снял свои, бросил, пошел босиком. Попрыгивает с камушка на камушек да на звёзды поглядывает. Стал Костылин отставать.

– Тише, – говорит, – иди: сапоги проклятые, все поги стерли.

– Да ты сними, легче будет.

Пошел Костылип босиком – еще того хуже: изрезал все ноги по камням и все отстает.

Жилин ему говорит:

– Ноги обдерёшь – заживут, а догонят – убьют – хуже.

Костылин ничего не говорит, идёт, покряхтывает. Шли они низом долто. Слышат – вправо собаки залаяли. Жилин остановился, осмотрелся, полез на гору, руками ощупал.

– Эх, – говорит, – ошиблись мы, – вправо взяли. Тут аул чужой, я его с горы видел; назад надо, да влево в гору. Тут лес должен быть. А Костылин говорит: – Подожди хоть немножко, дай вздохнуть, – у меня ноги в крови.

– Э, брат, заживут; ты легче прыгай. Вот как!

И побежал Жилин назад, влево, в гору, в лес. Костылин все отстаёт и охает. Жилин шикнет–шикнет на него, а сам все идёт.

Поднялись на гору. Так и есть – лес. Вошли в лес, – по колючкам изодрали все платье последнее. Наткнулись на дорожку в лесу. Идут.

– Стой! – затопало копытами по дороге. Остановились, слушают. Потопало, как лошадь, и остановилось. Тронулись они – опять затопало. Они остановятся – и оно остановится. Подполз Жилин, смотрит на свет по дороге – стоит что–то. Лошадь не лошадь, и на лошади что–то чудное, на человека не похоже. Фыркнуло – слышшит. «Что за чудо!». Свистнул Жилин потихоньку, – как шаркнет с дороги в лес и затрещало по лесу, точно буря летит, сучья ломает.

Костылин так и упал со страху. А Жилин смеётся, говорит:

– Это олень. Слышшишь – как рогами лес ломит? Мы его боимся, а он нас боится. Пошли дальше. А туда ли идут, нет ли, – не знают. Вышли на полянку. Костылин сел и говорит:

– Как хочешь, а я не дойду, – у меня ноги не идут.

Стал его Жилин уговаривать.

– Нет, – говорит, – не дойду, не могу.

Рассердился Жилин, плюнул, обругал его: –Так и же один уйду, –прощай!

Костылин вскочил, пошел. Прошли они дальше. Туман в лесу еще гуще сел, ничего не видать перед собой, и звёзды уж чуть видны.

Вдруг слышат, впереди топает лошадь. Слышно – подковами за камни цепляется. Лег Жилин на живот, стал по земле слушать.

– Так и есть, – сюда, к нам конный едет.

Сбежали они с дороги, сели в кусты и ждут. Жилин подполз к дороге, смотрит верховой татарин сдет, корову гонит, сам себе под нос мурлычет что–то. Проехал татарин. Жилин вернулся к Костылину.

– Ну, пронес Бог, – вставай, пойдём.

Стал Костылин вставать и упал.

– Не могу, – ей–богу, не могу; сил моих нет.

Мужчина грузный, пухлый, вспотел; да как обхватило его в лесу туманом холодным, да ноги ободраны, – он и расслабился. Стал его Жилин силой поднимать. Как закричит Костылин:

– Ой, больно!

Жилин так и обмер.

– Что кричишь? Ведь татарин близко – услышит. – А сам думает: «Он и вправду расслаб; что мне с пим делать? Бросить товарища не годитси».

– Ну, – говорит, – вставай, садись на закорки, снесу, коли уж идти не можешь. Посадил на себя Костылина, подхватил руками под ляжки, вышел на дорогу, поволок.

– Только, – говорит, не дави ты меня руками за глотку, ради Христа. За плечи держись.

Тяжело Жилину, – ноги тоже в крови и устал. Нагнется, подправит, подкинет, чтоб повыше сидел на нём Костылин, тащит его по дороге.

Видно, услыхал татарин, как Костылин закричал. Слышит Жилип, едет кто–то сзади, зовет по–своему. Бросился Жилин в кусты. Татарин выхватил ружье, выстрелил, – не попал, завизжал по–свосму и поскакал прочь по дороге.

– Ну, – говорит Жилин, – процали, брат! Он, собака, сейчас соберет татар за нами в погоню. Если не уйдем – пропали. – А сам думает на Костылина: «И черт меня дернул колоду эту с собой брать. Один я бы давно ушел». Костылин говорит:

– Иди один, за что тебе из-за мня пропадать.

– Нет, не пойду, не годится товарища бросать.

Подхватил опять на плечи, понёс. Прошёл он так с версту. Все лес идёт и не видать выхода. А туман уж расходиться стал, и как будто тучки заходить стали, не видать уж звёзд.

Измучился Жилин. Пришёл, у дороги родничок, камнем обделен. Остановился, ссадил Костылина.

– Дай, – говорит, – отдохну, напьюсь. Лепёшек поедим. Должно быть, недалеко.

Только прилёг он пить, слышит – затопало сзади. Опять кинулись вправо, в кусты, и легли.

Слышат голоса татарские; остановились татары на том самом месте, где они с дороги свернули. Поговорили, потом зауськали. Слышат – трещит что-то по кустам, прямо к ним собака чужая чья-то. Остановилась, залаяла.

Лезут и татары – тоже чужие; схватили их, посадили на лошадей, повезли.

Проехали немного – встречает их Абдул-хозяин с двумя татарами. Поговорил что-то с татарами, пересадили на своих лошадей, повезли назад в аул. Абдул уж не смеётся и ни слова не говорит с ними. Привезли на рассвете в аул, посадили на улице. Сбежались ребята. Камнями, плетками бьют их, визжат.

Собрались татары в кружок, и старик из-под горы пришёл. Стали говорить. Слышит Жилин, что судят про них, что с ними делать. Одни говорят: надо их дальше в горы услать, а старик говорит: «Надо убить». Абдул спорит, говорит: «Я за них деньги отдал, я за них выкуп возьму». А старик говорит: «Ничего они не заплатят, только беды наделают. И грех русских кормить. Убить, – и кончено».

Разошлись. Подошел хозяин к Жилину. Стал ему говорить.

– Если, – говорит, – мне не пришлют за вас выкуп, и через две недели вас запорю. А если задумаешь опять бежать, – я тебя как собаку убью. Пиши письмо, хорошенько пиши! Принесли им бумаги, написали они письма. Набили на них колодки, отвели за церковь. Там яма была, и спустили их в эту яму.

Лексико-стилистический комментарий:

1. *Заробеть* (разг.) – испугаться.
2. *Покойник* – умерший человек, мертвец.
3. *Шикать* – произносить "шш!", призывая к молчанию, тишине.

4. *Шаркнуть* (разг.) – здесь в значении: неожиданно и стремительно броситься, побежать куда–либо.

5. *На закорки* – на верхнюю часть спины, заплечье.

6. *Зауськать* – закричать "усь–усь", натравливать собаку (собак) на кого–либо, что–либо.

7. *Запороть* – забить насмерть.

Вопросы и задания:

1. Почему Жилин не бросил Костылина? Какое главное правило его жизни?
2. Почему они не смогли убежать?
3. Что сделали с ними татары?

Житьё им стало совсем дурное. Колодки не снимали и не выпускали на вольный свет. Кидали им туда тесто непеченое, как собакам, да в кувшине воду спускали. Вонь в яме, духота, мокрота. Костылин совсем разболелся, распух, и ломота во всем теле стала; и все стонет или спит. И Жилин приуныл, видит – дело плохо. И не знает, как выбраться. Начал он было подкапываться, да землю некуда кидать; увидал хозяин. Пригрозил убить.

Сидит он в яме на корточках, думает о вольном житье и скучно ему. Вдруг прямо ему на колeнки лепёшка упала, другая, и черешни посыпались. Поглядел кверху, а там Дина. Поглядела на него, посмеялась и убежала. Жилин и думает:

«Не поможет ли Дина?»

Расчистил он в яме местечко, наковырял глины, стал лепить кукол. Наделал людей, лошадей, собак, думает: «Как придет Дина, брошу ей».

Только на другой день нет Дины. А слышит Жилин затопали лошади, проехали какие–то, и собрались татары, спорят, кричат и говорят про русских. И слышит голос старика. Хорошенько не разобрал он, а догадывается, что русские близко подошли, и боятся татары, как бы в аул не зашли, и не знают, что с пленными делать.

Поговорили и ушли. Вдруг слышит – зашуршало что–то наверху. Видит: Дина присела на корточки, коленки выше головы торчат, свесилась, монисты висят, болтаются над ямой. Глазенки так и блестят, как звездочки; вынула из рукава две сырные лепёшки, бросила ему. Жилин взял и говорит:

– Что давно не бывала? А я тебе игрушек наделал. На вот! – Стал ей швырять под одной. А она головой мотает, не смотрит.

— Не надо, – говорит. Помолчала, посидела и говорит: – Иван! Тебя убить хотят. – Сама себе рукой на шею показывает.

— Кто хочет убить?

— Отец, ему старики велят. А мне тебя жалко.

Жилин и говорит.

— А коли тебе меня жалко, так ты мне палку длинную принеси. Она головой мотает, что «нельзя». Он сложил руки, молится ей:

— Дина, пожалуйста! Динушка, принеси!

— Нельзя, – говорит, – увидят, все дома, – и ушла.

Вот сидит вечером Жилин и думает, «что будет?» Все поглядывает вверх. Звёзды видны, а месяц еще не всходил. Стал уже Жилин дремать, думает: «побоится девка». Вдруг на голову ему глина посыпалась; глянул кверху – шест длинный в тот край ямы тыкается. Потыкался, спускаться стал, ползет в яму. Обрадовался Жилин, схватил рукой, спустил – шест здоровый. Он еще раньше этот шест на хозяйской крыше видел.

Поглядел вверх, – звезды высоко на небе блестят, и над самою ямой, как у кошки, у Дины глаза в темноте светятся. Нагнулась она лицом на край ямы и шепчет: «Иван, Иван!» – а сама руками у лица все машет, – что «типе, мол».

—Что?– говорит Жилин.

— Уехали все, только двое дома.

Жилин и говорит:

— Ну, Костылин, пойдем, попытаемся последний раз; я тебя подсажу.

Костылин и слушать не хочет.

— Нет, – говорит, уж мне, видно, отсюда не выйти. Куда я пойду, когда у меня повернуться нет сил?

— Ну, так прощай, – не поминай лихом. – Поцеловался с Костылиным.

Ухватился за шест, велел Дине держать, полез. Раза два обрывался, – колодка мешала. Поддержал его Костылин, – выбрался кое-как наверх. Дина его тянет ручонками за рубаху изо всех сил, сама смеётся.

Жилин взял шест и говорит:

— Отнеси на место, Дина, а то хватятся, – прибьют тебя.

Потащила она шест, а Жилин под гору пошёл. Взял камень острый, стал замок с колодки сбивать. А замок крепкий, – никак не собьёт, да и неловко. Слышит, бежит кто-то с горы, легко попрыгивает. Думает: «верно, опять Дина». Прибежала Дина, взяла камень и говорит:

– Дай я.

Села на корточки, начала сбивать. Да ручонки тонкие, как прутики, – ничего силы нет. Бросила камень. Заплакала. Поднялся Жилин, бросил камень. Хоть в колодке, – да надо идти.

– Прощай – говорит, – Динушка. Век тебя помнить буду.

Схватилась за него Дина, сует лепёшки.

– Спасибо, – говорит, – умница. Кто тебе без меня кукол делать будет? – И погладил её по голове.

Как заплачет Дина, закрылась руками, побежала на гору, как козочка прыгает. Только в темноте слышно – монисты в косе по спине побрякивают.

Перекрестился Жилин, пошел по дороге, – ногу волочит. Дорогу он знал. Только бы до лесу раньше дойти, чем месяц совсем выйдет. Идет Жилин, все тени держится. Он спешит, а месяц еще скорее выбирается. Стал подходить к лесу, выбрался месяц из-за гор, бело, светло совсем, как днем. На деревьях все листочки видны. Тихо, светло по горам, как вымерло все. Только слышно – внизу речка журчит.

Дошел до лесу – никто не попался. Выбрал Жилин местечко в лесу потемнее, сел отдыхать.

Отдохнул, лепёзшку съел. Нашёл камень, принялся опять колодку сбивать. Все руки иабил, а не сбил. Поднялся, пошел по дороге. Ступит шагов десить и остановится. «Нечегс делать, – думает, – буду тащиться, пока сила есть. А если сесть, так и не встану. До крепости мне не дойти, а как рассветёт, – лягу в лесу, – а ночью опять пойду».

Всю ночь шёл. Только попались два татарнна нерхами, да Жилин издалека их услыхал, спрятался за дерево.

Уж стал месяц бледнеть, близко к свету, а Жилин до края леса не дошёл. «Ну, – думает, – еще тридцать шагов пройду, сверну в лес и сяду». Прошел тридцать шагов, видит – лес кончается. Вышел на край – совсем светло, как на ладошке перед ним степь и крепость, и налево, близёхонько под горой, огни горят, тухнут, дым стелется и люди у костров.

Вгляделся – видит: ружья блестят, казаки, солдаты. Обрадовался Жилин, собрался с последними силами, пошел под гору. А сам думает: «избави Бог, тут, в чистом поле, увидит конный татарин, хоть близко, а не уйдешь».

Только подумал – глядь: налево, на горе, стоят трое татар. Увидали его, –

поскакали к нему. Так сердце у пего и оборвалось. Замахал руками, закричал что было духу своим:

– Братцы! Выручай! Братцы!

Услыхали наши, – выскочили казаки всрховые. Пустились к нему – наперерез татарам. Казакам далеко, а татарам близко. Да уж и Жилин собрался с последней силой, подхватил рукой колодку, бежит к казакам, а сам себя не помнит, крестится и кричит:

– Братцы! Братцы! Братцы!

Казаков человек пятнадшать было. Исцугались татары, – стали останавливаться. И полбежал Жилин к казакам. Окружили сго казаки, спрашиватот: «кто он, что за человек, откуда?» А Жилин сам ссбя не помнил, плачет и приговаривает:

– Братцы! Братцы!

Выбежали солдаты, окружили Жилина; кто ему хлеба, кто капи, кто водки, кто шинелью прикрывает, кто колодку разбивает.

Узнали его офицеры, повезли в крспость. Обрадовались солдаты, товарищи собрались к Жилину. Рассказал Жилип, как с пим все дело было, и говорит:

– Вот я и домой съездил, женился! Нет, уж, видно, не судьба моя.

И остался служить на Кавказе. А Костылина только еще через месяц выкупили за пять тысяч, еле живого привезли.

Лексико–стилистический комментарий:

1. *Хватиться* – вспомнить о ком–либо, о чем–либо, обнаружить отсутствие кого–либо, чего–либо.
2. *Закричать что есть духу* (фразеологизм) – кричать изо всех сил.

Лексико–стилистическая работа:

1. Образуйте слова с уменьшительно–ласкательными суффиксами –к–, –ик–, –ок–, –онк–, –еньк–, –чик–,

   заря_____; река–_____; рог–_____; куст_____; рука–_____; кувшин–_____; тонкий–_____; худой_____.

2. Суффикс –оват– имеет значение «пеполного признака». Образуйте имена прилагательные от слов с помощью суффиксов –оват–, –еват–.

   черный–_____; белый–_____;

красный–_____; синий–_____;
жадный–_____.

Вопросы и задания:

1. Сравните Жилина и Костылина:

	Жилин	Костылин
Внешность		
Отношение к товарищу		
Поведение в плену		
Характер		

2. Сравните красного и черного татарина:

Черный татарин	Красный татарин
Внешность	

Отношение к пленникам

_____   _____

_____   _____

_____   _____

_____   _____

3. Почему Л. Н. Толстой показывает двух русских, двух татар? Как они помогают понять отношение писателя к народам?

4. В повествовании огромную роль играет деталь. Прочитайте определение: деталь.

Деталь в художественном произведении – мелкая подробность, частность, которая помогает понять или характер героя, или его настроение, или его поступок.

У. Л. Н. Толстого художественный приём называется двойной деталью (одна деталь появляется дважды: кувшинчик, кукла). Как она помогает понять отношение Дины к Жилину?

5. Почему Дина стала помогать Жилину? Как вы оцениваете её поступок? Что сделают с ней татары?

6. Почему рассказ называется не «Кавказские шленники», а «Кавказский пленник»?

7. Какова идея этого рассказа?

ВОЙНА И МИР
(фрагмент)

В начале 60-х годов Толстой задумал написать роман о декабристе, который возвращается после амнистии из Сибири в Россию (после 1861 года). Замысел распиряется. Толстой писал: «Невольно от настоящего я перешёл к 1825 году... и оставил начатое. К 1825 году герой мой был уже возмужалым, семейным человеком. Чтобы понять его, мне нужно было перенестись к его молодости, и молодость его совпала с славной для России эпохой 1812 года. Я другой раз бросил начатое и стал писать со времени 1812 года, которого еще звук и запах слышны и милы нам... В третий раз я вернулся назад... Мне совестно было писать о нашем торжестве, не описав наших неудач и нашего срама... Итак, я намерен провести уже не одного, а многих моих героинь и героев через исторические события 1805, 1807, 1812, 1825, 1856 годов».

Работа над романом продолжалась шесть лет, и временные рамки произведения ограничились 1812 – 1825 годами.

«ВОЙНА и МИР» – роман-эпопея; в нём множество сюжетных линий, наряду с историческими личностями (Кутузов, Наполеон, царь Александр I, французские и русские военачальники) действуют вымышленные герои (семья Ростовых, Болконских, Курагиных и другие). В романе описаны события как частной, так и исторической жизни. Как Кутузов и Наполеон, так и все герои разделены в романе: одни несут объединяющее начало, другие – разъединяющее; одни находятся в состоянии «мира», другие – в состоянии «войны». Таким образом, «Война и мир» у Толстого – это два универсальных состояния человеческого бытия, жизни общества.

Лексико–стилистический комментарий:

1. *Амнистия* – полное или частичное освобождение от наказания осуждённых судом лиц.
2. *Замысел* – основная мысль, идея произведения.
3. *Возмужалый* – зрелый.
4. *Универсальный* – охватывающий все, многое, всеобъемлющий.
5. *Бытие* – жизнь, существование.
6. *Эпопея* – крупное художественное произведение, изображающее события в широком историческом плане или продолжающиеся длительное время.

Что такое роман–эпопея?

Роман–эпопея – крупное художественное произведение, в котором изображаются события в широком историческом плане или продолжаются длительное время.

Вопросы и задания:

1. Почему Л. Н. Толстой несколько раз менял замысел романа?
2. Назовите основные признаки романа–эпопеи.

Задание: прочитайте отрывок из романа Л. Н. Толстого «Война и мир». Переведите.

Первый бал Наташи Ростовой

Вдруг все зашевелилось, толпа заговорила, подвинулась, опять раздвинулась, и при звуках заигравшей музыки вошёл государь. За ним шли хозяин и хозяйка. Государь шёл быстро, кланяясь направо и налево, как бы стараясь скорее избавиться от этой первой минуты встречи. Он прошёл в гостиную, толпа хлынула к дверям.

Все расступились, и государь, улыбаясь и не в такт ведя за руку хозяйку дома, вышел из дверей гостиной...

Больше половины дам имели кавалеров и шли или приготовлялись танцевать. Наташа чувствовала, что она оставалась с матерью и сестрой Соней в числе меньшей части дам, оттеснённых к стене и не взятых в танец.

Она стояла, опустив свои тоненькие руки, и с мерно поднимающейся, чуть определённой грудью, сдерживая дыхание, блестящими испуганными глазами смотрела перед собой, с выражением готовности на величайшую радость и величайшее горе. Её не занимали ни государь, ни все важные лица, – у ней была одна мысль: «Неужели так никто не подойдёт ко мне, неужели я не буду танцевать между первыми, неужели меня не заметят все эти мужчины, которые теперь, кажется, и не видят меня, а если смотрят на меня, то смотрят с таким выражением, как будто говорят: "А! это не она, так нечего и смотреть!"» Нет, этого не может быть! – думала она. – Они должны же знать, как мне хочется танцевать, как я отлично танцую и как им весело будет танцевать со мною».

Ей хотелось плакать. Графиня, Соня и она стояли одни, как в лесу, в этой чуждой толпе, никому не интересные и никому не нужные. Князь Андрей прошёл с какой–то дамой мимо них, очевидно, их не узнавая.

Наконец музыка замолкла. Раздались новые, отчётливые, осторожные звуки вальса. Государь с улыбкой взглянул на залу. Прошла минута – никто не начинал. Адъютант-распорядитель подошёл к графине Безуховой и пригласил ее. Наташа смотрела на них и готова была плакать, что это не она танцует первый тур вальса.

Князь Андрей в своём белом полковничьем мундире, оживлённый и весёлый, стоял в первых рядах круга, недалеко от Ростовых. Пьер подошёл к князю Андрею и схватил его за руку.

– Вы всегда танцуете. Тут есть моя протеже, Ростова. Молодая. Пригласите её, сказал он.

– Где? – спросил Болконский. Он вышел вперёд по направлению, которое ему указывал Пьер. Отчаянное, замирающее лицо Наташи бросилось в глаза князю Андрею. Он узнал её, угадал её чувство, понял, что она была начинающая, и с весёлым выражением лица подошёл к ней.

– Позвольте вас познакомить с моей дочерью, – сказала графиня, краснея.

– Я имею удовольствие быть знакомым, если графиня помнит меня, – сказал князь Андрей с учтивым и низким поклоном, подходя к Наташе и занося руку, чтобы обнять её талию ещё прежде, чем он договорил приглашение на танец. Он предложил ей тур вальса. То замирающее выражение лица Наташи, готовое на отчаяние и восторг, вдруг осветилось счастливой и благодарной улыбкой.

«Давно я ждала тебя», – как будто сказала эта испуганная и счастливая девочка своей просиявшей из-за готовых слёз улыбкой, поднимая свою руку на плечо князя Андрея. Они были вторая пара, вошедшая в круг. Князь Андрей был одним из лучших танцоров своего времени. Наташа танцевала превосходно. Ножки её в бальных атласных башмачках быстро.

Легко и независимо от неё делали своё дело, а лицо её сияло восторгом счастья. Её оголённые шея и руки были худы и некрасивы. Её плечи были худы, грудь неопределённа, руки тонки. Наташа казалась девочкой, которую в первый раз оголили и которой бы очень стыдно было это, если бы её не уверили, что это так надо.

Князь Андрей любил танцевать и, желая отделаться от политических и умных разговоров, с которыми все обращались к нему, и желая поскорее разорвать этот круг смущения, образовавшийся от присутствия государя, пошёл танцевать и выбрал Наташу потому, что она первая из хорошеньких женщин попала ему на глаза; и потому, что на нее указал ему Пьер; но едва он обнял этот тонкий, подвижный, трепещущий стан и она зашевелилась так близко от него и улыбнулась, вино прелести ударило ему в голову: он почувствовал себя ожившим и помолодевшим, когда, переводя дыхание и оставив её, остановился и стал глядеть на танцующих.

После князя Андрея к Наташе подходили другие кавалеры, и Наташа, передавая своих излишних молодых людей Соне, счастливая и раскрасневшаяся, не переставала танцевать целый вечер.

Лексико-стилистический комментарий:

1. *Оттеснённый* – вынужденный отойти, отодвинуться в сторону, назад.

2. *Мерно* – ритмично.

3. *Не занимали* – не интересовали.

4. *Адъютант* – распорядитель-офицер, состоящий при высшем военном начальнике для выполнения поручений.

5. *Первый тур* – первый круг.

6. *Протеже* – тот, кто пользуется чьим-либо покровительством.

7. *Графиня Безухова* – первая красавица, одна из героинь романа.

8. *Соня* – двоюродная сестра Наташи.

Вопросы и задания:

1. Почему Наташе Ростовой было важно, чтобы ее пригласили танцевать?
2. Найдите слова и выражения, передающие ее чувства.
3. С каким выражением глаз встретила Наташа приближение князя Андрея?
4. Выпишите эпитеты к следующим словам:

   Глаза_____

   Лицо_____

   Улыбка_____
5. Какое главное состояние испытывала Наташа во время бала?
6. Опишите ее внешность. Каково к ней отношение Л. Н. Толстого? Рассмотрите кадр из фильма. В какой момент запечатлена здесь Наташа?
7. Как Наташа изменила чувства князя Андрея?
8. Какие слова говорят о зарождении любви?

ПОСЛЕ БАЛА

О произведении

С рассказом «После бала», созданным в 1903 году, читатели познакомились лишь в 1911, уже после смерти Льва Николаевича Толстого. В основу сюжета легли события, произошедшие с братом писателя. Реализм изображения действительности, кольцевая композиция помогли автору провести параллель между прошлым и настоящим. Ёмкий и лаконичный рассказ заставляет нас сосредоточить внимание на одном событии в жизни главного героя. Глазами Ивана Васильевича мы видим жестокий век правления Николая I, калечащий душу и нравственность современника.

Год написания – 1903 год.

История создания – В основе сюжета лежит реальная история, случившаяся с братом писателя. Тот, будучи влюблённым в дочь военного начальника, собирался сделать девушке предложение. Однако передумал, когда стал свидетелем чрезвычайной жестокости её отца по отношению к солдату.

Тема – Главная тема произведения – нравственность, которая в полной мере раскрывает проблематику устройства общества в царской России.

Композиция – Композиция построена на антитезе – противопоставлении сцены бала и сцены наказания беглого солдата.

Главные герои

Иван Васильевич – человек, выступающий в роли рассказчика. Вспоминает время, когда он, «весёлый бойкий малый да ещё и богатый», был молодым и влюблённым студентом. Юноша доверчив, честен и совестлив.

Другие персонажи

Пётр Владиславич – отец Вареньки, полковник. Человек двуличный: добрый любящий отец на балу и бесчувственный офицер, руководящий наказанием солдата, после бала.

Варенька – восемнадцатилетняя девушка, в которую без памяти влюблён герой. Она обворожительна, мила и наивна.

После бала

–Вот вы говорите, что человек не может сам себе понять, что хорошо, что дурно, что все дело в среде, что среда заедает. А я думаю, что все дело случае. Я вот про себя скажу.

Так заговорил всеми уважаемый Иван Васильевич после разговора, шедшего между нами, о том, что для личного совершенствования необходимо прежде изменить условия, среди которых живут люди. Никто, собственно, не говорил, что нельзя самом понять, что хорошо, что дурно, но у Иван Васильевича была такая манера отвечать на свои собственные, возникающие вследствие разговора мсли и по случаю этих мыслей рассказывать эпизоды из своей жизни. Часто он совершенно забывал повод, по которому он рассказывал, увлекаясь рассказом, тем более что рассказывал он очень искренно и правдиво.

Так он сделал и теперь.

–Я про себя скажу. Вся моя жизнь сложилась так, а не иначе, не от среды, а совсем от другого.

–От чего же? – спросили мы.

–Да это длинная история. Чтобы понять, надо много рассказывать.

–Вот вы и расскажите.

Иван Васильевич задумался, покачал головой.

–Да, – сказал он. – Вся жизнь переменилась от одной ночи, или скорее утра.

– Да что же было?

– А было то, что был я сильно влюблен. Влюблялся я много раз, но это была самая моя сильная любовь. Дело прошлое; у нее уже дочери замужем. Это была Б..., да, Варенька Б...,– Иван Васильевич назвал фамилию. – Она и в пятьдесят лет была замечательная красавица. Но в молодости, восемнадцати лет, была прелестна: высокая, стройная, грациозная и величественная, именно величественная. Держалась она всегда необыкновенно прямо, как будто не могла иначе, откинув немного назад голову, и это давало ей, с ее красотой и высоким ростом, несмотря на ее худобу, даже костлявость, какой–то царственный вид, который отпугивал бы от нее, если бы не ласковая, всегда веселая улыбка и рта, и прелестных, блестящих глаз, и всего ее милого, молодого существа,

– Каково Иван Васильевич расписывает.

– Да как ни расписывай, расписать нельзя так, чтобы вы поняли, какая она была. Но не в том дело: то, что я хочу рассказать, было в сороковых годах. Был я в то время студентом в провинциальном университете. Не знаю, хорошо ли это или дурно, но не было у нас в то время в нашем университете никаких кружков, никаких теорий, а были мы просто молоды и жили, как свойственно молодости: учились и веселились. Был я очень веселый и бойкий малый, да еще и богатый. Был у меня иноходец лихой, катался с гор с барышнями (коньки еще не были в моде), кутил с товарищами (в то время мы ничего, кроме шампанского, не пили; не было денег – ничего не пили, но не пили, как теперь, водку). Главное же мое удовольствие составляли вечера и балы. Танцевал я хорошо и был не безобразен.

– Ну, нечего скромничать, – перебила его одна из собеседниц. – Мы ведь знаем ваш еще дагерротипный портрет. Не то что не безобразен, а вы были красавец.

– Красавец так красавец, да не в том дело. А дело в том, что во время этой моей самой сильной любви к ней был я в последний день масленицы на бале у губернского предводителя, добродушного старичка, богача–хлебосола и камергера. Принимала такая же добродушная, как и он, жена его в бархатном пюсовом платье, в брильянтовой фероньерке на голове и с открытыми старыми, пухлыми, белыми плечами и грудью, как портреты Елизаветы Петровны, Бал был чудесный: зала прекрасная, с хорами, музыканты – знаменитые в то время крепостные помещика–любителя, буфет великолепный и разливанное море шампанского. Хоть я и охотник был до шампанского, но не пил, потому что без вина был пьян любовью, но зато танцевал до упаду –

танцевал и кадрили, и вальсы, и польки, разумеется, насколько возможно было, все с Варенькой. Она была в белом платье с розовым поясом и в белых лайковых перчатках, немного не доходивших до худых, острых локтей, и в белых атласных башмачках. Мазурку отбили у меня: препротивный инженер Анисимов – я до сих пор не могу простить это ему – пригласил ее, только что она вошла, а я заезжал к парикмахеру и за перчатками и опоздал. Так что мазурку я танцевал не с ней, а с одной немочкой, за которой я немножко ухаживал прежде. Но, боюсь, в этот вечер был очень неучтив с ней, не смотрел на нее, а видел только высокую стройную фигуру в белом платье с розовым поясом, ее сияющее, зарумянившееся с ямочками лицо и ласковые, милые глаза. Не я один, все смотрели на нее и любовались ею, любовались и мужчины, и женщины, несмотря на то, что она затмила их всех. Нельзя было не любоваться.

По закону, так сказать, мазурку я танцевал не с нею. но в действительности танцевал я почти все время с ней. Она, не смущаясь, через всю залу шла прямо ко мне, и я вскакивал, не дожидаясь приглашения, и она улыбкой благодарила меня за мою догадливость. Когда нас подводили к ней и она не угадывала моего качества, она, подавая руку не мне, пожимала худыми плечами и, в знак сожаления и утешения, улыбалась мне. Когда делали фигуры мазурки вальсом, я подолгу вальсировал с нею, и она, часто дыша, улыбалась и говорила мне: «Encore». И я вальсировал еще и еще и не чувствовал своего тела.

–Ну, как же не чувствовали, я думаю, очень чувствовали, когда обнимали ее за талию, не только свое, но и ее тело, – сказал один из гостей.

Иван Васильевич вдруг покраснел и сердито закричал почти:

–Да, вот это вы, нынешняя молодежь. Вы, кроме тела, ничего не видите. В наше время было не так. Чем сильнее я был влюблен, тем бестелеснее становилась для меня она. Вы теперь видите ноги, щиколки и еще что–то, вы раздеваете женщин, в которых влюблены, для меня же, как говорил Alphonse Karr[2], хороший был писатель, – на предмете моей любви были всегда бронзовые одежды. Мы не то что раздевали, а старались прикрыть наготу, как добрый сын Ноя[3]. Ну, да вы не поймете...

–Не слушайте его. Дальше что? – сказал один из нас.

–Да. Так вот танцевал я больше с нею и не видал, как прошло время. Музыканты уж с каким–то отчаянием усталости, знаете, как бывает в конце бала, подхватывали все тот же мотив мазурки, из гостиных поднялись уже от карточных столов папаши и мамаши, ожидая ужина, лакеи чаще забегали, пронося что–то. Был третий час. Надо было пользоваться последними минутами. Я еще раз выбрал ее, и мы в сотый раз прошли вдоль залы.

–Так после ужина кадриль моя? – сказал я ей, отводя ее к месту.

–Разумеется, если меня не увезут, – сказала она, улыбаясь.

–Я не дам, – сказал я.

–Дайте же веер, – сказала она.

–Жалко отдавать, – сказал я, подавая ей белый дешевенький веер.

–Так вот вам, чтоб вы не жалели, – сказала она, оторвала перышко от веера и дала мне.

Я взял перышко и только взглядом мог выразить весь свой восторг и благодарность. Я был не только весел и доволен, я был счастлив, блажен, я был добр, я был не я, а какое–то неземное существо, не знающее зла и способное на одно добро. Я спрятал перышко в перчатку и стоял, не в силах отойти от нее.

–Смотрите, папа просят танцевать, – сказала она мне, указывая на высокую статную фигуру ее отца, полковника с серебряными эполетами, стоявшего в дверях с хозяйкой и другими дамами.

–Варенька, подите сюда, – услышали мы громкий голос хозяйки в брильянтовой фероньерке и с елисаветинскими плечами.

Варенька подошла к двери, и я за ней.

–Уговорите, ma chère, отца пройтись с вами. Ну, пожалуйста, Петр Владиславич, – обратилась хозяйка к полковнику.

Отец Вареньки был очень красивый, статный, высокий и свежий старик. Лицо у него было очень румяное, с белыми à la Nicolas 15 подвитыми усами, белыми же, подведенными к усам бакенбардами и с зачесанными вперед височками, и та же ласковая, радостная улыбка, как и у дочери, была в его блестящих глазах и губах. Сложен он был прекрасно, с широкой, небогато украшенной орденами, выпячивающейся по–военному грудью, с сильными плечами и длинными стройными ногами. Он был воинский начальник типа старого служаки николаевской выправки.

Когда мы подошли к дверям, полковник отказывался, говоря, что он разучился танцевать, но все–таки, улыбаясь, закинув на левую сторону руку, вынул шпагу из портупеи, отдал ее услужливому молодому человеку и, натянув замшевую перчатку на правую руку, – «надо все по закону», – улыбаясь, сказал он, взял руку дочери и стал в четверть оборота, выжидая такт.

Дождавшись начала мазурочного мотива, он бойко топнул одной ногой, выкинул другую, и высокая, грузная фигура его то тихо и плавно, то шумно и бурно, с топотом подошв и ноги об ногу, задвигалась вокруг залы. Грациозная фигура Вареньки плыла около него, незаметно, вовремя укорачивая или удлиняя шаги своих маленьких белых атласных ножек. Вся зала следила за каждым движением пары. Я же не только любовался, но с восторженным умилением смотрел на них. Особенно умилили меня его сапоги, обтянутые штрипками, – хорошие опойковые сапоги, но не модные, с острыми, а старинные, с четвероугольными носками и без каблуков, очевидно, сапоги были построены батальонным сапожником. «Чтобы вывозить и одевать любимую дочь, он не покупает модных сапог, а носит домодельные», – думал я, и эти четвероугольные носки сапог особенно умиляли меня. Видно было, что он когда-то танцевал прекрасно, но теперь был грузен, и ноги уже не были достаточно упруги для всех тех красивых и быстрых па, которые он старался выделывать. Но он все-таки ловко прошел два круга. Когда же он, быстро расставив ноги, опять соединил их и, хотя и несколько тяжело, упал на одно колено, а она, улыбаясь и поправляя юбку, которую он зацепил, плавно прошла вокруг него, все громко зааплодировали. С некоторым усилием приподнявшись, он нежно, мило обхватил дочь руками за уши и, поцеловав в лоб, подвел ее ко мне, думая, что я танцую с ней. Я сказал, что не я ее кавалер.

—Ну, все равно, пройдитесь теперь вы с ней, –сказал он, ласково улыбаясь и вдевая шпагу в портупею.

Как бывает, что вслед за одной вылившейся из бутылки каплей содержимое ее выливается большими струями, так и в моей душе любовь к Вареньке освободила всю скрытую в моей душе способность любви. Я обнимал в то время весь мир своей любовью. Я любил и хозяйку в фероньерке, с ее елисаветинским бюстом, и ее мужа, и ее гостей, и ее лакеев, и даже дувшегося на меня инженера Анисимова. К отцу же ее, с его домашними сапогами и ласковой, похожей на нее, улыбкой, я испытывал в то время какое-то восторженнонежное чувство.

Мазурка кончилась, хозяева просили гостей к ужину, но полковник Б. отказался, сказав, что ему надо завтра рано вставать, и простился с хозяевами. Я было испугался, что и ее увезут, но она осталась с матерью.

После ужина я танцевал с нею обещанную кадриль, и, несмотря на то, что был, казалось, бесконечно счастлив, счастье мое все росло и росло. Мы ничего не говорили о любви. Я не спрашивал ни ее, ни себя даже о том, любит ли она меня. Мне достаточно было того, что я любил ее. И я боялся только одного, чтобы что-нибудь не испортило моего счастья.

Когда я приехал домой, разделся и подумал о сне, я увидал, что это совершенно невозможно. У меня в руке было перышко от ее веера и целая ее перчатка, которую она дала мне, уезжая, когда садилась в карету и я подсаживал ее мать и потом ее. Я смотрел на эти вещи и, не закрывая глаз, видел ее перед собой то в ту минуту, когда она, выбирая из двух кавалеров, угадывает мое качество, и слышу ее милый голос, когда говорит: *«Гордость? да?»* – и радостно подает мне руку или когда за ужином пригубливает бокал шампанского и исподлобья смотрит на меня ласкающими глазами. Но больше всего я вижу ее в паре с отцом, когда она плавно двигается около него и с гордостью и радостью и за себя и за него взглядывает на любующихся зрителей. И я невольно соединяю его и ее в одном нежном, умиленном чувстве.

Жили мы тогда одни с покойным братом. Брат и вообще не любил света и не ездил на балы, теперь же готовился к кандидатскому экзамену и вел самую правильную жизнь. Он спал. Я посмотрел на его уткнутую в подушку и закрытую до половины фланелевым одеялом голову, и мне стало любовно жалко его, жалко за то, что он не знал и не разделял того счастья, которое я испытывал. Крепостной наш лакей Петруша встретил меня со свечой и хотел помочь мне раздеваться, но я отпустил его. Вид его заспанного лица с спутанными волосами показался мне умилительно трогательным. Стараясь не шуметь, я на цыпочках прошел в свою комнату и сел на постель. Нет, я был слишком счастлив, я не мог спать. Притом мне жарко было в натопленных комнатах, и я, не снимая мундира, потихоньку вышел в переднюю, надел шинель, отворил наружную дверь и вышел на улицу.

С бала я уехал в пятом часу, пока доехал домой, посидел дома, прошло еще часа два, так что, когда я вышел, уже было светло. Была самая масленичная погода, был туман, насыщенный водою снег таял на дорогах, и со всех крыш капало. Жили Б. тогда на конце города, подле большого поля, на одном конце которого было гулянье, а на другом – девический институт. Я прошел наш пустынный переулок и вышел на большую улицу, где стали встречаться и пешеходы, и ломовые с дровами на санях, достававших полозьями до мостовой. И лошади, равномерно покачивающие под глянцевитыми дугами мокрыми головами, и покрытые рогожками извозчики, шлепавшие в огромных сапогах подле возов, и дома улицы, казавшиеся в тумане очень высокими, – все было мне особенно мило и значительно.

Когда я вышел на поле, где был их дом, я увидал в конце его, по направлению гулянья, что–то большое, черное и услыхал доносившиеся оттуда звуки флейты и барабана. В душе у меня все время пело и изредка слышался мотив мазурки. Но это была какая–то другая, жесткая, нехорошая музыка.

«Что это такое?» – подумал я и по проезженной посередине поля скользкой дороге пошел по направлению звуков. Пройдя шагов сто, я из–за тумана стал различать много черных людей. Очевидно, солдаты. «Верно, ученье», – подумал я и вместе с кузнецом в засаленном полушубке и фартуке, несшим что–то и шедшим передо мной, подошел ближе. Солдаты в черных мундирах стояли двумя рядами друг против друга, держа ружья к ноге, и не двигались. Позади их стояли барабанщик и флейтщик и не переставая повторяли все ту же неприятную, визгливую мелодию.

–Что это они делают? – спросил я у кузнеца, остановившегося рядом со мною.

–Татарина гоняют за побег, – сердито сказал кузнец, взглядывая в дальний конец рядов.

Я стал смотреть туда же и увидал посреди рядов что–то страшное, приближающееся ко мне. Приближающееся ко мне был оголенный по пояс человек, привязанный к ружьям двух солдат, которые вели его. Рядом с ним шел высокий военный в шинели и фуражке, фигура которого показалась мне знакомой. Дергаясь всем телом, шлепая ногами по талому снегу, наказываемый, под сыпавшимися с обеих сторон на него ударами, подвигался ко мне, то опрокидываясь назад – и тогда унтер–офицеры, ведшие его за ружья, толкали его вперед, то падая наперед – и тогда унтер–офицеры, удерживая его от падения，тянули его назад. И не отставая от него, шел твердой, подрагивающей походкой высокий военный. Это был ее отец, с своим румяным лицом и белыми усами и бакенбардами.

При каждом ударе наказываемый, как бы удивляясь, поворачивал сморщенное от страдания лицо в ту сторону, с которой падал удар, и, оскаливая белые зубы, повторял какие–то одни и те же слова. Только когда он был совсем близко, я расслышал эти слова. Он не говорил, а всхлипывал: «Братцы, помилосердуйте. Братцы, помилосердуйте». Но братцы не милосердовали, и, когда шествие совсем поравнялось со мною, я видел, как стоявший против меня солдат решительно выступил шаг вперед и, со свистом взмахнув палкой, сильно шлепнул ею по спине татарина. Татарин дернулся вперед, но унтер–офицеры удержали его, и такой же удар упал на него с другой стороны, и опять с этой, и опять с той. Полковник шел подле, и, поглядывая то себе под ноги, то на наказываемого, втягивал в себя воздух, раздувая щеки, и медленно выпускал его через оттопыренную губу. Когда шествие миновало то место, где я стоял, я мельком увидал между рядов спину наказываемого. Это было что–то такое пестрое, мокрое, красное, неестественное, что я не поверил, чтобы это было тело человека.

–О Господи, – проговорил подле меня кузнец.

Шествие стало удаляться, все так же падали с двух сторон удары на спотыкающегося, корчившегося человека, и все так же били барабаны и свистела флейта, и все так же твердым шагом двигалась высокая, статная фигура полковника рядом с наказываемым. Вдруг полковник остановился и быстро приблизился к одному из солдат.

–Я тебе помажу,– услыхал я его гневный голос. –Будешь мазать? Будешь?

И я видел, как он своей сильной рукой в замшевой перчатке бил по лицу испуганного малорослого, слабосильного солдата за то, что он недостаточно сильно опустил свою палку на красную спину татарина.

–Подать свежих шпицрутенов! – крикнул он, оглядываясь, и увидел меня. Делая вид, что он не знает меня, он, грозно и злобно нахмурившись, поспешно отвернулся. Мне было до такой степени стыдно, что, не зная, куда смотреть, как будто я был уличен в самом постыдном поступке, я опустил глаза и поторопился уйти домой. Всю дорогу в ушах у меня то била барабанная дробь и свистела флейта, то слышались слова: «Братцы, помилосердуйте», то я слышал самоуверенный, гневный голос полковника, кричащего: «Будешь мазать? Будешь? » А между тем на сердце была почти физическая, доходившая до тошноты, тоска, такая, что я несколько раз останавливался, и мне казалось, что вот–вот меня вырвет всем тем ужасом, который вошел в меня от этого зрелища. Не помню, как я добрался домой и лег. Но только стал засыпать, услыхал и увидел опять все и вскочил.

«Очевидно, он что–то знает такое, чего я не знаю, – думал я про полковника. – Если бы я знал то, что он знает, я бы понимал и то, что я видел, и это не мучило бы меня». Но сколько я ни думал, я не мог понять того, что знает полковник, и заснул только к вечеру, и то после того, как пошел к приятелю и напился с ним совсем пьян.

Что ж вы думаете, что я тогда решил, что то, что я видел, было – дурное дело? Ничуть. «Если это делалось с такой уверенностью и признавалось всеми необходимым, то, стало быть, они знали что–то такое, чего я не знал», – думал я и старался узнать это. Но сколько ни старался – и потом не мог узнать этого. А не узнав, не мог поступить в военную службу, как хотел прежде, и не только не служил в военной, но нигде не служил и никуда, как видите, не годился,

–Ну, это мы знаем, как вы никуда не годились, –сказал один из нас. – Скажите лучше: сколько бы людей никуда не годились, кабы вас не было.

–Ну, это уж совсем глупости, – с искренней досадой сказал Иван Васильевич.

–Ну, а любовь что? – спросили мы.

–Любовь? Любовь с этого дня пошла на убыль. Когда она. как это часто бывало с ней, с улыбкой на лице, задумывалась, я сейчас же вспоминал полковника на площади, и мне становилось как–то неловко и неприятно, и я стал реже видаться с ней. И любовь так и сошла на нет. Так вот какие бывают дела и от чего переменяется и направляется вся жизнь человека. А вы говорите... – закончил он.

Лексико стилистический комментарий:

1. Еще(франц.)
2. Альфонс Карр (франц.)
3. По библейскому сказанию неблагодарный и глубый Хам насмехался над своим обнаженным спящим отцом; добрые же сыновья Сим и Иафет прикрыли его.
4. дорогая (франц.)
5. как у Николая (франц.)

Тест по произведению

1. В каком году было создано произведение Толстого «После бала»?

    A. 1903

    B. 1907

    C. 1911

    D. 1915

2. К какому литературному жанру относится произведение «После бала»?

    A. Новелла;

    B. Зарисовка;

    C. Рассказ;

    D. Повесть.

3. Какие события легли в основу сюжета произведения «После бала»?

    A. Рассказанные Толстому сестрой;

B. Произошедшие с братом писателя;

C. События из жизни Толстого;

D. История, прочитанная писателем в газетной заметке.

4. Отражение какой исторической эпохи описано в произведении «После бала»?

    A. Правления Николая I ;

    B. Правление Николая II;

    C. Правление Петра I;

    D. Правление Елизаветы II.

5. Кто из героев является рассказчиком в произведении «После бала»?

    A. Петр Владиславович;

    B. Иван Васильевич;

    C. Андрей Васильевич;

    D. Варенька.

6. Кто такой Петр Владиславович?

    A. Отец Вареньки, офицер;

    B. Друг Ивана Васильевича, доктор;

    C. Один из гостей на балу;

    D. Дядя Вареньки, чиновник.

7. О чем в начале произведения дискутировали друзья?

    A. О том, возможна ли вечная любовь;

    B. О перспективах развития современной науки;

    C. О том, может ли окружающая среда повлиять на судьбу человека;

    D. О религии и боге.

8. Кому из героев принадлежат слова: «Я был не только весел и доволен, я был счастлив, блажен, я был добр»?

    A. Отцу Вареньки;

    B. Петру Владиславовичу;

    C. Андрею Васильевичу;

    D. Ивану Васильевичу.

9. Какой эпизод в жизни героя кардинально изменил его жизнь?

    A. Иван Васильевич узнал, что Варенька ему изменила;

    B. Варенька отказала Ивану Васильевичу;

    C. Иван Васильевич сильно повздорил на балу с будущим тестем;

D. Иван Васильевич увидел, как отец ее возлюбленной избивает татарина.

10. Как построена композиция рассказа?

A. Сначала описаны события из жизни героя, а затем страницы из его дневника;

B. Сначала описаны светлые события на балу, а затем мрачные после бала;

C. Рассказ построен в форме страниц из дневника, описывающих три Дня;

D. Сначала описаны приготовления героя к балу, а потом его впечатления после бала.

Вопросы и задания для дискуссии:

1. Какие мысли автор вложил в уста своего героя в этом рассказе?
2. В чем своеобразие композиции этого рассказа?
3. Переведите и подумайте, чему учит произведение?

  Тематика рассказа актуальна и сегодня. Все так же общество сталкивается с двуличием и безнравственностью. Сегодня все еще много таких «полковников», под маской которых лишь холодность и бесчеловечность. Тем не менее, мораль автора остается только угадывать. Он предлагает читателю делать выводы самостоятельно. Он не пишет, «хорошо» все–таки было то, что сделал полковник, или «плохо», но, судя по реакции главного героя, смысловые акценты все же были расставлены, то есть писатель осуждает криводушие высшего света и его готовность закрыть глаза на страдания тех, кто не «вытянул счастливый билет» происхождения и не стал его частью.

6. Антон Павлович Чехов
安·巴·契诃夫 (1860—1904)

Наверное, были писатели крупнее Чехова, но, кажется, не было в мировой литературе ни одного честнее, совестливее, правдивее его, и в этом объяснение неослабевающей любви к нему читателей.

Илья Эренбург

А. П. Чехов родился в Таганроге в небогатой купеческой семье. Отец и дед его были крепостными, но дед выкупил себя и свою семью на волю, а отец открыл в Таганроге лавку. Из крепостных были и родители матери Чехова. Отец хотел дать детям хорошее образование. Они обучались языкам, музыке. Помогая отцу в лавке, Чехов общался с разными людьми, присматривался к их характерам.

Когда А. П. Чехову было 16 лет, его отец разорился и переехал в Москву, а вскоре перебралась и семья. Антон остался в Таганроге, зарабатывая себе иа хлеб репетиторством. Окончив гимназию, он также переезжает в Москву, поступает на медихщнский факультет Московского университета. В 1880 году появляются его первые рассказы в юмористическом журнале «Стрекоза». В них он высмеивал пошлость пошлого человека.

В середине 80-х годов в творчестве Чехова наступил перелом Главные темы его творчества – одиночество, духовное оскудение человека. В 1890 году Чехов путешествует по Сахалину. В то время это место было глухим, заброшенным. Туда ссылали осуждённых. Эта поездка показала гражданское мужество писателя. Он впервые сделал перепись населения, живущего на Сахалине. Для этого Чехов заходил в каждый дом, беседовал подолгу с людьми. После поездки он написал книгу «Остров Сахалин». В ней писатель рассказал о тяжёлом положении каторжников.

Чехов, известен и как драматург. Он написал пьесы «Вишнёвый сад», «Чайка», «Три сестры», «Дядя Ваня». В них можно увидеть ту же атмосферу неблагополучия, в то же время чувствуется тонкое понимание драматизма жизни. Причиной всех несчастий становится сама жизнь, с её неурядицей. Зло скрывается в самом устройстве жизни.

Так показывал Россию Чехов. В ней – предчувствие трядущих перемен, но духовно к ним люди не готовы и боятся их. А. П. Чехов умер рано, в 44 года, от туберкулеза.

Словарно–стилистический комментарий:

1. *Разориться* – потерять свое имущество, состояние, обеднеть.
2. *Репетитор* – тот, кто помогает кому–либо пройти какой–либо курс, усвоить какие–либо знания.
3. *Репетировать* – (1) Помогать пройти какие–либо знания.
   (2) Проводить репетиции.
4. *Пошлость пошлого человека* – такое употребление слов – художественный приём, который заключается в намеренном повторении слов с целью привлечь внимание к характеристике человека.
5. *Пошлый* – (1) Низкий, ничтожный в нравственном отношении,
   (2) Неоригинальный, надоевший, избитый, банальный.
6. *Пошлость* – существительное от прилагательного пошлый.
7. *Пошло* – наречие.
8. *Пошляк* – попый человек.
9. *Оскудение* – существительное от глагола «оскудеть».
10. *Оскудеть* – обеднеть. Оскудение человека – состояние от духовности к духовной бедности.
11. *Неурядица* – беспорядок, неустройства.

Вопросы и задания:

1. Что значит «выкупить себя на волю»?
2. Какая главная тема рассказов А. П. Чехова?

3. Прочитайте о поездке А. П. Чехова на Сахалии. Как это характеризует писателя?
4. Какие пьесы писал А. П. Чехов? Какие из них известны в Китае?
5. Расскажите об А. П. Чехове.

ХАМЕЛЕОН
(фрагмент)

Задание: прочитайте текст, переведите.

Через базарную площадь идет полицейский надзиратель Очумелов. В новой пинели и с узелком в руке. За ним шагаст рыжий городовой с решетом, наполиенным конфискованным крыжовником. Кругом тишина... На площади ни души...

– Так ты кусаться? – слышит влруг Очумелов. – Ребята, пе пушай ее! Держи! А...а!

Слыппсн собачий визг. Очумелов глядит в сторопу и видит: из дровиного склада купца Пичугина, прыгая на трех ногах и оглядываясь, бежит собака. За ней гонится человек. Он бежит за ней, падает на землю и хватает собаку за задние лапы. Слышшен вторичный собачий визг и крик: «Не цущай!» Скоро около дровяного склада собирается толпа.

– Никак беспорядок, Ваше благородие!.. – говорит городовой.

Очумелов шагает к сборищу.

Около дровяного склада стоит человек и, подняв вверх правую руку, показывает толпе окровавленный палсц. В этом человеке Очумелов узнает золотых дел мастера Хрюкина. В центре толты, растошырив передние ноги и дрожа всем телом, сидит на земле белый щенок с острой мордой и желтым пятном на спине. В его глазах выражение тоски и ужаса.

– По какому это случаю шум? – спраливает Очумелов. – Почему тут? Кто кричал?

– Иду я, никого не трогаю... – начипает Хрюкин, кашляя в кулак. – И вдруг эта подлая ни с того ни с сего за палец... Вы меня извините, я человек, который работающий... Работа у меня мелкая. Пущай мне заплатят, потому что я этим пальцем, может, неделю не пошевелю...

– Гм... Хорошо... – говорит Очумелов строго. – Хорошо... Чья это собака? Я этого так не оставлю. Я покажу вам, как собак распускать! Елдырин, – обращается надзиратель к городовому, – узнай, чья это собака, и составляй протокол! А собаку истребить надо. Она, наверное, бешеная... Чья это собака, спрашиваю?

– Это, кажись, генерала Жигалова! – говорит кто–то из толпы.

— Генерала Жигалова! Гм!.. Сними–ка, Елдрин, с меня пальто... Ужас как жарко!..

Одного только я не понимаю: как она могла тебя укусить? – обрашается Очумелов к Хрюкину. – Разве она достанет до пальца? Она маленькая, а ты ведь вон какой здоровила!

— Он цигаркой ей в харю для смеха, а она, не будь дура, и тяпни... Вздорный человек! А если я вру, так пущай мировой нас рассудит. У него в законе сказано... Нынче все равны... У меня у самого брат в жандармах, если хотите знать...

— Не рассуждать!

— Нет, это не генеральская... – глубокомысленно замсчает городовой. – У генерала таких нет.

— Ты это верно знаешь?

— Верно...

— Я и сам знаю. У генерала собаки дорогие, породистые, а эта чёрт знает что! Ни шерсти ни вида... подлость одна только... И такую собаку держать?!.. Где же у вас ум?

Попадись такая собака в Петербурге или в Москве, то знаете, что было бы? Там не посмотрели бы в закон, а моментально не дыши! Ты. Хрюкин, пострадал и дела этого так пе оставляй... Нужно проучить! Пора...

— А может быть, и генеральская... – думает вслух городовой. – На морде у ей не написано... Намедни во дворе у него такую видел.

— Конечно, генеральская! – говорит голос из толпы.

— Гм!.. Надень–ка, брат Елдырин, на меня пальто... Что–то, ветром подуло...

Знобит... Ты отведёшь её к генералу и спросишь там. Скажепть, что я нашёл и приелал... И скажи, чтобы её не выпускали на улицу... Она, может быть, дорогая, а ежели каждый свинья будет ей в нос сигаркой тыкать, то долго ли испортить. Собака – нежная тварь... А ты, болван, опусти руку! Нечего свой дурацкий палец выставлять! Сам виноват!..

— Повар генеральский идёт, его спросим... Эй, Прохор! Поди–ка, милый, сюда! Погляди на собаку... Ваша?

— Выдумал! Таких у нас сроду не бывало!

— И спрашивать тут долго нечего, – говорит Очумелов. – Она бродячая! Нечего тут и всё.

Долго разговаривать... Ежели сказал, что бродячая, стало быть, бродячая... Истрсбить, вот – Это не наша, – продолжает Прохор. – Ото генералова брата, что недавно приехал.

— Да разве братец ихний цриехали? Владимир Ильич? — спрашивает Очумелов, и всё лицо его заливается улыбкой умиления. — Ишь ты, Господи! А я и не знал! Погостить приехали?

— В гости...

— Ишь ты, Господи... Соскучились по братце... А я ведь и не знал! Так это ихняя собачка? Очень рад... Возьми её... Собачонка ничего себе... Пустрая гакая... Цап этого за палец! Ха–ха–ха... Ну, чего дрожишь? Ррр... Рр... Сердится...

Прохор зовёт собаку и идёт с пей от дровяного склада... Толпа хохочет над Хрюкиным.

— Я ещё доберусь до тебя! — грозит ему Очумслов и, занахиваясь в шинель, продолжает свой путь по базарной площади.

Лексико–стилистический комментарий:

1. *Надзиратель* – должностное лицо в дореволюционной России, занимавшееся надзором, наблюдением за кем–либо, чем–либо.
2. *Городовой* – нижний чин полиции в дореволюционной России.
3. *Конфисковать* – принудительно и безвозмездно изъять деньги, имущество в собственность государства.
4. *Не пущай* (просторечное) – не пускай.
5. *Ваше благородие* – форма обращения к высшему чину.
6. *Сборище* (разговорное) – толпа, группа.
7. *Золотых дел мастер* – мастер по золоту.
8. *Подлый* – низкий, бесчестный. Здесь: в значепии ругательства. Подлость существительнос к прилагательному «подлый».
9. *Протокол* – документ, содержащий запись происходящего.
10. *Здоровила* (разговорпое) – рослый, здоровый, сильный человек.
11. *Цигарка* (разговорное) – сигарета, папироса.
12. *Вздорный* – склонный к ссорам, сварливый.
13. *Мировой* – судья.
14. *Нынче* (разговорное) – сейчас.
15. *Жандарм* – лнцо, состоящее на службе в жандармерии; оандармерия – особые полицейские войска для борьбы с революционным двикснием.

16. *Намедни* (устаревшее и просторечное) – недавно, вчера.

17. *Болван* (ругательство) – глупый, бестолковый человек.

18. *Сроду* (просторечное) – никогда, ни разу.

19. *Цап* – усеченная форма от глагола «цапнуть».

Вопросы и задания:

1. Где происходит действие?
2: Кто такой Хрюкин?
3. Кто такой Очумелов? Почему он в новой шинели?
4. Что значит «конфискованный крыжовник»? Что с ним сделает городовой?
5. Что случилось на базарной площади?
6. Почему быстро собирается толпа?
7. Прочитайте диалог по ролям. Передайте в чтении характеры действующих лиц. Обратите внимание на интонацию, с которой нужно показать эти характеры. Является ли речь их характеристикой?

Сравните:

Речь Очумелова	Литературная речь
(1) Почему тут? Кто кричал?	Почему вы собрались тут? Кто кричал?
(2) Она маленькая, а ты ведь вон какой здоровила!	Она маленькая, а ты ведь вон какой большой (здоровый)!
(3) Там не посмотрели бы на закон, а моментально не дыши!	Там не посмотрели бы в закон, а моментально уничтожили(истребили)!
(4) ... а если каждая свинья будет ей в нос сигаркой тыкать...	.... а ежели каждый свинья будет ей в нос цигаркой тыкать..
(5) Да разве братец ихний приехали?	Да разве братец его приехал?
(6) Собака – нежная тварь...	Собака – нежное существо...

Грубые, бранные слова: свинья, болван, дурацкий палец.

Речь Хрюкина	Литературная речь
(1) И вдруг эта подлая ни с того ни с сего за палец...	И вдруг эта собака ни с того ни с сего укусила за палец...
(2) Я человек, который работающий...	Я человек, который работает...

Речь человека из толпы	Литературная речь
(1) Он цигаркой ей в харю для смеха, а она, не будь дура, и тяпни...	Он цигаркой ей в морду для смеха, а она и тяпнула его...

8. Почему Очумелов постоянно меняет решение?

9. Как ведет себя золотых дел мастер Хрюкин?

10. Какую роль в понимании характеров Очумелова и Хрюкина играют детали *шинель и палец*? Найдите предложения, в которых появляются эти детали.

11. Прочитайте значение слова *хамелеон*.

    Хамелеон – (1) Животное отряда ящериц, способное менять окраску.

    (2) (Переносное) Человек, который часто меняет свои мнения, взгляды, симпатии примснительно к обстаповке или в угоду кому–либо. Кого можно назвать хамелеоном? В прямом или переносном значении употреблено слово хамелеон?

12. Почему толпа хохочет над Хрюкиным, а не над Очумеловым? Можно ли этих людей из толпы назвать хамелеонами?

13. Почему рассказ называется «Хамелеон»? Какую черту характера в человеке высмеивает А.П. Чехов?

ТОЛСТЫЙ И ТОНКИЙ
(фрагмент)

На вокзале железной дороги встретились два приятеля: один толстый, другой тонкий.

Толстый только что пообедал на вокзале. Пахло он него хересом и флёрдоранжем. Тонкий же только что вышел из вагона и был навьючен чемоданами, узлами и картонками. Пахло от него ветчиной н кофе. Из–за его спины выглядывала худенькая женщина с длинным подбородком – его жена, и высокий гимназист – его сын.

– Порфирий! – воскликнул толстый, увидев тонкого. – Ты ли это? Голубчик мой! Сколько зим, сколько лет!

– Батюшки! – изумился тонкий. – Миша! Друг детства! Откуда ты взялся? Приятели троекратно поцеловались. Оба были приятно удивлены.

– Милый мой! – начал тонкий. – Вот не ожидал! Вот сюрприз! Ну, да погляди же на меня хорошенько! Такой же красавец, как и был! Ах ты, Господи! Ну, что же ты? Богат?

Женат? Я уже женат, как видишь... Это вот моя жена, Луиза... А это сын мой, Нафанаил, ученик третьего класса. Это, Нафаня, друг моего детства! В гимназии вместе учились!

Нафанаил немного подумал и снял шапку.

— В гимназии вместе учились! — продолжал тонкий. — Хо–хо... Не бойся, Нафаня! Подойди к нему поближе... А это моя жена.

Нафанаил немного подумал и спрятался за спину отца.

— Ну, как живёшь, друг? — спросил толстый, восторженно глядя на друга. — Служишь где?

— Служу, милый мой! Жалованье плохое... ну да Бог с ним! Жена уроки музыки даёт, я портсигары из дерева делаю. Отличные портсигары! По рублю за штуку продаю. Живём кое-как. Служил, знаешь, а теперь сюда переведён. Ну, а ты как? Небось, уже статский? А?

— Нет, милый мой, поднимай повыше, — сказал толстый.

Тонкий вдруг побледнел, окаменел, но скоро лицо его искривилось во все стороны широчайшей улыбкой. Сам он съёжился, сгорбился, сузился... Его чемоданы, узлы и картонки съёжились, поморщились... Длинный подбородок жены стал ещё длиннее; Нафанаил вытянулся и застегнул все пуговицы своего мундира..

— Очень приятно–с! Друг, можно сказать, детства и вдруг... Хи–Хи–с.

— Ну, хватит! — поморщился толстый. — Для чего этот тон? Мы с тобой друзья детства — и к чему это чинопочитание!

— Помилуйте... Что вы–с... — захихикал тонкий, ещё более съёживаясь... — Это вот сын мой Нафанаил ... жена. Луиза...

Толстый хотел возразить что–то, но на лице у тонкого было написано столько благоговения, сладости и почтительной кислоты, что тайного советника стошнило, он отвернулся от тонкого и подал ему на прощание руку.

Тонкий пожал три пальца, поклонился всем туловищем и захихикал: «Хи–хи–хи». Жена улыбнулась. Нафанаил шаркнул ногой и уронил фуражку. Все трое были приятно ошеломлены.

Лексико–стилистический комментарий:

1. *Херес* – сорт крепкого виноградного вина.

2. *Флердоранж* – белые цветы померанцевого дерева. Здесь в значении: одеколон с запахом этих цветов.

3. *Навьючен* – навьючить – погрузить. Вьюк – тяжёлая поклажа, перевозимая на спине животного.

4. *Узел* – связанный концами платок, кусок ткани, в который уложены вещи.

5. *Картонка* – коробка из картона или фанеры для легких вещей.

6. *Троекратно* – три раза.

7. *Жалованье* – денежное вознаграждение за службу, работу. Заработная плата.

8. *Портсигар* – плоская коробочка, футляр для ношения при себе папирос или сигарет.

9. *Статский* – то же, что штатский. Высокий чин в дореволюционной России.

10. *Съёжиться* – сжаться.

11. *Приятно–с,* – частица с, прибавленная к слову, означает высшую степень почтения.

12. *Чинопочитание* – почитание старших младшими по службе, чину, званию. Почитание – уважение.

13. *Благовение* – глубочайшее почтение.

14. *Шаркнуть* – приставить одну ногу к другой, ударяя слегка каблук о каблук (при поклоне, приветствии).

15. *Фуражка* – головной убор с околышшем и козырьком.

16. *Ошеломлён* (кр. прич.) – образовано от глагола ошеломить – произвести сильное впечатление.

17. *Ошеломить* – очень удивить.

Вопросы и задания:

1. Где происходит действие?
2. Какие детали указывают на разное положение в обществе толстого и тонкого?
3. Прочитайте диалог по ролям. Передайте интонацию их речи. Как изменилось отношение тонкого к толстому, когда он узнал о его положении? Как изменился тон его речи? Почему в слове приятно и даже в смехе появилась частица-с?
4. Найдите глаголы, которые передают изменившееся состояние тонкого.
5. Прочитайте предложение: «Сам он съёжился, сгорбился, сузился...» Каким одним словом можно заменить выделенные глаголы? Такой приём называется градацией.
6. Прочитайте определение: *градация*.

   Градация (лат. gradation – «движение вперёд») – стилистический приём, при котором синонимы так расположены, что каждый последующий содержит усиливающее впечатление. Благодаря этому нарастает общее впечатление, которое производится группой слов (нанизывание синонимов).
7. Почему даже узлы, чемоданы, картонки сузились, поморщились?

8. Расскажите о поведении жены тонкого. Как оно меняется и почему?

9. Меняется ли поведение сына и почему? Что можно сказать о его воспитании?

10. Почему изменилось отношение толстого к тонкому?

11. Почему у героев нет имён?

12. Почему рассказ называется «Толстый и тонкий»? Какую черту характера высмеял А. П. Чехов?

13. Каковы средства создания юмора в рассказе?

ВИШНЁВЫЙ САД
(действие четвёртое)

Действующие лица

Раневская Любовь Андреевна – **помещица**.

Аня – **ее дочь, 17 лет**.

Варя – **ее приемная дочь, 24** лет.

Гаев Леонид Андреевич – **брат Раневской**.

Лопахин Ермолай Алексеевич – **купец**.

Трофимов Петр Сергеевич – **студент.**

Симеонов–Пищик Борис Борисович – **помещик**.

Шарлотта Ивановна – **гувернантка**.

Епиходов Семен Пантелеевич – **конторщик**.

Фирс – **лакей, старик 87 лет**.

Яша – **молодой лакей**.

Дуняша – **горшечная**.

Декорация первого акта. Нет ни занавесей на окнах, ни картин, осталось немного мебели, которая сложена в один угол, точно для продажи. Чувствуется пустота. Около выходной двери и в глубине сцены сложены чемоданы, дорожные узлы и т. п. Налево дверь открыта, оттуда слышны голоса Вари и Ани. Лопахин стоит, ждет. Яша держит поднос со стаканчиками, налитыми шампанским. В передней Епиходов увязывает ящик. За сценой в глубине гул. Это пришли прощаться мужики. Голос Гаева: «Спасибо, братцы, спасибо вам».

Яша. Простой народ прощаться пришел. Я такого мнения, Ермолай Алексеич, народ добрый, но мало понимает.

Гул стихает. Входят через переднюю Любовь Андреевна и Гаев; она не плачет, но бледна, лицо ее дрожит, она не может говорить.

Гаев. Ты отдала им свой кошелек, Люба. Так нельзя! Так нельзя!

Любовь Андреевна. Я не смогла! Я не смогла!

Оба уходят.

Лопахин. *(в дверь, им вслед)* Пожалуйте, покорнейше прошу! По стаканчику на прощание.

Из города не догадался привезть, а на станции нашел только одну бутылку. Пожалуйте!

Пауза.

Что ж, господа! Не желаете? *(Отходит от двери.)* Знал бы – не покупал. Ну, и я пить не стану.

Яша осторожно ставит поднос на стул.

Выпей, Яша, хоть ты.

Яша. С отъезжающими! Счастливо оставаться! *(Пьет)* Это шампанское не настоящее, могу вас уверить.

Лопахин. Восемь рублей бутылка.

Пауза.

Холодно здесь чертовски.

Яша. Не топили сегодня, все равно уезжаем.

(Смеется.)

Лопахин. Что ты?

Яша. От удовольствия.

Лопахин. На дворе октябрь, а солнечно и тихо, как летом. Строиться хорошо. *(Поглядев на часы, в дверь.)* Господа, имейте в виду, до поезда осталось всего сорок шесть минут!

Значит, через двадцать минут на станцию ехать. По–торапливайтесь.

Трофимов в пальто входит со двора.

Трофимов. Мне кажется, ехать уже пора. Лошади поданы. Черт его знает, где мои калоши. Пропали. *(В дверь)* Аня, нет моих калош! Не нашел!

Лопахин. А мне в Харьков надо. Поеду с вами в одном поезде. В Харькове проживу всю зиму. Я все болтался с вами, замучился без дела. Не могу без работы, не знаю, что вот делать с руками; болтаются как–то странно, точно чужие.

Трофимов. Сейчас уедем, и вы опять приметесь за свой полезный труд.

Лопахнп. Выпей–ка стаканчик.

Трофимов. Не стану.

Лопахин. Значит, в Москву теперь?

Трофимов. Да, провожу их в город, а завтра в Москву.

Лопахин. Да... Что ж, профессора не читают лекций, небось все ждут, когда приедешь!

Трофимов. Не твое дело.

Лопахин. Сколько лет, как ты в университете учишься?

Трофимов. Придумай что–нибудь поновее. Это старо и плоско. (*Ищет калоши*) Знаешь, мы, пожалуй, не увидимся больше, так вот позволь мне дать тебе на прощанье один совет: не размахивай руками! Отвыкни от этой привычки – размахивать. И тоже вот строить дачи, рассчитывать, что из дачников со временем выйдут отдельные хозяева, рассчитывать так – это тоже значит размахивать... Как–никак, все–таки я тебя люблю. У тебя тонкие, нежные пальцы, как у артиста, у тебя тонкая, нежная душа».

Лопахин. (*обнимает его*) Прощай, голубчик. Спасибо за все. Ежели нужно, возьми у меня денег на дорогу.

Трофимов. Для чего мне? Не нужно.

Лопахин. Ведь у вас нет!

Трофимов. Есть. Благодарю вас. Я за перевод получил. Вот они тут, в кармане. (*Тревожно*) А калош моих нет!

Варя. (*из другой комнаты*) Возьмите вашу гадость!

(*Выбрасывает на сцену пару резиновых калош*)

Трофимов. Что же вы сердитесь, Варя? Гм... Да это не мои калоши!

Лопахин. Я весной посеял маку тысячу десятин и теперь заработал сорок тысяч чистого. А когда мой мак цвел, что это была за картина! Так вот я, говорю, заработал сорок тысяч и, значит, предлагаю тебе взаймы, потому что могу. Зачем же нос драть? Я мужик... попросту.

Трофимов. Твой отец был мужик, мой – аптекарь, и из этого не следует решительно ничего.

Лопахин вынимает бумажник.

Оставь, оставь... Дай мне хоть двести тысяч, не возьму. Я свободный человек. И все, что так высоко и дорого цените вы все, богатые и нищие, не имеет надо мной ни малейшей власти, вот как пух, который носится по воздуху. Я могу обходиться без вас, я могу проходить мимо вас, я силен и горд. Человечество идет к высшей правде, к высшему счастью, какое только возможно на земле, и я в первых рядах!

Лопахин. Дойдешь?

Трофимов. Дойду.

Пауза.

Дойду, или укажу другим путь, как дойти.

Слышно, как вдали стучат топором по дереву.

Лопахин. Ну, прощай, голубчик. Пора ехать. Мы друг перед другом нос дерем, а жизнь знай себе проходит. Когда я работаю подолгу, без устали, тогда мысли полегче, и кажется, будто мне тожеизвестно, для чего я существую. А сколько, брат, в России людей, которые существуют неизвестно для чего. Ну, все равно, циркуляция дела не в этом. Леонид Андреич, говорят, принял место, будет в банке, шесть тысяч в год... Только ведь не усидит, ленив очень...

Аня. (*в дверях*) Мама вас просит: пока она не уехала, чтоб не рубили сада.

Трофимов. В самом деле, неужели не хватает такта... (*Уходит через переднюю*)

Лопахин. Сейчас, сейчас... Экие, право. (*Уходит за ним.*)

Аня. Фирса отправили в больницу?

Яша. Я утром говорил. Отправили, надо думать.

Аня. (*Епиходову, который проходит через залу*)

Семен Пантелеич, справьтесь, пожалуйста, отвезли ли Фирса в больницу.

Яша. (*обиженно*) Утром я говорил Егору. Что ж спрашивать по десяти раз!

Епиходов. Долголетний Фирс, по моему окончательному мнению, в починку не годиться, ему надо к праотцам. А я могу ему только завидовать. (*Положил чемодан на картонку со шляпой и раздавил.*) Ну, вот, конечно. Так и знал. (*Уходит.*)

Яша. (*насмешливо*) Двадцать два несчастья...

Варя. (*за дверью*) Фирса отвезли в больницу?

Аня. Отвезли.

Варя. Отчего же письмо не взяли к доктору?

Аня. Так надо послать вдогонку... (*Уходит*)

Варя, (*из соседней комнаты*) Где Яша? Скажите, мать его пришла, хочет проститься с ним.

Яша. (*машет рукой*) Выводят только из терпения.

Дуняша все время хлопочет около вещей; теперь, когда Яша остался один, она подошла к нему.

Дуняша. Хоть бы взглянули разочек, Яша. Вы уезжаете... меня покидаете... (*Плачет и бросается ему на шею*)

Яша. Что ж плакать? (*Пьет шампанское.*) Через шесть дней я опять в Париже. Завтра сядем в курьерский поезд и закатим, только нас и видели. Даже как-то не верится. Вив ла Франс!.. Здесь не по мне, не могу жить... ничего не поделаешь. Насмотрелся на невежество – будет с меня. (*Пьет шампанское.*) Что ж плакать? Ведите себя прилично,тогда не будете плакать.

Дуняша. (*пудрится, глядясь в зеркальце*) Пришлите из Парижа письмо. Ведь я вас любила. Яша, так любила! Я нежное существо, Яша!

Яша. Идут сюда. (*Хлопочет около чемоданов, тихо напевает*)

Входят Любовь Андреевна, Гаев, Аня и Шарлотта Ивановна.

Гаев. Ехать бы нам. Уже немного осталось. (*Глядя на Яшу.*) От кого это селедкой пахнет!

Любовь Андреевна. Минут через десять давайте уже в экипажи садиться... (*Окидывает взглядом комнату.*) Прощай, милый дом, старый дедушка. Пройдет зима, настанет весна, а там тебя уже не будет, тебя сломают. Сколько видели эти стены! (*Целует горячо дочь.*) Сокровище мое, ты сияешь, твои глазки играют, как два алмаза. Ты довольна? Очень?

Аня. Очень! Начинается новая жизнь, мама!

Гаев. (*весело*) В самом деле, теперь все хорошо. До продажи вишневого сада мы все волновались, страдали, а потом, когда вопрос был решен окончательно, бесповоротно, все успокоились, повеселели даже... Я банковский служака, теперь я финансист... желтого в середину, и ты, Люба, как-никак, выглядишь лучше, это несомненно.

Любовь Андреевна. Да. Нервы мои лучше, это правда.

Ей подают шляпу и пальто.

Я сплю хорошо. Выносите мои вещи, Яша. Пора. (*Ане*). Девочка моя, скоро мы увидимся... Я уезжаю в Париж, буду жить там на те деньги, которые прислала твоя ярославская бабушка на покупку имения – да здравствует бабушка! – а денег этих хватит ненадолго.

Аня. Ты, мама, вернешься скоро, скоро... не правда ли? Я подготовлюсь, выдержу экзамен в гимназии и потом буду работать, тебе помогать. Мы, мама, будем вместе читать разные книги... Не правда ли? (*Целует матери руки.*) Мы будем читать в осенние вечера, прочтем много книг, и перед нами откроется новый, чудесный мир». (*Мечтает*) Мама, приезжай...

Любовь Андреевна. Приеду, мое золото. (*Обнимает дочь.*)

Входит Лопахин. Шарлотта тихо напевает песенку.

Гаев. Счастливая Шарлотта: поет!

Шарлотта, (*берет узел, похожий на свернутого ребенка*) Мой ребеночек, бай, бай...

Слышится плач ребенка: «Уа, у а!..»

Замолчи, мой хороший, мой милый мальчик.

«*Уа!., у а!..*»

Мне тебя так жалко! (*Бросает узел на место*) Так вы, пожалуйста, найдите мне место. Я не могу так.

Лопахин. Найдем, Шарлотта Ивановна, не беспокойтесь.

Гаев. Все нас бросают, Варя уходит... мы стали вдруг не нужны.

Шарлотта. В городе мне жить негде. Надо уходить... (*Напевает*) Все равно...

Входит Пищик.

Лопахин. Чудо природы!..

Пищик, (*запыхавшись*) Ой, дайте отдышаться... замучился... Мои почтеннейшие... Воды дайте...

Гаев. За деньгами небось? Слуга покорный, ухожу от греха... (*Уходит*)

Пищик. Давненько не был у вас... прекраснейшая... (*Лопахину.*) Ты здесь... рад тебя видеть... громаднейшего ума человек... возьми... получи... (*Подает Лопахину деньги*) Четыреста рублей... За мной остается восемьсот сорок...

Лопухин. (*в недоумении пожимает плечами*) Точно во сне... Ты где же взял?

Пищик. Постой... Жарко... Событие необычайнейшее. Приехали ко мне англичане и нашли в земле какую-то белую глину... (*Любови Андреевне.*) И вам четыреста... прекрасная... удивительная... (*Подает деньги*) Остальные потом. (*Пьет воду.*) Сейчас один молодой человек рассказывал в вагоне, будто какой-то... великий философ советует прыгать с крыш... «Прыгай!», говорит, и в этом вся задача. (*Удивленно*) Вы подумайте! Воды!..

Лопахин. Какие же это англичане?

Пищик. Сдал им участок с глиной на двадцать четыре года... А теперь, извините, некогда... надо скакать дальше... Поеду к Знойкову... к Кардамонову... Всем должен... (*Пьет*) Желаю здравствовать... В четверг заеду...

Любовь Андреевна. Мы сейчас переезжаем в город, а завтра я за границу.

Пищик. Как? (*Встревоженно*) Почему в город? То–то я гляжу на мебель... чемоданы... Ну, ничего... (*Сквозь слезы*) Ничего... Величайшего ума люди... эти англичане... Ничего... Будьте счастливы... Бог поможет вам – Ничего... Всему на этом свете бывает конец... (*Целует руку Любови Андреевне.*) А дойдет до вас слух, что мне конец пришел, вспомните вот эту самую... лошадь и скажите: «Был на свете такой, сякой... Симеонов–Пищик... царство ему небесное»... Замечательнейшая погода... Да... (*Уходит в сильном смущении, но тотчас же возвращается и говорит в дверях*) Кланялась вам Дашенька! (*Уходит*)

Любовь Андреевна. Теперь можно и ехать. Уезжаю я с двумя заботами. Первая – это больной Фирс. (*Взглянув на часы*) Еще минут пять можно...

Аня. Мама, Фирса уже отправили в больницу. Яша отправил утром.

Любовь Андреевна. Вторая моя печаль – Варя. Она привыкла рано вставать и работать, и теперь без труда она как рыба без воды. Похудела, побледнела и плачет, бедняжка...

Пауза.

Вы это очень хорошо знаете, Ермолай Алексеич; я мечтала... выдать ее за вас, да и по всему видно было, что вы женитесь. (*Шепчет Ане, та кивает Шарлотте, и обе уходят.*) Она вас любит, вам она по душе, и не знаю, не знаю, почему это вы точно сторонитесь друг друга. Не понимаю!

Лопахин. Я сам тоже не понимаю, признаться. Как–то странно все... Если есть еще время, то я хоть сейчас готов... Покончим сразу – и баста, а без вас я, чувствую, не сделаю предложения.

Любовь Андреевна. И превосходно. Ведь одна минута нужна, только. Я ее сейчас позову...

Лопахин. Кстати и шампанское есть. (*Поглядев на стаканчики?*) Пустые, кто–то уже выпил.

Яша кашляет.

Это называется вылакать...

Любовь Андреевна. (*оживленно*) Прекрасно. Мы выйдем... Яша, allez![идите! (франц.)] Я ее позову...(*В дверь*) Варя, оставь все, поди сюда. Иди! (*Уходит с Яшей.*)

Лопахин. (*поглядев на часы*) Да...

Пауза.

За дверью сдержанный смех, шепот, наконец входит Варя.

Варя. (*долго осматривает вещи*) Странно, никак не найду...

Лопахин. Что вы ищете? Варя. Сама уложила и не помню.

Пауза.

Лопахин. Вы куда же теперь, Варвара Михайловна?

Варя. Я? К Рагулиным... Договорилась к ним смотреть за хозяйством... в экономки, что ли.

Лопахин. Это в Яшнево? Верст семьдесят будет.

Пауза.

Вот и кончилась жизнь в этом доме...

Варя. (*оглядывая вещи*) Где же это... Или, может, я в сундук уложила... Да, жизнь в этом доме кончилась... больше уже не будет...

Лопахин. А я в Харьков уезжаю сейчас... вот с этим поездом. Дела много. А тут во дворе оставляю Епиходова... Я его нанял.

Варя. Что ж!

Лопахин. В прошлом году об эту пору уже снег шел, если припомните, а теперь тихо, солнечно. Только что вот холодно... Градуса три мороза.

Варя. Я не поглядела.

Пауза.

Да и разбит у нас градусник...

Пауза.

Голос в дверь со двора: «Ермолай Алексеич!..»

Лопахин. (*точно давно ждал этого зова*) Сию минуту! (*Быстро уходит.*)

Варя, сидя на полу, положив голову на узел с платьем, тихо рыдает. Отворяется дверь, осторожно входит Любовь Андреевна.

Любовь Андреевна. Что?

Пауза.

Надо ехать.

Варя. (*уже не плачет, вытерла глаза*) Да, пора, мамочка. Я к Рагулиным поспею сегодня, не опоздать бы только к поезду...

Любовь Андреевна. (*в дверь*) Аня, одевайся!

Входят Аня, потом Гаев, Шарлотта Ивановна. На Гаеве теплое пальто с башлыком. Сходится прислуга, извозчики. Около вещей хлопочет Епиходов.

Теперь можно и в дорогу.

Аня. (*радостно*) В дорогу!

Гаев. Друзья мои, милые, дорогие друзья мои! Покидая этот дом навсегда, могу ли я умолчать, могу ли удержаться, чтобы не высказать на прощанье те чувства, которые наполняют теперь все мое существо....

Аня. (*умоляюще*) Дядя!

Варя. Дядечка, не нужно!

Гаев. (*уныло*) Дуплетом желтого в середину... Молчу...

Входит Трофимов, потом Лопахин.

Трофимов. Что же, господа, пора ехать!

Лопахин. Епиходов, мое пальто!

Любовь Андреевна. Я посижу еще одну минутку. Точно раньше я никогда не видела, какие в этом доме стены, какие потолки, и теперь я гляжу на них с жадностью, с такой нежной любовью...

Гаев. Помню, когда мне было шесть лет, в Троицын день я сидел на этом окне и смотрел, как мой отец шел в церковь...

Любовь Андреевна. Все вещи забрали?

Лопахин. Кажется, все. (*Епиходову, надевая пальто?*) Ты же, Епиходов, смотри, чтобы все было в порядке.

Епиходов. (*говорит сиплым голосом*) Будьте покойны, Ермолай Алексеич!

Лопахин. Что это у тебя голос такой?

Епиходов. Сейчас воду пил, что-то проглотил.

Яша. *(с презрением)* Невежество...

Любовь Андреевна. Уедем – и здесь не останется ни души...

Лопахин. До самой весны.

Варя. (*выдергивает из узла зонтик, похоже, как будто она замахнулась*)

Лопахин делает вид, что испугался.

Что вы, что вы... Я и не думала.

Трофимов. Господа, идемте садиться в экипажи...

Уже пора! Сейчас поезд придет!

Варя. Петя, вот они, ваши калоши, возле чемодана.

(*Со слезами.*) И какие они у вас грязные, старые...

Трофимов. (*надевая калоши*) Идем, господа!..

Гаев. (*сильно смущен, боится заплакать*) Поезд... станция... Круазе в середину, белого дуплетом в угол...

Любовь Андреевна. Идем!

Лопахин. Все здесь? Никого там нет? (*Запирает боковую дверь налево*) Здесь вещи сложены, надо запереть. Идем!...

Аня. Прощай, дом! Прощай, старая жизнь!

Трофимов. Здравствуй, новая жизнь!... (*Уходит с Аней*)

Варя окидывает взглядом комнату и не спеша уходит. Уходят Яша и Шарлотта с собачкой.

Лопахин. Значит, до весны. Выходите, господа... До свиданция!.. (*Уходит.*)

Любовь Андреевна и Гаев остались вдвоем. Они точно ждали этого, бросаются на шею друг другу и рыдают сдержанно, тихо, боясь, чтобы их не услышали.

Гаев. (*в отчаянии*) Сестра моя, сестра моя...

Любовь Андреевна. О мой милый, мой нежный, прекрасный сад!.. Моя жизнь, моя молодость, счастье мое, прощай!.. Прощай!...

Голос Ани (весело, призывающе): «Мама!...»

Голос Трофимова (весело, возбужденно): «Ау!...»

Любовь Андреевна. В последний раз взглянуть на стены, на окна... По этой комнате любила ходить покойная мать...

Гаев. Сестра моя, сестра моя!..

Голос Ани: «Мама!...»

Голос Трофимова: «Ау!...»

Любовь Андреевна. Мы идем!...

Уходят.

Сцена пуста. Слышно, как на ключ запирают все двери, как потом отъезжают экипажи. Становится тихо. Среди тишины раздается глухой стук топора по дереву, звучащий одиноко и грустно. Слышатся шаги. Из двери, что направо, показывается Фирс. Он одет, как всегда, в пиджаке и белой жилетке, на ногах туфли Он болен.

Фирс. (*подходит к двери, трогает за ручку*) Заперто. Уехали... (*Садится на диван.*) Про меня забыли... Ничего... я тут посижу... А Леонид Андреич, небось, шубы не надел, в пальто поехал... (*Озабоченно вздыхает.*) Я – то не поглядел... Молодозелбно!(*Бормочем что-то, чего понять нельзя.*) Жизнь-то прошла, словно и не жил...(*Ложится.*) Я полежу... Силушки-то у тебя нету, ничего не осталось, ничего... Эх ты... недотепа!.. (*Лежит неподвижно*)

Слышится отдаленный звук, точно с неба, звук лопнувшей струны, замирающий, печальный. Наступает тишина, и только слышно, как далеко в саду топором стучат по дереву.

Занавес

Лексико стилистический комментарий:

1. Да здравствует Франция!..(франц. Vive la France!)
2. Идите!(франц.)

Вопросы и задания для дискуссии:

1. В чем жанровое своеобразие «Вишнёвого сада»?
2. Какую роль в пьесе Чехова играет "подтекст", "подводное течение"?
3. Почему не состоялось счастье Вари и Лопахина?

7. Александр Александрович Блок
亚·亚·勃洛克 (1880—1921)

Блоку – верьте, это настоящий – Волей Божьей – поэт и человек.

А.М. Горький

Александр Александрович Блок родился в Петербурге в дворянской семье. Отец его – профессор Варшавского университета, мать – дочь известного русского ботаника, ректора Петербургского университета, занималась литературной деятельностью. Детские годы будущего поэта протекали в семье деда в Петербурге и в подмосковном имении Шахматове. В 1906 г. Блок окончил историко-филологический факультет Петербургского университета. В 1903 г. он женился на Любови Дмитриевне Менделеевой, дочери известного русского химика.

Как поэт Блок формировался под влиянием традиций русской классики. Первые стихи его были опубликованы в 1903 г. В это время он увлекался поэзией и философией Владимира Соловьева, современника поэта. И в первом поэтическом сборнике Блока «Стихи о Прекрасной Даме» (1904) нашла отражение соловьевская идея о Мировой душе, Вечной жене, которая является синтезом гармонии, красоты, добра любви, духовным началом всего живого. «Стихи о Прекрасной Даме» – возвышенные чувства, святость неземных идеалов героя, решительный разрыв с окружающей жизнью, культ красоты и созерцательности.

Блок стал одним из самых значительных поэтов начала XX века. Он пишет стихи о родине, о России, а также стихи, отразившие впечатления первой русской революции.

В предреволюционном творчестве Блока – неприятие «страшного буржуазного мира» и оптимистическое начало, вера в торжество жизни, в них звучат и острая сатира, и гуманистическая тема.

После Октябрьской революции он пишет поэму «Двенадцать», стихотворение «Скифы», статью «Интеллигенция и революция», книгу «Последние дни старого режима». Произведения Блока переведены на все основные языки мира.

Лексико–стилистический комментарии:

1. *Ботаник* – человек, занимающийся наукой о растениях.
2. *Синтез* – соединение.
3. *Культ* – поклонение чему–либо, кому–либо, почитание кого–либо, чего–либо.
4. *Созерцательность* – отрыш познания, теоретической деятельности от практического преобразования природы и общества.
5. *Режим* – здесь в значении: государственный строй, образ правления.
6. *Оптимизм* – бодрое и жизнерадостное мироощущение, вера в будущее, склонность во всем видеть хорошие, светлые стороны.

Образуйте группу однородных слов:

Пессимизм – антоним слову оптимизм. Определите самостоятельно значения этого слова. Образуйте группу однокоренных слов:

_____

Дополните словосочетания, выбрав нужные слова:

Смотреть на жизнь	Оптимист
	Пессимист
Взгляд_____	Оптимистично
Мироощущения	Пес симистичные
	Оптимизм
Быть_____	Пессимизм
Быть настроенным...	Оптимистически
	Пессимистически

7. *Гуманизм* – отношение к людям проникнутое любовью к человеку, заботой о его благе, уважением к человеческому достоинству.

Определите самостоятельно значение слов: гуманист, гуманистический, гуманитарий, гуманитарный, гуманно, гуманность.

8. *Скифы* – общее название древних племен, родственных между собой, населявших Северное Приморье в VII веке.

Задание: расскажите об А. А. Блоке.

ЛИРИКА

И тяжкий сон житейского сознанья
Ты отряхнешь, тоскуя и любя.
——В.Л. Соловьев

Предчувствую Тебя. Года проходят мимо –
Всё в облике одном предчувствую Тебя.

Весь горизонт в огне – и ясен нестерпимо,
И молча жду, – *тоскуя и любя*.

Весь горизонт в огне, и близко появленье,
Но страшно мне: изменишь облик Ты,

И дерзкое возбудишь подозренье,
Сменив в конце привычные черты.

О, как паду – и горестно, и низко,
Не одолев смертельные мечты!

Как ясен горизонт! И лучезарность близко,
Но страшно мне: изменишь облик Ты.

Лексический комментарии:

1. *Паду* (книжное) – упаду, от упасть.
2. *Лучезарность* – от лучезарный – полный света, сияния, блеска.

Вопросы:

1. О каком предчувствии говорит поэт?
2. В каких строках выражено ожидание любви?
3. С чем связан зрительный образ «горизонт в огне». Обратите внимание, что он повторяется дважды. Откуда ждет лирический герой появления любимой?
4. С каким чувством он ждет появления любимой?
5. В каком образе он её ждет?
6. Чего боится? Почему?
7. Объясните смысл выражения крушение идеалов. Как это выражение связано с предыдущим вопросом?

Исторический справка

В 1898 году А. А. Блок встретился со своей будущей женой Л. Д. Менделеевой. Розовое платье, нежный бледно-розовый цвет лица, черные брови, детские голубые глаза и строгий, неприступный вид – такой она была. А в поэзии появилась в образе Прекрасной Дамы. Ей посвятил Блок сборник стихотворений, который назвал «Стихи о Прекрасной Даме».

Вхожу я в тёмные храмы.
Свершаю бедный обряд.
Там жду я Прекрасной Дамы
В мерцаньи красных лампад.

В тени у высокой колонны
Дрожу от скрипа дверей.
А з лицо мне глядит, озарённый,
Только образ, лишь сон о Ней.

О, я привык к этим ризам
Величавой Вечной Жены!
Высоко бегут по карнизам
Улыбки, сказки и сны.

О, Святая, как ласковы свечи,
Как отрадны Твои черты!
Мне не слышны ни вздохи, ни речи,
Но я верю: Милая — Ты.

Лексический комментарий:

1. *Прекрасная Дама* – героиня рыцарских романов, которой поклонялись рыцари.
2. *Лампада* – свеча у лика святых.
3. *Риза* – верхнее облачение священника при богослужении.
4. *Карниз* – горизонтальный выступ, завершаюіций стену здания или идущий над окном или дверями.
5. *Отрадный* – радостный, приятный.

Вопросы:

1. Опишите чувства лирического героя к любимой.
2. Соотносится ли его образ с образом бедного рыцаря? Найдите строки, подтверждающие вашу мысль.
3. Как ее образ соотносится с образом Прекрасной Дамы?
4. Как в образе Прекрасной Дамы воплотилась идея В. Соловьева о Вечной Женственности?
5. Почему обращение к ней с заглавной буквы: Прекрасная Дама, Величавая Вечная Жена, Святая, Милая, Ты? Каков её образ?
6. Выучите одно из стихотворений наизусть.

НЕЗНАКОМКА	陌生女郎
По вечерам над ресторанами,	每到黄昏，街头酒肆的上空，
Горячий воздух дик и глух,	热乎乎的空气沉闷而混浊，
И правит окриками пьяными	一阵阵散发着霉气的春风，
Весенний и тлетворный дух.	搅动着酒徒们醉声的吆喝。
Вдали над пылью переулочной,	远处，在小巷的烟尘之上，
Над скукой загородных дач,	在寂寞乏味的城郊野墅，
Чуть золотится крендель булочной,	面包店的招牌微泛着金光，
И раздается детский плач.	不时传来婴孩的啼哭。
И каждый вечер, за шлагбаумами,	每到黄昏，铁道路障的那边，
Заламывая котелки,	情场上的老手，歪戴着礼帽，
Среди канав гуляют с дамами,	陪伴着女士们，在沟坝之间
Испытанные остряки.	一边散步，一边调情谑笑。

Над озером скрипят уключины,	湖面上传来了木桨的咿呀声，
И раздается женский визг,	响起女人的尖声叫喊，
А в небе, ко всему приученный	天空中，看惯了一切的圆月
Бесмысленно кривится диск.	百无聊赖地作着鬼脸。
И каждый вечер друг единственный,	每到黄昏，我唯一的朋友
В моем стакане отражен,	便在我的杯中映出面容，
И влагой терпкой и таинственной,	置身于苦涩而神秘的液体，
Как я, смирен и оглушен.	他和我一样呆然而顺从。
А рядом у соседних столиков,	我的身边是几桌欢宴，
Лакеи сонные торчат,	侍者瞌睡着站在一旁，
И пьяницы с глазами кроликов	酒徒们瞪着兔子一样的眼睛，
«In vino veritas!» кричат	"In vinoveritas!"——他们齐声叫嚷。
И каждый вечер, в час, назначенный,	每到黄昏，在约定的时刻
(Иль это только снится мне?),	（也许我不过是在做梦？）
Девичий стан, шелками схваченный,	裹着绸纱的女郎的身影，
В туманном движется окне.	在雾气迷蒙的窗口走动。
И медленно, пройдя меж пьяными,	她从酒徒中间缓缓走过，
Всегда без спутников, одна,	只身而行，从来没有陪伴，
Дыша духами и туманами,	她带来了一身香风和雾气，
Она садится у окна.	每次都坐在临窗的桌子边。
И веют древними поверьями,	一身光滑柔软的绸纱，
Ее упругие шелка,	使人想起古老的传言，
И шляпа с траурными перьями,	一顶小帽饰着黑羽，
И в кольцах узкая рука.	一双纤手戴着指环。

И странной близостью закованный,	一股奇怪的亲近之情，
Смотрю за темную вуаль,	引我向黑色面纱窥望，
И вижу берег очарованный,	我看到了美妙的海岸，
И очарованную даль.	也看到了美妙的远方。
Глухие тайны мне поручены,	我得到了一个无声的奥秘，
Мне чье–то солнце вручено,	有人把他的太阳赐给了我，
И все души моей излучины,	于是杯中这苦涩的酒水
Пронзило терпкое вино.	映澈了我心灵每一个角落。
И перья страуса склоненные,	于是那下垂的鸵鸟羽毛
В моем качаются мозгу,	在我的脑海中不停摇晃；
И очи синие бездонные,	于是那深邃的碧色双眸，
Цветут на дальнем берегу.	开放在远方的海岸之上。
В моей душе лежит сокровище,	我的心中有一座宝库，
И ключ поручен только мне!	只有我能够打开库门！
Ты право, пьяное чудовище!	你说得对，酒醉的怪物！
Я знаю: истина в вине.	我也知道：真谛在酒中。
(1906)	（周清波译）

Вопросы и задания :

1. Как обнаруживается в этом стихотворении символистское начало?
2. Охарактеризуйте героиню стихотворения Блока "Незнакомка"?

8. Алексей Максимович Горький
阿·马·高尔基 (1868—1936)

И все-тики вы романтик!
В.Г. Короленко

Алексей Максимович Горький (настоящая фамилия Пешков) родился в Пермской губернии. Отец – сын солдата, мать – мещанка. Когда мальчику было четыре года, умер отец. Мать вместе с сыном переехала в Нижний Новгород, к своему отну, у которого была красильная мастерская. Алёша окончил два класса, когда разорился дед. Пришлось идти в «люди», то есть быть «мальчиком в магазиие» модной обуви, учеником у чертежника, посудником на пароходе, учеником в иконописной мастерской.

В 1884 году Горький поехал в Казань, чтобы поступить в университет, но не сдал экзамены. Его университетами стала жизнь.

В 1888 году будущий писатель прошел пешком всю Россию от Нижпего Новгорода до Астрахани. Он хоте видеть, где он живет, что за народ вокруг него. Через три года – второе хождение по России.

В 1892 году был написан рассказ «Макар Чудра». Начав работать в газете, продолжал писать рассказы, много читал.

Когда вышшла первая книга Горького «Очерки и рассказы», о нем заговорили. А. П. Чехов писал: «Талант и притом настоящий, большой талант», «Фома Гордеев», «Мать», «Жизнь Клима Самгина» – знаменитые произведения писателя.

А. М. Горький стал извстен не только как писатель, но и как драматург.

С 1922 по 1932 голы А. М. Горький жил на острове Капри в Италии. Вернувшись в Россию, жил в Москве. Умер в 1936 году.

Лексический комментарий:

1. *Мещанка* – лицо, принадлежавшее в дорсволюционной России к состоянию купцов, ремесленников, низших служащих (отец матери имел красильную мастерскую).
2. *Красильная мастерская* – мастерская по окрашиванию ткапей.

Задание: расскажите о жизни А.М.Горького.

СТАРУХА ИЗЕРГИЛЬ
(фрагмент)

О произведении

Романтический рассказ Максима Горького «Старуха Изергиль» был написан в 1894 году. Композиция произведения – «рассказ в рассказе». Повествование ведется от лица автора и героини рассказа старухи Изергиль. Три части подчинены общей идее: размышлению об истинной ценности человеческой жизни, смысле жизни, свободе человека.

Год написания – 1894.

История создания – Весной 1891 г. М. Горький путешествовал по Бессарабии. Атмосфера южного края вдохновила молодого писателя на создание анализируемого рассказа. Задумку поэт воплотил только спустя 3 года.

Тема – В произведении раскрыто несколько тем, центральными являются такие: любовь, не знающая преград, человек и общество, поколение слабых людей.

Композиция – Структура произведения имеет особенности. Его можно определить как рассказ в рассказе. «Старуха Изергиль» состоит из трех частей, связующим звеном между которыми является диалог рассказчика и старухи.

Главные герои

Старуха Изергиль – пожилая женщина, собеседница автора. Рассказывает об истории своей жизни, легенды о Данко и Ларре. Считает, что «каждый сам себе судьба».

Ларра – сын женщины и орла. Презирал людей. Наказан людьми бессмертием и одиночеством.

Данко – юноша, любящий людей, «лучший из всех». Спас людей ценой собственной жизни, освещая им дорогу из леса вырванным из груди сердцем.

Другие персонажи

Рассказчик – пересказал услышанные истории, работал с молдаванами на сборе винограда.

III

«Жили на земле в старину одни люди, непроходимые леса окружали с трех сторон таборы этих людей, а с четвертой – была степь. Были это веселые, сильные и смелые люди. И вот пришла однажды тяжелая пора: явились откуда–то иные племена и прогнали прежних в глубь леса. Там были болота и тьма, потому что лес был старый, и так густо переплелись его ветви, что сквозь них не видать было неба, и лучи солнца едва могли пробить себе дорогу до болот сквозь густую листву. Но когда его лучи падали на воду болот, то подымался смрад, и от него люди гибли один за другим. Тогда стали плакать жены и дети этого племени, а отцы задумались и впали в тоску. Нужно было уйти из этого леса, и для того были две дороги: одна – назад, – там были сильные и злые враги, другая – вперед, там стояли великаны деревья, плотно обняв друг друга могучими ветвями, опустив узловатые корни глубоко в цепкий ил болота. Эти каменные деревья стояли молча и неподвижно днем в сером сумраке и еще плотнее сдвигались вокруг людей по вечерам, когда загорались костры. И всегда, днем и ночью, вокруг тех людей было кольцо крепкой тьмы, оно точно собиралось раздавить их, а они привыкли к степному простору. А еще страшней было, когда ветер бил по вершинам деревьев и весь лес глухо гудел, точно грозил и пел похоронную песню тем людям. Это были все–таки сильные люди, и могли бы они пойти биться насмерть с теми, что однажды победили их, но они не могли умереть в боях, потому что у них были заветы, и коли б умерли они, то пропали б с ними из жизни и заветы. И потому они сидели и думали в длинные ночи, под глухой шум леса, в ядовитом смраде болота. Они сидели, а тени от костров прыгали вокруг них в безмолвной пляске, и всем казалось, что это не тени пляшут, а торжествуют злые духи леса и болота… Люди все сидели и думали. Но ничто – ни работа, ни женщины не изнуряют тела и души людей так, как изнуряют тоскливые думы. И ослабли люди от дум… Страх родился среди них, сковал им крепкие руки, ужас родили женщины плачем над трупами умерших от смрада и над судьбой скованных страхом живых, – и трусливые слова стали слышны в лесу, сначала робкие и тихие, а потом все громче и громче… Уже хотели идти к врагу и принести ему в дар волю свою, и никто уже, испуганный смертью, не боялся рабской жизни... Но тут явился Данко и спас всех один».

Старуха, очевидно, часто рассказывала о горящем сердце Данко. Она говорила певуче, и голос ее, скрипучий и глухой, ясно рисовал предо мной шум леса, среди которого умирали от ядовитого дыхания болота несчастные, загнанные люди...

«Данко – один из тех людей, молодой красавец. Красивые – всегда смелы. И вот он говорит им, своим товарищам:

– Не своротить камня с пути думою. Кто ничего не делает, с тем ничего не станется. Что мы тратим силы на думу да тоску? Вставайте, пойдем в лес и пройдем его сквозь, ведь имеет же – он конец – все на свете имеет конец! Идемте! Ну! Гей!..

Посмотрели на него и увидали, что он лучший из всех, потому что в очах его светилось много силы и живого огня.

– Веди ты нас! – сказали они.

Тогда он повел...»

Старуха помолчала и посмотрела в степь, где все густела тьма. Искорки горящего сердца Данко вспыхивали где-то далеко и казались голубыми воздушными цветами, расцветая только на миг.

«Повел их Данко. Дружно все пошли за ним – верили в него. Трудный путь это был! Темно было, и на каждом шагу болото разевало свою жадную гнилую пасть, глотая людей, и деревья заступали дорогу могучей стеной. Переплелись их ветки между собой; как змеи, протянулись всюду корни, и каждый шаг много стоил пота и крови тем людям. Долго шли они... Все гуще становился лес, все меньше было сил! И вот стали роптать на Данко, говоря, что напрасно он, молодой и неопытный, повел их куда-то. А он шел впереди их и был бодр и ясен.

Но однажды гроза грянула над лесом, зашептали деревья глухо, грозно. И стало тогда в лесу так темно, точно в нем собрались сразу все ночи, сколько их было на свете с той поры, как он родился. Шли маленькие люди между больших деревьев и в грозном шуме молний, шли они, и, качаясь, великаны-деревья скрипели и гудели сердитые песни, а молнии, летая над вершинами леса, освещали его на минутку синим, холодным огнем и исчезали так же быстро, как являлись, пугая людей. И деревья, освещенные холодным огнем молний, казались живыми, простирающими вокруг людей, уходивших из плена тьмы, корявые, длинные руки, сплетая их в густую сеть, пытаясь остановить людей. А из тьмы ветвей смотрело на идущих что-то страшное, темное и холодное. Это был трудный путь, и люди, утомленные им, пали духом. Но им стыдно было сознаться в бессилии, и вот они в злобе и гневе обрушились на Данко, человека, который шел впереди их. И стали они упрекать его в неумении управлять ими, – вот как!

Остановились они и под торжествующий шум леса, среди дрожащей тьмы, усталые и злые, стали судить Данко.

Ты, – сказали они, – ничтожный и вредный человек для нас! Ты повел нас и утомил, и за это ты погибнешь!

– Вы сказали: «Веди!» – и я повел! – крикнул Данко, становясь против них грудью.– Во мне есть мужество вести, вот потому я повел вас! А вы?

Что сделали вы в помощь себе? Вы только шли и не умели сохранить силы на путь более долгий! Вы только шли, шли, как стадо овец!

Но эти слова разъярили их еще более.

– Ты умрешь! Ты умрешь! – ревели они.

А лес все гудел и гудел, вторя их крикам, и молнии разрывали тьму в клочья. Данко смотрел на тех, ради которых он понес труд, и видел, что они – как звери. Много людей стояло вокруг него, но не было на лицах их благородства, и нельзя было ему ждать пощады от них. Тогда и в его сердце вскипело негодование, но от жалости к людям оно погасло. Он любил людей и думал, что, может быть, без него они погибнут. И вот его сердце вспыхнуло огнем желания спасти их, вывести на легкий путь, и тогда в его очах засверкали лучи того могучего огня... А они, увидав это, подумали, что он рассвирепел, отчего так ярко и разгорелись очи, и они насторожились, как волки, ожидая, что он будет бороться с ними, и стали плотнее окружать его, чтобы легче им было схватить и убить Данко. А он уже понял их думу, оттого еще ярче загорелось в нем сердце, ибо эта их дума родила в нем тоску.

А лес все пел свою мрачную песню, и гром гремел, и лил дождь...

– Что сделаю я для людей?! – сильнее грома крикнул Данко.

И вдруг он разорвал руками себе грудь и вырвал из нее свое сердце и высоко поднял его над головой.

Оно пылало так ярко, как солнце, и ярче солнца, и весь лес замолчал, освещенный этим факелом великой любви к людям, а тьма разлетелась от света его и там, глубоко в лесу, дрожащая, пала в гнилой зев болота. Люди же, изумленные, стали как камни.

– Идем! – крикнул Данко и бросился вперед на свое место, высоко держа горящее сердце и освещая им путь людям.

Они бросились за ним, очарованные. Тогда лес снова зашумел, удивленно качая вершинами, но его шум был заглушен топотом бегущих людей. Все бежали быстро и смело, увлекаемые чудесным зрелищем горящего сердца. И теперь гибли, но гибли без жалоб и слез. А Данко все был впереди, и сердце его все пылало, пылало!

И вот вдруг лес расступился перед ним, расступился и остался сзади, плотный и немой, а Данко и все те люди сразу окунулись в море солнечного света и чистого воздуха, промытого дождем. Гроза была – там, сзади них, над лесом, а тут сияло солнце, вздыхала степь, блестела трава в брильянтах дождя и золотом сверкала река... Был вечер, и от лучей заката река казалась красной, как та кровь, что била горячей струей из разорванной груди Данко.

Кинул взор вперед себя на ширь степи гордый смельчак Данко, – кинул он радостный взор на свободную землю и засмеялся гордо. А потом упал и – умер.

Люди же, радостные и полные надежд, не заметили смерти его и не видали, что еще пылает рядом с трупом Данко его смелое сердце. Только один осторожный человек заметил это и, боясь чего–то, наступил на гордое сердце ногой... И вот оно, рассыпавшись в искры, угасло...»

– Вот откуда они, голубые искры степи, что являются перед грозой!

Теперь, когда старуха кончила свою красивую сказку, в степи стало страшно тихо, точно и она была поражена силой смельчака Данко, который сжег для людей свое сердце и умер, не прося у них ничего в награду себе. Старуха дремала. Я смотрел на нее и думал: «Сколько еще сказок и воспоминаний осталось в ее памяти?» И думал о великом горящем сердце Данко и о человеческой фантазии, создавшей столько красивых и сильных легенд.

Дунул ветер и обнажил из–под лохмотьев сухую грудь старухи Изергиль, засыпавшей все крепче. Я прикрыл ее старое тело и сам лег на землю около нее. В степи было тихо и темно. По небу все ползли тучи, медленно, скучно... Море шумело глухо и печально.

Тест по рассказу

1. В каком году было написано произведение Максима Горького «Старуха Изергиль»?

    A. 1894

    B. 1895

C. 1897

D. 1899

2. От чьего лица ведется повествование в произведении «Старуха Изергиль»?

   A. От лица повествователя и Данко;

   B. От лица старухи Изергиль и Ларры;

   C. От лица повествователя и старухи Изергиль;

   D. От лица повествователя и Ларры.

3. В чем состоит особенность композиции произведения «Старуха Изергиль»?

   A. Это «рассказ в рассказе»;

   B. Это «рассказ в повести»;

   C. Это «повесть в повести»;

   D. Это «миф в рассказе».

4. Каким общим идеям подчинены все три части произведения «Старуха Изергиль»?

   A. Идеям любви между мужчиной и женщиной, вопросам брака;

   B. Идеям гармоничных отношений в семье, понимания отцов и детей;

   C. Идеям родины как высшей ценности, необходимости защиты отеческой земли;

   D. Идеям смысла жизни и ее истинной ценности, свободы человека.

5. Кто из героев рассказа считал, что «каждый сам себе судьба»?

   A. Данко;

   B. Старуха Изергиль;

   C. Повествователь;

   D. Ларра.

6. Где рассказчик познакомился со старухой Изергиль?

   A. В Бессарабии;

   B. В Крыму;

   C. В Сибири;

   D. На Кавказе.

7. Кто был отец Ларры?

   A. Сокол;

   B. Голубь;

   C. Орел;

   D. Ястреб.

8. Чем был наказан Ларра за свою чрезмерную гордость по отношению к другим людям?

A. Бессмертием;

B. Внешним уродством;

C. Невозможностью иметь детей;

D. Безумием.

9. Что старуха Изергиль назвала искрами «горящего сердца Данко»?

A. Проблески закатного солнца;

B. Голубые огоньки над степью;

C. Звезды в чистом небе;

D. Искры молнии в грозу.

10. Что сделал Данко, чтобы отчаявшиеся соплеменники собрались с силами и пошли за ним дальше?

A. Организовал людей в отряды, назначив в каждом по руководителю;

B. Попросил местного ведуна призвать солнечную погоду;

C. Вырвал собственное сердце и освещал им дорогу;

D. Произнес воодушевляющую речь, и сердца людей зажглись.

11. Что случилось с сердцем Данко, когда люди вышли на простор степи?

A. Сердце Данко превратилось в голубя;

B. Ведун излечил юношу, и он стал вождем своих людей;

C. Данко с сердцем в руке бросился с утеса в реку, и оно превратилось в чайку;

D. Кто–то наступил на сердце юноши.

Вопросы и задания :

1. Почему называем рассказ Горького «Старуха Изергиль» романтическим? Какой образ героя здесь создан автором?
2. Охарактеризуйте образ природы в рассказе.
3. Переведите и подумайте, чему учит произведение?

　　Этот рассказ демонстрирует нам губительность примитивного эгоизма и гордыни. Он показывает нам бессмысленность такой жизни и глубину падения, которое ожидает человека в конце этого пути. Таков нравственный вывод из рассказа «Старуха Изергиль».

　　Автор превозносит такие добродетели, как доброту, сострадание и жертвенность. Призывает нас обратить свои силы на благие дела, не ради корысти или награды, но ради светлого будущего. Рассказ заставляет задуматься о том, ради чего мы живем, и к чему это нас приведет: к одиночеству и пустоте, или к признанию и реализации цели? Каждому из нас необходимо сделать правильный выбор. Такова мораль произведения Горького.

СЛОВАРЬ ЛИТЕРАТУРНЫХ ТЕРМИНОВ
文学术语单词表

А

автобиография – 自传

аллегория (иносказание) – 寓喻，讽喻

афоризм – 警句，格言，箴言

Б

басня – 寓言

биография писателя – 作者的履历

былина – 壮士歌

Г

герой литературный – 文学中的人物

герой положительный – 正面人物

герой отрицательный – 反面人物

Д

деталь художественная – 艺术情节

драма (как род литературы) – 戏剧（一种文学类别）

драматург – 戏剧作家

драматургия – 戏剧创作艺术；戏剧作品

Ж

жанр литературный – 文学体裁

З

завязка – 开端

замысел писателя – 作者的构思

И

идея произведения – 作品的主题思想

интонация – 语气

ирония – 讽刺

К

комедия – 喜剧

комический – 喜剧的；喜剧演员的

комизм – 幽默，嘲讽；滑稽可笑

композиция – 结构

контраст (противопоставление) характеров – 典型人物的对比

конфликт – 冲突

критика литературная – 文学评论

критик – 评论家

критический – 评论的

кульминация – 高潮

Л

легенда – 传说，传奇

лирика (как род литературы) – 抒情作品；抒情诗

лиризм – 抒情性；抒情风格

М

метафора – 隐喻

миф – 神话

мифология – 神话；神话学

мифологический – 神话的

мотив – 主题

Н

неологизм – 新词语

О

образ – 形象

ода – 颂诗，颂歌

оксюморон – 矛盾修饰法；比喻

олицетворение – 拟人

П

пейзаж – 风景；对风景的描写

персонаж – 人物

персонажи главные и второстепенные – 主要人物和次要人物

повесть – 中篇小说

поэзия – 诗，诗歌

поэма – 史诗

предыстория – 在……出现前的时期，在……发生以前的经过史

проза – 散文

прозаическая речь – 散文体的语言

психологизм – 心理描写

пьеса – 剧本

Р

развязка – 结局

рассказ – 短篇小说

рассказчик – 短篇小说作家

реализм – 现实主义

реалистический – 现实主义的

ремарки – 情景说明

реплики в сторону – 不是说给对方听的，只是说给听众的具有说明作用的台词（如演员心里的思绪等）

ритм стихотворения – 诗的韵律

рифма – 韵，韵脚

роман – 长篇小说

романтизм – 浪漫主义

романтический – 浪漫主义的

романтика – 浪漫主义；浪漫主义作品

С

сатира – 讽刺（手法）；讽刺作品

снмвол – 象征，标志

символисты – 象征主义作家

сказка – 童话

сравнение – 比喻

стихотворение – 诗

сюжет – 情节

Т

типичный герой – 典型人物

трагедия – 悲剧

трагический – 悲剧的；悲剧式的

Ф

фантастика – 幻想作品，科幻作品

фантастический – 幻想的；荒诞的，离奇的

фольклор – 民俗；民间创作

футуризм – 未来主义，未来派

футуристы – 未来派文艺家，未来主义者

Э

экспозиция – 序幕，介绍

элегия – 哀歌，哀诗

эпизод – 片段

эпитет – 修饰语，形容词

эпопея – 史诗

эпос (как род литературы) – 叙事文学；民诗，民歌谣

Ю

юмор – 幽默；幽默手法；幽默作品

юмористический – 幽默的